将軍毒殺　実録・名古屋騒動

も・く・じ

※数字は題字下の連載回数

家督相続

藤十郎の苦悩

毒殺への道

終わりの始まり

舞台を歩く

第三部●宗春の逆襲

血統断絶

斉朝降臨

怨霊宗春

苦労人殿様

番外編

ま・え・が・き

●この巻の発行で何とか肩の荷を下ろせる

本書はいまはない名古屋の夕刊専門紙「名古屋タイムズ」に連載したものである。第一巻を平成十七年、第二巻を同二十四年に出した。しかし、その後は出せずに終わっていた。

当初の計画では三部構成のものを四巻にまとめる予定だった。しかし、やってみるとその後の研究に行き詰まったり、関心が他に移ってしまったりして、第三巻を出せないままでいた。中でも少ない部数を見積もりながらも、それ以上に売れなかったのが痛手となった。

第一部・第二部は左頁に新聞記事をそのまま載せ、右頁に関連した話を新たに書き下ろすという構成だった。この右頁を埋めるのは相当厄介で、多くの時間も必要とした。発刊が延び延びになるにつれ、次第にその意欲をなくしてしまっていた。

自分では一巻ならぬ二巻で終わりだと考えた。第三部以降を出したところで、いよいよ売れ残るという心配もあった。情けない話だが、こうした終わり方はこれまでの出版人生の中でもめずらしくはない。

数年前、当店のお客様だった方の奥様から電話をいただいた。ご主人の三回忌の法要を終え、本の整理をしたので買い取りに来てほしいとのこと。お訪ねすると名古屋関係の本が仕分けされ、部屋の真ん中にひとまとめにしてあった。

その中には『将軍毒殺』もあった。奥様はそれを見て「主人はこの続きが出るのを楽しみにしておりました」とおっしゃった。穴があったら入りたい気持ちだった。

ご来店していただくお客様からも、これに似た話は出ないでもない。中には「早く出してもらわないと、こちらが先に逝っちゃうよ」とまで言う人もいた。

ありがたいことに興味を持って読んでもらえた人がいるにはいたのだ。

先月初め、そんな方が来店された。当店の本をよく買っていただくお客様で、あきらめ気味に「もう次は出ないですね」と言われた。雑談をしている間、内心この話だけは出なければよいが……と思っていたが、そうはっきり言われたのでは「はい、そのようです」とも言えず、「いや、出します。これから作ります」と心にもないことを言ってしまった。

心の奥底には自分でもそれなりに力を入れて書いたもので、何とか形にしておきたいとの思いはあった。今年七十六歳になり、あまり先はない。話をしていて本気で作る気になった。

とはいえ、第一部・第二部のように、見開き形式ではとてもできそうにない。新聞記事だけを並べ、強引に完結させることにした。いささか手抜きではあるが、尻切れトンボで終わるよりはましである。

本書はあのときのお客様の発言がなかったら出せなかった。ご来店いただいたことに感謝している。これまで肩身の狭い思いをしてきたが、これで何とか格好だけはつけられるか。

●宗春・宗睦を中心にした尾張藩の通史

この『将軍毒殺』の舞台は尾張九代藩主徳川宗睦のころである。宗睦は身分によらず人材を登用し、藩政改革を強力に推し進めた。後に「尾張藩中興の祖」と言われたほどの人物だが、ここでは〃名君〃ならぬ〃迷君〃として登場してきている。

人間、100%善人という人はいないし、100%悪人という人もいない。善悪の比重により、善人と讃えられ、あるいは悪人と評価される。後世「中興の祖」と言われたほどの宗睦も、ここでは悪い面をさらけ出してしまった。

話の中心にしたのは著者不詳の『当世名古屋元結』という本である。当店主宰の「古文書に親しむ会」でこれをテキストにしたが、こんなに面白い話があったのかと感心させられた。新聞連載の話を持ちかけられたとき、迷わずこれを主軸にしてやろうと決めた。

同書には事件とは別に、当時の政治や社会の状況を知る有益な場面も多く出てくる。将軍を毒殺するために江戸城中へ刺客を送り込むのだが、その台所係になるには株が必要になるというのだ。また、名古屋城の大奥では呪殺の密談が交わされ、のろい殺す方法やそれをはね返すのろい返しの法なども出てくる。このころ、実際に名古屋城内の金蔵が破られるという事件も起きていた。

九代宗睦の時代は六代宗春の反動から厳しい倹約下にあった。宗睦の治世はいわば「享保の改革」を推進した吉宗の尾張版といった感じで、それだけにこの時代を生きた人々は宗春のころがよけいに輝いて懐かしく思い出されていたはず。『将軍毒殺』の企ては宗睦の暗い社会のもとで起きることになるが、それと対比させるように宗春の記述には特に力を注いだ。

本書では事件に関わる宗睦を語りながら、その実、宗春を浮かび上がらせている。宗春となるとその治世の全盛期のことが中心になりがちで、蟄居以後のことはあまり重要視されてこなかった。宗春の研究は多くの専門家らによってなされてきたが、本書でもかなりのレベルにまで到達できたのではないかと密かに思っている。

宗睦の後継者と見られていた治休も、この本ではやがて毒殺されてしまう。高須藩から迎えた期待の治行も、なぜか就任前に亡くなっている。これで藩祖義直以来の血統は途絶え、十代尾張藩主の座に就いたのは吉宗の血を引く斉朝だった。以降、尾張藩は四代約半世紀にわたり、幕府からの天下り藩主を受け入れることになる。

第三部はその斉朝が宗春の亡霊に悩まされることから始まる。宗春が怨霊となって襲いかかるのを最も恐れていたのが当の吉宗だった。そのため墓に金網をかけさせたのだが、その心配が現実として現れてくることになった。

本書は藩主では宗睦と宗春を中心にして書いている。しかし、その前後にも触れており、尾張藩全体の歴史を知る通史にもなっている。完結した全巻を読んでいただけたら、楽しみながらかなりの歴史通になれるのではないか。

執筆するに当たり種本にした『当世名古屋元結』の内容を原本でも知っていただきたく、平成二十九年に『翻刻 当世名古屋元結』も出版している。合わせてお読みいただけたら幸いである。本書『将軍毒殺』の理解を助けるため、その「はじめに」で書いた文章を以下に転載しておく。

●事件の展開（あらすじ）と主な登場人物

題名にある「元結」は髪を結ぶひものことで、江戸時代、これが名古屋名物の一つだった。名古屋市西区城西の地には紙漉場があり、これが縁で明治になって紙漉町の町名が生まれ、現在、同地にある小公園は紙漉公園と名付けられている。ちょんまげ姿が消えて名古屋元結は廃れたが、いまも近辺には名古屋扇子や名古屋凧など、名物となった紙製品を扱う店もある。

この「元結」の「結」には由井正雪の「由井」がかけられている。正雪の父親は秀吉の生まれた中村の出身とする説もあり（かなり有力と思われる）、幕府転覆を企てた正雪も第二の秀吉を夢見たのかもしれない。本書の騒動が「尾張版由井正雪事件」と言われたりするのも、このためである。

▼主な登場人物

・安西文良　旧名・章四郎。名古屋城下の町医者、立庵の子。京都に出て山脇道作（東洋）のもとで医学を学び、父の悲願だった尾張藩の御殿医になる。子に一男二女がいた。

・安西文兆　文良の長男、祖父は立庵。妹の浅路が藩主宗睦の側室となり、子供を産んだことから天下を夢見るようになる。

・浅路　文良の二女、文兆の妹。十五歳のとき、藩主宗睦に見初められて御殿入り。男子治興を生む。

・初瀬　宗睦の側室の一人。治休（幼名・五郎太）の生母。美貌の持ち主だが、若い浅路の登場に嫉妬する。

・蘇森子桂　町医者、蘇森長秋の息子。妻は文兆の姉。事件は文兆・子桂が中心になって企てられていく。

・河村復太郎　後の秀根。子の益根とともに完成させた『書紀集解』は本居宣長の『古事記伝』と並ぶ名著とされる。ここでは共犯者の一人として登場してくる。

・源吾　文良に仕え、文兆とは兄弟のような仲。後に妻とするおとくとの密通がばれて解雇されるが、文良・文兆親子には恩義を感じている。蓮光院の寺男。文兆の誘いで刺客の一人となる。

・おとく　源吾の妻。治休を毒殺するため、夫とともに江戸へ下る。名をおのぶと変え、治休毒殺後に自害する。

・貞助　連判状に署名した一人。飯沼官二郎の弟。無役で身軽だったことから刺客の候補に。江戸へ下向、十代将軍家治を毒殺しようとしたが、未遂に終わる。

・跡見藤十郎　幼いころから智恵者で知られる尾張藩士。旧名・菅之丞。妻は子桂の娘。将軍毒殺に同意せず、身内の文兆らに毒殺される。

・安達昌庵　浅路と親しい針医者。「針術は神術なり」を旨とし、名医として知られている。将来の出世を約束され、初瀬の意のままに動く。

・徳川宗睦　九代藩主。「尾張藩中興の祖」として名君とされているが、ここでは初瀬・浅路の間をさまよう迷君扱いに。

▼事件の展開—あらすじ

一、名古屋城大奥、美女二人の暗闘

・宗睦には美女の誉れ高い初瀬と浅路の側室がいた。初瀬には嫡男に当たる治休がおり、後から入った若い浅路もやがて身ごもることに。初瀬は殿の寵愛が浅路に移り、嫉妬の炎を燃やしていた。

・宗睦は参勤交代で江戸へ。大奥では留守の気安さもあって酒宴が開かれ、その隙を見て初瀬に頼まれた針医者、安達昌庵が密かに針で浅路の子を堕胎させてしまった。

・初瀬はさらに浅路を退けようと、蓮光院の法印に呪殺を頼んだ。寺男の源吾が証拠の依頼状を持ち出し、浅路の兄である文兆にこのことを知らせてきた。

・宗睦が帰国。発覚するのを恐れた初瀬は「浅路が藤十郎と深い仲」とうそをつく。これを信じた宗睦は「浅路を打ち首に」と怒るが、老中は冷静に審議する。

・その結果、初瀬らの犯行が明らかになり、昌庵は死刑に、初瀬は若君の生母であることから罪を減じて座敷牢に、法印は脱衣のうえ追放処分に。これでひとまず落ち着くことになった。

二、浅路が出産、文兆ら治休を毒殺

・浅路が治興（幼名・松千代）を出産、文兆ら浅路一族は出世することに。やがてそれが高じて治休、宗睦を毒殺して治興を藩主にし、ゆくゆくは家治をも毒殺して治興を将軍にとの夢を見るようになってゆく。

・江戸にいた治休が帰名し、チャンスをねらうが果たせず。江戸へ帰ることになり、江戸へ刺客を送り込む。白羽の矢を立てられたのが源吾で、「成功の暁には直参に取り立てる」との約束で仲間に引き入れる。

・源吾の妻おとくは四ツ谷の門外、尾張屋敷近くに、源吾は離れた長屋に落ち着く。おとくは若君治休の乳母が侍女を求めているのを知り応募、採用されておのぶと名を変えて勤めることになる。

・チャンスをうかがううち、御茶之間でなつめに毒を入れることに成功。治休は何も知らないで出されたお茶を飲み、苦しみ出して二日後には息を引き取った。

・渡辺半蔵ら幹部は文兆を疑うものの証拠がなく、やがて事件は迷宮入りに。おとくは良心の呵責にさいなまれ、また、追及をかわすためにも自害の道を選ぶ。

三、将軍毒殺計画とその挫折

・安永三年（一七七四）、後継者に治興が指名された。文兆一族の地位はますます高まり、出世を願う者たちが周りに集まってくる。野望はさらにふくらんでいった。

・将軍父子を毒殺して、治興を将軍にしようともくろむ。文兆らは仲間を募って連判状に署名させ、その数は百人以上にものぼった。

・期待していた一人、藤十郎が署名をしぶった。このような悪事には加われないというのだ。秘事の発覚するのを恐れ、文兆らは藤十郎を毒殺する。

・時は来た。いよいよ江戸城へ刺客を送り込むことに。これには源吾と貞助が充てられ、下向後、別々に仕事を探し始める。貞助は御膳奉行の配下、料理方に潜り込み、源吾は御小間役の株を手に入れ、台所関係の雑益係になった。

・浅路が第二子を懐妊する。この年、治興が市ヶ谷の藩邸で死亡。文兆らは反対派による毒殺を疑うが、新たな男子の誕生に一縷の望みをかけることに。しかし、死産で計画は宙に浮く。

・治興が死んだとは知らぬ貞助は就職二年目を迎え、機会をとらえていよいよ実行することに。毒味役が一口か二口食べたところ苦しみ出し、江戸城内は大騒ぎとなった。後に拷問に耐えかねた貞助がすべてを白状し、江戸北町奉行所一行が名古屋を急襲する。

・江戸北町奉行の曲淵甲斐守一行は安西文兆、蘇森長秋、子桂親子、河村復太郎の四人を逮捕、江戸へ連行する。この捕り物劇は「名古屋開闢以来の大騒動」として庶民らをも驚かせることになった。

後継者のいなくなった宗睦は安永六年正月、高須藩主の義柄を養子に迎え、将軍家治から「治」の一字を頂戴して治行と称した。この人は文武に優れた期待の星だったが、藩主に就任する前に亡くなっている。

尾張藩は藩祖義直以来続いてきた血統がここで断ち切られてしまった。跡を継いだのは御三卿の一つ、一橋家出身の斉朝だった。

人間関係図

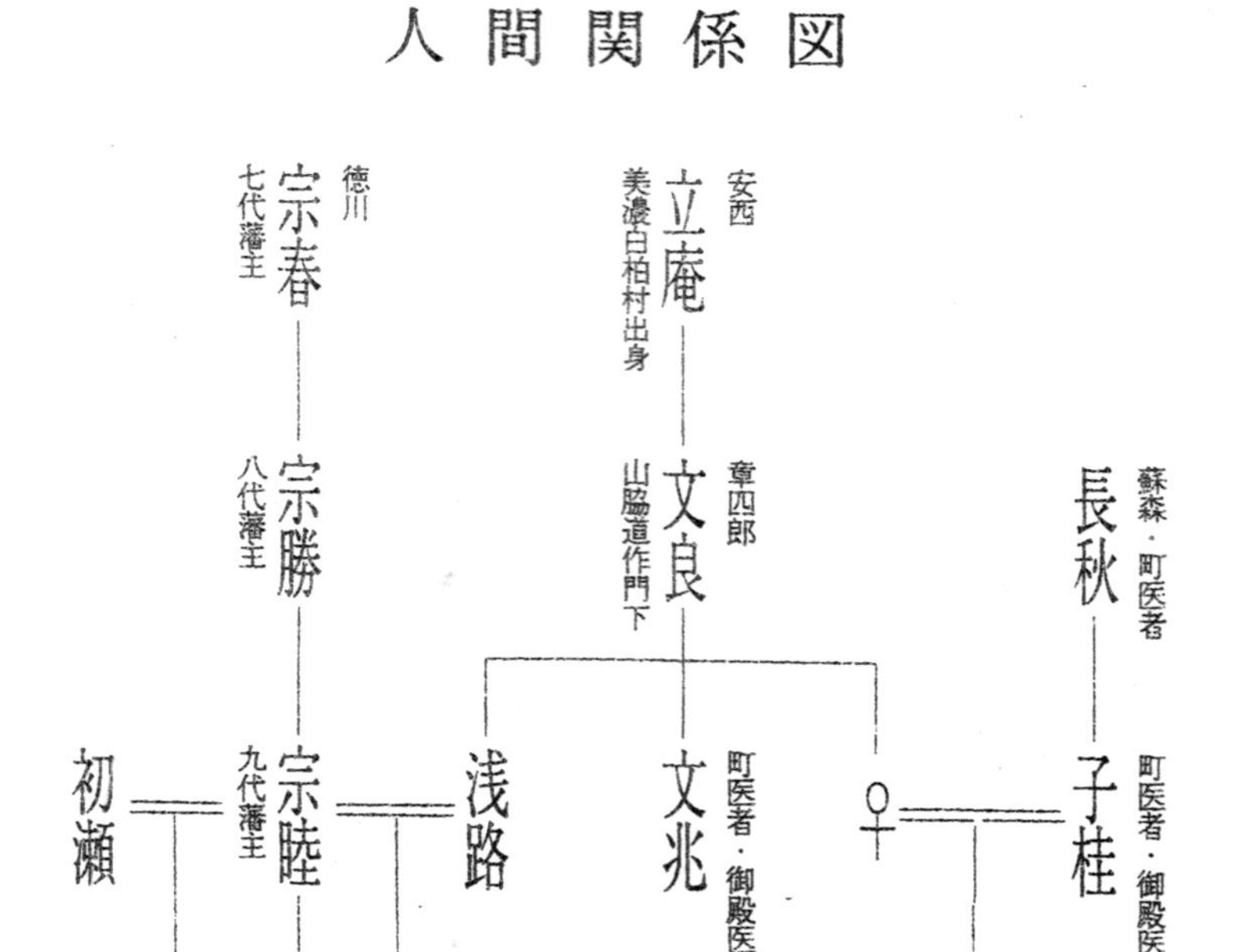

将軍毒殺

実録・名古屋騒動

将軍毒殺

実録・名古屋騒動

◆149◆

美女の闘い ①

三人の子供に恵まれた文良の日々

舟橋 武志

題字 冨永 奇洞

御殿医の安西文良は妻と仲睦まじく暮らしていた。当初は先輩の御殿医らにいじめられたものの、いまはその技量も認められてうまくやっている。若いころは勉学一筋できたが、それだけ大人になったとも言える。

お城にご用のない日は町医者としての務めも相変わらず果たしていた。そんな日、瀬戸物町にある自宅へは多くの患者が詰め掛けてくる。一般の人にも親しく接し、彼らからは「先生」「御殿医様」などと慕われていた。

文良には三人の子供がいた。いずれもすでに成人している。若いころの苦労が実を結び、いまは恵まれた日々である。

長女は十四のとき、医師仲間の蘇森長秋のせがれ子桂のもとへ嫁いだ。すぐ近くの京町に住み、登城に際しては蘇森家の前を通る。今年十九歳になり、すでに孫までいた。

次が十七歳になった男子で、その名を文兆と言った。幼いころから医師にすることを目指し、教育にはひときわ力を入れてきた。おかげでいまは家業を継いでくれ、片腕として立派に仕事をこなしている。

一番下が十五歳になる女子で、名を浅路と言った。小さいころから器量も愛想もよく、城下で評判になるほどだった。長ずるにつれて一層磨きがかかり、『当世名古屋元結』は次のように絶賛している。

「容顔美麗に生れて、其たをやかなる事、唐土の楊貴妃にも媚（こび）をあらそひ、我朝の衣通姫（そとおりひめ）・小野小町が容色をもあざむくほどのかたちにて、まだ咲そろはぬ桜花に朝露をふくみしごとく、雨のはれて青柳のそよ吹風になびくにひとしく、一度笑めるよふがん（容顔）を見る人は千歳の契（ちぎり）を結ばんと、心を通はさずといふ事なし」

長女の嫁ぎ先、蘇森家のあった京町の現在。近辺には医者が多かったせいか、後に薬の町となった

美人の代表とされる楊貴妃や衣通姫・小野小町も問題にならぬというのだ。ちなみに衣通姫とは、その美しい肌の色が衣を通して照り輝いていたことから、この名が付けられた。『日本書紀』は允恭（いんぎょう）天皇の妃とし、『古事記』では同天皇の娘として登場してくる。

「天は二物を与えず」と言うが、彼女にあっては当てはまらなかった。文良の子供たちに対するしつけは厳しく、また、各種の芸事にも稽古を積ませてきた。浅路は特に琴を得意としていたが、ひとたび弾けば師匠にも優る音色をかなでた。

「一家中こぞって是を噂し、近国までも其名高くして、好色なる若者、一生を送らん事をねがひもとむる」（同）

年ごろの男たちは妻にと願わぬ者はいなかった。同家に無縁の者は神に祈るしかなく、中にはそれがもとで病気になる者までいた。戦国史料『武功夜話』は信長の側室となった吉乃（生駒家の娘）を「未だはじらふ花の盛り」と形容していたが、浅路はそれよりもまだ四歳も若かったのである。

（第2部・当世名古屋元結）

美女の闘い ②

浅路の閨中に通い詰める藩主宗睦

浅路の評判は藩主宗睦の耳にも達した。御殿で文良がいつものように脈を診ていると、「そちに年ごろの娘がいると聞く。よきにはからうゆえ、奉公に参らせよ」と言われた。その場は「ありがたき幸せにございまする」と頭を下げたものの、心中には複雑なものが残った。

いずれ嫁に出すつもりではいる。しかし、下の娘とあってかわいさ百倍、いくつもの縁談を断ってきた。それが殿様の命令とあっては背くわけにもいかない。

文良夫妻はあわてふためき、衣類調度をそこそこに調えた。吉日を選び、城に上った。門番をはじめとする人たちは浅路を一目見て、その美しさに感嘆しない者はいない。

宗睦はこのとき三十を超えていた。浅路はいまだ十五の齢（よわい）。倍以上の開きがあったが、この当時ではめずらしくもなんともない。

宗睦は浅路の笑顔を見るや、早くも心は千々に乱れた。大奥には何人もの側室がいたが、これに並ぶ美女はいない。一目見てすっかり骨抜きにされてしまった感じだ。

『当世名古屋元結』は二人の関係を四、五行でさらりと書き流している。しかし、その中身は尋常ではない。興味本位に書けば、ここだけで数回分〝創作〟できてしまいそうなほどだ。

「浅路に越ゆる美女はあらじと御覧し、深閨に置給ひ、昼夜淫酒のみにふけり給ひ、政務もおこたり給しが、今日も過、明日も暮て、浅路御殿に入りてはや半年もたち、宗睦卿いよいよ御寵愛浅からず」

こんな感じだったか…将軍寝所の図（「千代田の花」より）

舟橋　武志
題字　冨永　奇洞

宗睦の正室は五摂家の筆頭・近衛家久の娘で、その名を「好君」あるいはまた「周子」とも言った。尾張の藩主は正室を京都から迎えることが多く、特に近衛・九条の両家とは縁が深い。しかし、これは形式化したもので、藩主の女性への関心となると話はまた別である。

ここにもう一人の美女がいた。その名を初瀬と言い、器量のよさはだれもが認めるところ。これまでその濃艶ぶりで殿を独り占めにしてきた感じだったが、浅路にあるあの若々しさはもう過去のものとなっていた。

彼女は宝暦三年（一七五三）に若殿熊五郎、すなわち後の治休（はるよし）を生んでいる。史書には「御母好君」などとあるが、何を隠そう、その実母が初瀬なのだ。このため大奥での権勢は他に並ぶものもなく、これまで殿の寵愛を一身に受けてきたのであった。

そこへうら若き浅路の登場である。宗睦は閨中へ通い詰めとなり、彼女はやがてそのお種を宿すこととなったのである。

（第2部・当世名古屋元結）

将軍毒殺

実録・名古屋騒動

◆151◆

美女の闘い ③

お世継ぎを生んだ初瀬の嫉妬心

舟橋　武志

題字　冨永　奇洞

初瀬には若い浅路に負けないものがあった。殿との間にできたお世継ぎがいることだ。これは心の大きな支えであった。

その熊五郎はすくすくと育ってくれた。いまは江戸の屋敷にいる。初瀬は早々と子供を生んだことで地位が高まり、多くの女中たちにかしずかれて暮らしてきた。

この時代、新生児が生き延びるのは大変なことだった。半分くらいが最初の誕生日すら迎えられないで亡くなってゆく。しかし、熊五郎は母親の期待に応えるかのように、元気よく成長してくれた。

宝暦五年（一七五五）三月、三歳になったのを祝ってお宮参りに行き、この年の十一月には初めて頭髪を伸ばす髪置きの儀式もすませた。あのころは日に日に成長してゆく様子が手に取るように分かったものだ。あどけない笑顔に初瀬も、これを取り巻く女中たちも、大きな期待を寄せていた。

「おお、よしよし。いい子だ、いい子だ。早く大きくなって殿様になるんじゃぞ」

「おほほ、これはおかしや。熊五郎の前に殿がなっていただきませぬと、順序が違うのではありませぬか」

夫である若殿宗睦も熊五郎をひざの上に乗せ、よくかわいがってくれたものだ。かたわらに控える初瀬には幸せな日々だった。三歳を無事に祝えたあのときは、どれほどうれしく思ったことか。

宝暦十一年、二十三年間藩主を務めた宗勝が亡くなり、その子でもある宗睦が就任した。初瀬は若殿の生母として、その威光はますます増した。

寝所にはべる奥方や女中たち。前回の絵と対になる（「千代田の花」より）

殿中では「お部屋様」と呼ばれるようになり、正室をもしのぐ実力者になっていた。

この日の夜も宗睦は浅路のもとへ行っている。付き添いの女中らと江戸に置いてきた熊五郎を思い、ひとしきり話の花を咲かせたのだった。もう五歳の祝いも七歳の祝いもすませ、若殿としてりりしく成長していた。

しかし、独り床に就くと浅路が思い出されてくる。何事もなく歳月を重ねてゆけば、おのずと藩主の生母となれる身だ。浅路などには目もくれず、殿様の遊びと割り切ってしまえばよいと自分に言い聞かせてきた。が、頭の片隅に許せない気持ちがやはりあった。

「御御代継（おみよつぎ）御出生によって初瀬どのは御部屋に仰付られ、増々君寵（くんちょう）深かりしが、浅路の御気にかなひし後にて、たへて御通ひ路もなかりし」（『当世名古屋元結』）

ことわざに「美女は悪女の仇（かたき）」という。初瀬は美貌の持ち主ではあるが、その嫉妬心が「悪女」にしてしまった。悲しいのは女の性（さが）である。（第2部・当世名古屋元結）

将軍毒殺

実録・名古屋騒動

◆152◆

美女の闘い ④

独り床に就いたものの、初瀬は寝るにも寝られない。そんな夜が続いたある日の夕方、ついに意を決して宗睦を女中に呼びに行かせた。後には自分から進んで行くこともあった。

「つかひをもって御まねき申せども、浅路が側をはなれ給わば、いよいよも（燃）ゆるしん意（瞋恚、怒り）のほむら（炎）、人伝てにては叶ふまじと、みづから行て御供し、ふられしは数度なり。初瀬どののねたみは去ることなれども、付々の女中迄りんぎ（悋気、やきもち）しけるはおかしけれ」（『当世名古屋元結』）

それでも宗睦は迫られると、時にはこれに応じることもあった。初瀬は大奥ではそれくらいの力を持っており、あながち無視し続けることもできない。後には「明君」と言われる人も、大奥ではふらふらする「迷君」でもあった。

名古屋城の大奥は二之丸御殿の東側部分にあり、その三分の一近く占めていた。大きく分けて「御殿」「長局（ながつぼね）」「広敷（ひろしき）」の三つの区域から成る。広敷を除けば、藩主のほかはごく一部の者に許されているだけで、男子禁制の場所だった。

前回、前々回で「将軍の御寝所の図」を紹介した。御寝殿は「御殿」に付属してあった。「寝殿」「寝所」とはいうものの、豪華な造りの座敷である。

奥女中たちの住むところが「長局」と言われるもので、これは大奥の東の方にあった。「長局」は「長屋局」の略とされ、奥女中らが寝起きをする座敷長屋だ。建物は二棟あったが、三棟並んだ時期もある。

長局の西、御殿の南側に「広敷」という大きな建物があった。ここは大奥の事務や警護を担当する男たちの役所で、料理に当たる賄方（まかないかた）のいる場所でもある。もちろん彼らといえども奥へ入ることは許されておらず、また、不審者の出入りにも厳しく目を光らせた。

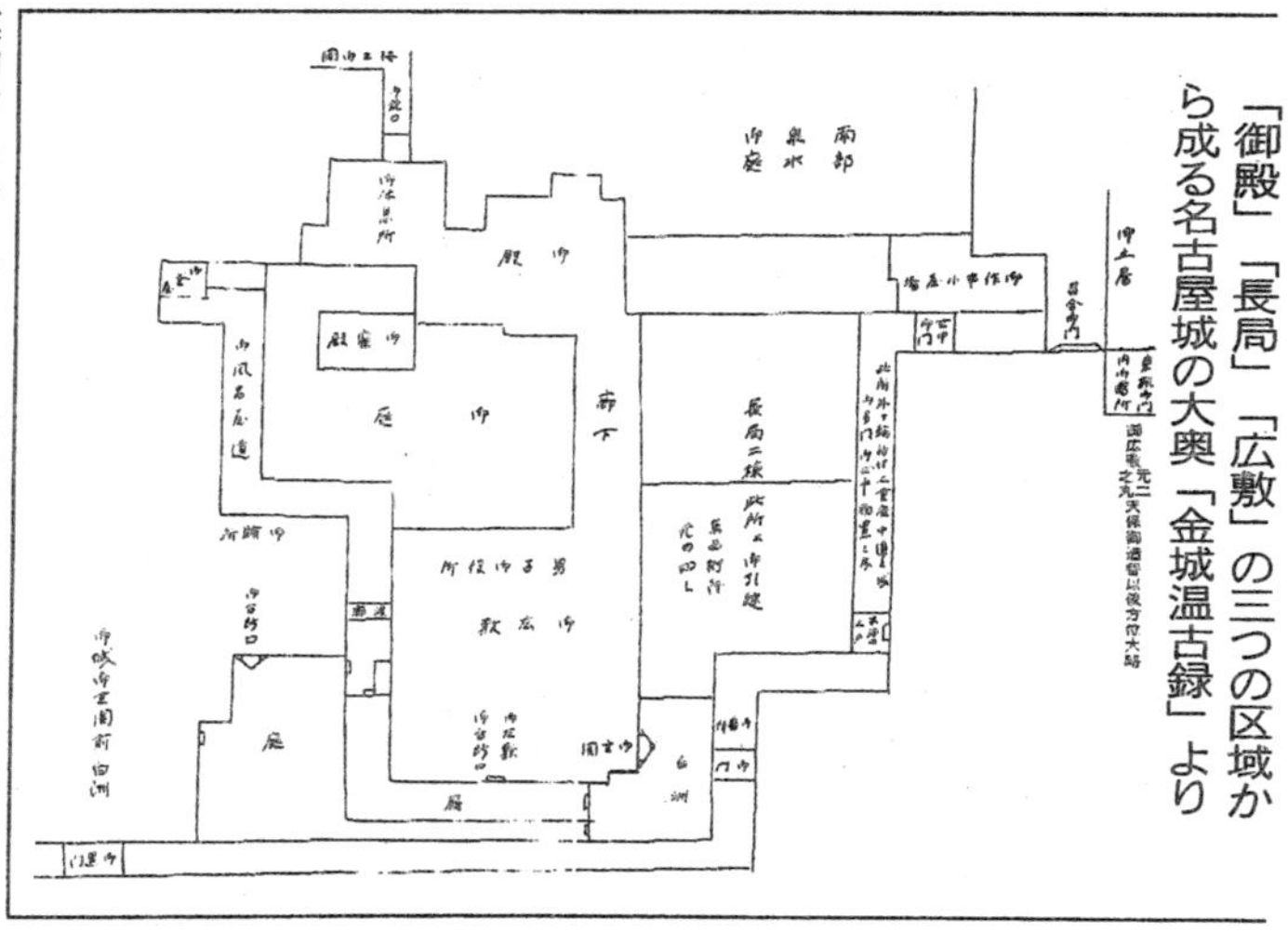

「御殿」「長局」「広敷」の三つの区域から成る名古屋城の大奥「金城温古録」より

宗睦の寝所に使いを出す初瀬

御殿は殿様の大奥での居場所である。上段の間・下段の間、それに次の間があった。普段はここで正室や側室らに囲まれ、憩いのひとときを過ごすことになる。

あるとき、御殿の次の間で酒宴が開かれた。浅路はあいにく病気で来ていない。初瀬をはじめ奥女中らが集まりにぎやいだが、酔いも回ってきたころ、初瀬はこんなことを言い出した。

「浅路も器量は優れたれども、いささか身持ちが悪い。少しワキガの臭いがある。陰ではこれをうわさする者もいるやに聞くが、これは謹むべきことではないのか」

初瀬はわざと殿の方へは向かず、女中に言い聞かせるかのような話しぶり。お部屋様の言葉であり、また殿様の御前でもある。彼女らはいずれのご機嫌をそこねてもと思い、たがいに顔を見合わせるばかりで、返事に窮してしまっていた。

（第2部・当世名古屋元結）

舟橋　武志
題字　冨永　奇洞

将軍毒殺

実録・名古屋騒動

◆153◆

舟橋　武志

題字　冨永　奇洞

美女の闘い ⑤

宗睦の寵愛を受け浅路の一族出世

初瀬が浅路の悪口を言い出した。これを聞かされる女中らも困ったが、当の宗睦自身が快く思うはずはない。心は初瀬からいよいよ離れ、浅路へと向かうことになる。

それに浅路は殿のお種を宿している。宗睦がしきりに通うのも、このためでもあった。第二子の誕生は御家の安泰にもつながる。

この日もまた浅路とともに過ごしていた。最近はすっかりとりこになってしまった感じだ。浅路なしでは夜も明けない。

「その方に何か願い事などはないか。もしそのようなものであらば、かなえてつかわすぞ」

宗睦はこんな言葉をかけた。浅路がいとおしくて仕方がない。心は初瀬から遠ざかるばかりだ。

「まことにありがたき仰せにござりまする。しかし、さし当たってこれといった望みはありませぬ」

「何も遠慮することはない。心のままに申してみよ」

事実、浅路はなに不自由なく暮らしていた。殿の寵愛を一身に受け、親類までが奉公に上がっている。しかし、そうは言いながらも、言うべきことは言っていた。

「せっかくのお言葉なれば、一つだけ気になることが……。私は殿のご威光で結構なる暮らしをしておりまするが、かの者たちはさぞかし不自由をしているやも……」

平和公園の法輪寺墓地にある河村復太郎の墓

「かの者とは……その方の親たちのことか」

「はい、さようでござりまする。わが身の自由を思うにつけ、少し心の端にかかるような次第で。いえ、これも気を回しすぎか……特に願いとてはありませぬ」

娘を殿中に入れるということは一家・一族・郎党にとり、またとない出世のチャンスなのだ。浅路もそれぐらいのことは心得ている。当然、家族などからの働きかけもあったことだろう。

しかし、殿様は鷹揚なものだ。浅路には欲がなく、孝行な娘と思っている。その場で望みをかなえてやることにしたのだった。

すなわち、兄の文兆を侍に取り立て百石を与え、長女の嫁ぎ先である蘇森家にもわずかばかりではあったが加増した。また、親類に当たる河村復太郎も加増された。浅路の父文良は御殿医としてすでに扶持をもらっており、これを機に家督を文兆に譲って隠居することとなったのである。

文兆と子桂の二人は浅路付きとされた。宗睦が身重の浅路を思いやり、何事も気兼ねなく相談できるようにとの配慮からだ。殿中で孤立しがちの浅路には心強い援軍と言えた。

浅路の"おねだり"は随分、高価なものとなった。これによって一族は名古屋城内で重きを置かれることになる。それもひとえに浅路が宗睦の寵愛を受けていたからこそであった。

（第2部・当世名古屋元結）

将軍毒殺

実録・名古屋騒動

◆154◆

美女の闘い ⑥

武士に取り立てられようと奇略

舟橋 武志

題字 冨永 奇洞

浅路の兄文兆は侍に取り立てられた。江戸時代と言うと、身分は固定されていた。しかし、ごくわずかではあるが、こうして〝突破〟する道もあったのである。

藩祖義直は鷹狩りの途中、大森村（名古屋市守山区）で出会った百姓の娘を城中に入れることにした。彼女がやがて光友(後の二代藩主)を生むと、一家・一族は武士に引き上げられている。同じく義直のとき、前野村（江南市）の吉田家は柳街道（岩倉街道）に仏壇まで並べ、先祖以来の由緒を述べて嘆願するが、こちらは武士に取り立てられることはなかった。

宗春の愛妾に春日野がいた。その父は武蔵国出身の水呑百姓だったと伝えられている。これも後には尾張藩士とされ、名古屋城下に住むこととなった。

商人から武士になるケースもある。これは幕府での話だが、裸一貫から身を起こし、江戸屈指の材木商となった河村瑞賢もその一人。後に治水や航路の開発などにも貢献し、晩年には旗本に取り立てられている。

固定された身分制度の中にあって、何と言っても武士になる最短の道は娘を藩主に認めさせることだった。時には売り込むためのパフォーマンスもあったらしい。読者の一人から「大森の娘が父親をたらいごと持ち上げて立ち去ったのも、義直の目を引き付けるための演技ではなかったか」と指摘されたことがあった。それも簡単に否定はできない。

河村瑞賢の〝名古屋営業所〟跡に立つ教授寺（名古屋市中区丸の内2丁目）

こうした目で史料をひもといてみると、それに似た〝実例〟にも出くわす。その一つ「源孝様」と言えば初瀬の生んだ治休（はるよし）のことだが、後にはこんな実話が記録として残されている。

「或時、東郊に出されしに、母子二人茶を摘みてありしが、君を見奉りて母を負うて隠れんとす。君御覧あり、あの者を留よと御意あり。其者の居し所へ御出あり。其方、見受ければ孝行なる者と見へたりし。且、貧くあるべし。これを以て母を養へとて、御金を下されたり」（『諸家雑談』）

ところが、これは演技だったというのである。治休の通行を知って、自分の親ならまだしも、他人の老婆を借りてきていた。付き添っていた者がこれを見破り、厳しく罰するべきだと進言した。

「君曰、彼は善をまねる者也。まねる所、悪に非ず。亦（また）賞すべし。然れ共、姦計を以て上を欺くは甚不届也。以後は慎て其行を実にせよと御意あり。其者深く慙懼（はじおそ）れ、終（つい）に篤実の人となりしとぞ」（同）

こんな実例を知ってしまうと大森の件も、ひょっとしたら〝やらせ〟だったのかもしれない。ご褒美に預かるどころか殿中にまで招かれた。これに優る喜びはあるまい。

妹のおかげで若輩者の町医者が武士になれた。後には二百石に加増され、さらなる出世を望むようになる。人間の欲望は計り知れない。

（第2部・当世名古屋元結）

将軍毒殺

実録・名古屋騒動

◆155◆

美女の闘い ⑦

舟橋　武志

題字　冨永　奇洞

側室の二人残し宗睦は参勤交代

春が近づいてきた。また参勤交代の時期である。尾張藩は御三家であり、他の藩ほど厳格ではなかった。

しかし、それでも一年おきのお務めである。春に江戸へ出て、向こうで一年を送ることになる。宗睦は浅路や初瀬を残したまま、旅立たなければならなかった。

初瀬も別れるのがつらいとしばしば口にした。浅路も口にこそ出さないが、どことなく落ち着かない様子。留守の間、この二人が果たしてうまくやっていってくれるのか。それが心配事でもあった。

宗睦は浅路に言った。寝所でのことである。出発を一週間後にひかえていた。

「初瀬はあいにくねたみ心が強い。その方をきっとうとましく思っていよう。これまでにも様々なことがあれども、予がいたればこそ事もなくすんだ。はなはだ気がかりである」

「私もお別れするのがつろうございまする。しかし、殿のお役目とあらば耐えるのが務め。お部屋様の言われる通りにし、睦まじくやってゆく覚悟はできておりまする」

浅路もけなげなところを見せた。折しも殿の子を身ごもっており、精神的にも波風の立つのは禁物である。その辺のことは浅路もよく心得ていた。

「初瀬を敬いながらも、なるべく離れているに超したことはない。よくよく心得られよ。一年の辛抱じゃ」

「今度お会いするときには見事な玉のような児をお見せしとうございまする。立派に留守の務めを果たしますゆえ、ご安心下さりませ。また、この節は兄らを身近に付けていただき、これ以上に心強いことはありませぬ」

この日が最後の夜となった。朝がくればこの先一年、床をともにすることはない。二人には時間が駆け足で通り過ぎてゆくように感じられた。

鳴海の宿場（安藤広重「東海道五十三次」より）

翌日、宗睦は文兆と子桂を呼んだ。浅路にはくれぐれも注意し、時々、その様子を知らせよと命じた。二人ともその役目は重々承知している。

宗睦はその後、初瀬のお相手もした。初瀬は初瀬で、やはりかわいい。浅路にはないものを持っており、たがいに別れるのがつらく感じられた。

宝暦十四年（天明元年、一七六四）四月三日、宗睦は名古屋城を出発した。本町を通り、熱田を経て、鳴海の宿場へ。古渡を過ぎてからは沿道のあちこちに、いまを盛りと桃の花が美しく咲き誇っていた。

鳴海の宿で小休すれば、いよいよ国元を離れることになる。この宿場は出る者にとっても、入る者にとっても、尾張の玄関口に当たっていた。諸役人はじめ町衆らの盛大な見送りを受け、行列を整えて江戸へと向かったのである。

一行は東海道を経て、十五日に市ケ谷の藩邸に入っている。順調な旅だった。宗春死亡の知らせが届いたのは、江戸で秋も深まったこの年、十月のことであった。

（第2部・当世名古屋元結）

将軍毒殺

実録・名古屋騒動

◆156◆

美女の闘い ⑧

舟橋 武志

題字 冨永 奇洞

宗睦の留守中に浅路をどうにか…

宗睦一行を江戸へ送り出し、城内の大奥は一息ついていた。奥方らにさびしさが残ったとしても、これに仕える者たちには気休めとなる。それからしばらく経ったある日、奥女中らが打ちそろい、酒宴が開かれることになった。

これには浅路も加わっていた。初瀬はその顔を見ただけで腹が立ってきたが、さりとてあからさまになぐるなどもできない。顔だけはほころばせながら、嫌みを言うのがやっとだった。

「思えば、浅路殿もなかなかのものよのう。閨（ねや）で殿におねだりをし、兄者らまでを取り立ててもらうとは……」

周りの女中たちの何人かがこれにうなずいてみせた。気をよくしたのか、さらに続けた。

「かわいい顔をしていても、その心の中には何が潜んでいるやら。できることならば、とくとのぞいて見たいものよ。それを見抜こうとしなかった殿も殿じゃ」

大分、酔いも回っていたようだ。あからさまな悪口に、座が白けてきた。これを見取った女中の一人が琴を奏することにした。

浅路は初瀬の言葉を気にすることもなく、その場をうまくとりつくろっていた。柳に風と受け流す気構えはすでにできている。これがよけいに初瀬を焦らせることになったのかもしれない。

それから数日後、初瀬は独りもの思いにふけっていた。浅路が殿の御子を生めば、関心はいよいよ向こうへ行ってしまう。そして、自分へのそれは一層薄れてしまうにちがいあるまい。

（浅路を何とかして失わせるよい手立てはないものか。このお留守中こそ幸いなれ。このままいたずらに時を過ごしていたのでは、わが将来がますます怪しくならぬとも限らぬ）

城下が花見で浮かれているころ、城内では初瀬がとんでもないことを考えていた。堀川日置橋の桜（「尾張名所図会」より）

初めは毒殺することも考えてみた。しかし、文兆・子桂の両人がたえず目を光らせており、それを簡単に実行できるような状況にはない。現に、浅路はそうしたことを警戒しているのか、先日の酒宴の席でも料理のほとんどに箸をつけていなかったのである。

（浅路はともかくとして、御子だけでも何とかできないものか。わが子治休は成長したとはいえ、殿の異常なまでのご寵愛ぶりを見ていると、決して安心できるものでもあるまい。もしもそのようなことがあらば、われらは……）

そう考えていて、ふと気付いた。いつか堕胎は針でもできると聞いたことがある。針なら本人も知らないうちに、それを実行するのも可能ではないのか。

うまいことに安達昌庵をひいきにしている。彼ならばその辺の事情もよく承知していよう。昌庵の意見を聞いてみようと、早速、使いを出させたのであった。

（第2部・当世名古屋元結）

将軍毒殺

実録・名古屋騒動

◆157◆

美女の闘い ⑨

針医者の昌庵に浅路の腹の子を…

初瀬は癪（しゃく）を持病としていた。「癪に障（さわ）る」とか「癪の種」などと言うあの「癪」であり、ときどき胸や腹に激痛の走る原因不明の病気である。そうした折にはいつも昌庵を頼りにしており、針治療を受けると不思議に治ってしまうのだった。

昌庵は針の名人として通っていた。本人自身も「針術は神術なり」の言葉をしばしば口に出した。巷ではその手さばきを「神の手」と言う人さえあった。

しかし、一方では口先ばかりが達者で、何事にも立ち回りがうまいとの声もあった。『当世名古屋元結』は彼を評して「この昌庵といふ者、生得弁佞（しょうとくべんねい）にしてこびへつらひ、強欲無双の針医者なり」と書いている。「生得弁佞」「強欲無双」の表現に、そのほどが推察されてくる。

初瀬とはこの持病を通し、昵懇の仲であった。昌庵も殿の御前をとりつくろうため、初瀬にいつもへつらっている。二人は患者と医者との関係を離れても、妙に気の合う間柄であった。

本当に針などで堕胎できるのか。そして、こんなことを打ち明けて、もし昌庵が拒んだときにはどうなるのか。それが初瀬には不安であった。

浅路はすでに妊娠五カ月になろうとしていた。ぐずぐずしていたのでは手遅れになる。昌庵の来るのを待つ間も、気持ちは落ち着かなかった。

（昌庵といえども、これは一大決心事。こちらがうかつに言い出し、もしも請け合わねば、かえって災いはわが身に降りかかる。ここは何としても味方に引き入れねば）

（事がばれてわが身が憂き目にあえば、浅路はいよいよ殿のご寵愛を得よう。われに代わってお部屋様となるのは必定。そのとき、わが身はどうなってしまうのか）

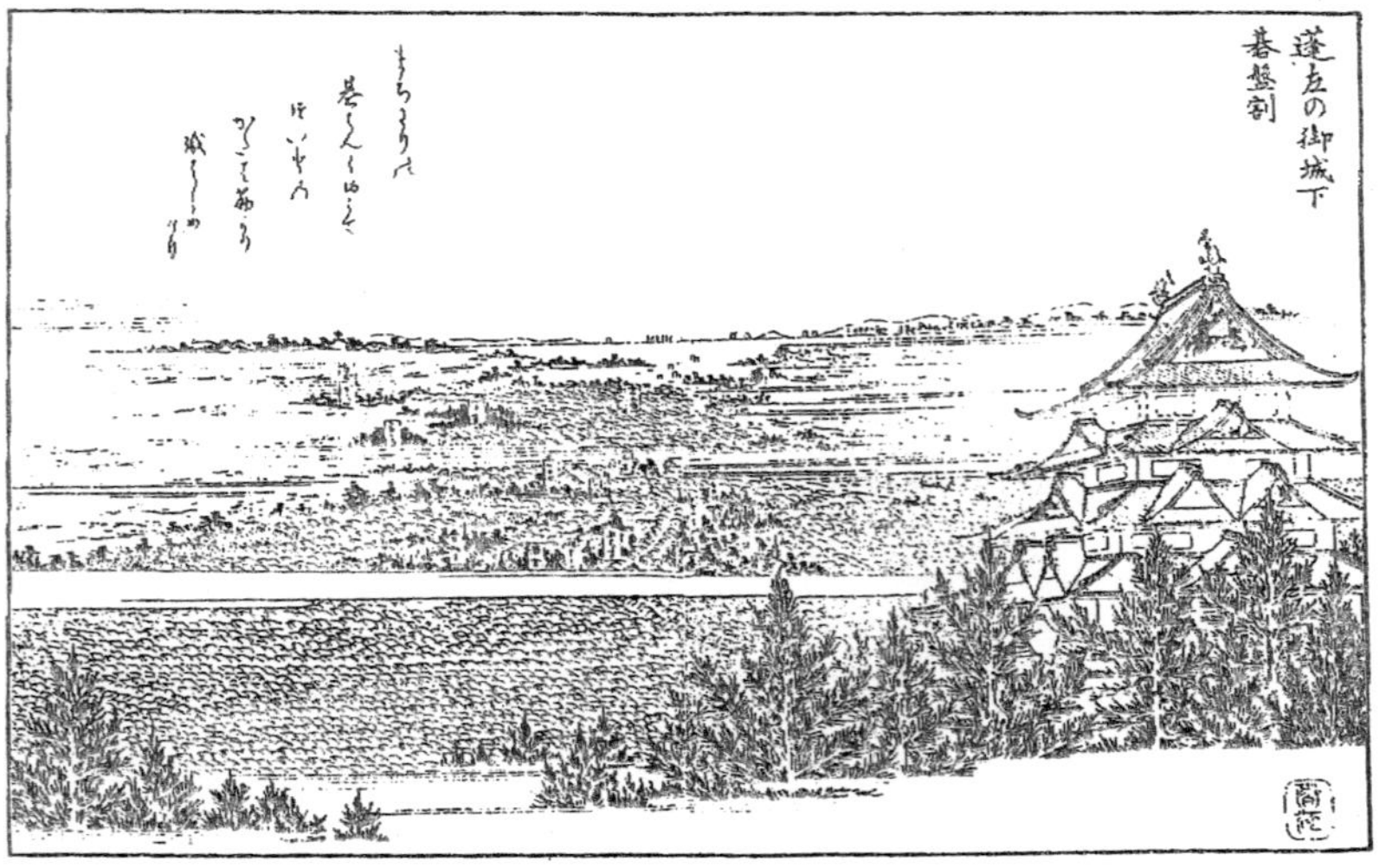

名古屋城の大奥で初瀬が動きだした（「小治田之真清水」より）

あれこれ思案しているところへ、大きな体を小さく屈めるようにして昌庵がやってきた。床に伏していない初瀬を、ちょっと意外に思ったようだ。初瀬は周りの女中たちを払い、改まって昌庵に対した。

「本日はお役目ご苦労である。実はそちの心底を見込んで、頼みたいことがある。お聞き届け下さるか」

「これはまた異なことを。お部屋様からの申し出に、どうして背くことなどできましょうや」

この言葉を聞いて、初瀬はひとまずほっとした。さらに近付かせ、声を殺すようにして言った。聞き終わった昌庵も、ただごとでないと悟ったようだ。

「もしも得心して事が成就すれば、若殿（治休）の御代にそちを取り立ててつかわす。少しの気遣いも必要ない。その代わり、これから申すいかなることにも、まさか背くようなことはあるまいのう」

「はっ、承知致しました。何なりと、ご遠慮なく」

（第2部・当世名古屋元結）

舟橋 武志
題字 冨永 奇洞

将軍毒殺

実録・名古屋騒動

◆158◆

美女の闘い ⑩

何も知らぬ浅路の腹部に針を

初瀬は喜んだ。昌庵が思っていたよりも簡単に味方してくれることになったからだ。昌庵は初瀬と一時間ばかり密談し、その日は何事もなかったかのように城を後にした。

彼は針医者として認められており、大奥へも自由に出入りできる身分だ。殿中には初瀬の他にも信を置く者が何人かいる。治療を終えてからも女中らと世間話などに興じることが多く、何分男気のないところであるだけに、五十を超えた彼とて結構待たれる一人でもあった。

ある日の夜、初瀬は居間に女中らを招き、また酒宴を開くことになった。藩主の留守中は何かにつけて手持ちぶさたで、うさ晴らしも兼ねて女ばかりの酒盛りもしばしばである。これには浅路も同席していた。

宴会のさなか、初瀬はにわかに持病である癪（しゃく）に襲われた。前屈みになって腹を押さえ、苦しそうに息まで荒々しかった。額には脂汗すらにじみ出ている。

昌庵が駕籠で駆け付けてきた。初瀬はうんうんうめき苦しみ、取り巻きの女中が腹や背中をさすり、懸命の介抱をしていた。昌庵がこれに代わり、いつものところに針を二・三本立てると、うそのように治まっていった。

「やれやれ、一時はどうなるやに思うたわ。さすがは昌庵殿じゃ。その見事な手並みにはいつもながら感心するばかり。あら、これはちょうどよい機会ではござりませぬか」

初瀬は側にいた浅路を見た。浅路も突然の発作におろおろし、他の女中らといっしょに看病に来ていた。

「浅路殿は殿の御子を宿した大事な身。これは幸いなり。昌庵殿に腹の具合を診てもらいなされ。ほら、ここに枕もある」

そう言いながら、いま自分がしていた枕を押し出した。浅路は昌庵の治療を目の当たりにし、また、彼女の気をそこねてはとも思った。勧められるままに枕を取り、初瀬がいましがたしていたように横になった。

昌庵はその側ににじり寄り、浅路の腹に手を入れて診た。そして、指の間に隠していた針を起こし、腹部の数カ所にこれを打ち込んだ。もとより針術の名人であるだけに少しの痛みもなく、居合わせた者はもちろん、本人すらもこれに気付いていはない。

「どうも胃の腑（ふ）がよろしからぬ様子ですな。これは放っておくと大事になるやもしれませぬ。浅路殿、ご舎兄をお呼びなされ」

しばらくして浅路は激痛に見舞われた。懐妊中の腹痛はその子にとってもよくない。浅路は抱きかかえられるようにして部屋へ下がり、そのまま床に伏すことになってしまった。

初瀬は文兆・子桂を呼ぶように伝えた。ひとたび中断されていた酒宴も、初瀬の勧めで再開された。その姿はだれの目にも前にも増してはしゃいでいるように見えた。

（第2部・当世名古屋元結）

彼女らは身だしなみにもひときわ気を使っていた（「江戸時代風俗さしえ集」より）

舟橋　武志

題字　冨永　奇洞

将軍毒殺

実録・名古屋騒動

◆159◆

美女の闘い ⑪

浅路の流産に青ざめる文兆、子桂

舟橋 武志

題字 冨永奇洞

浅路は部屋へ戻ったものの、腹痛にうなされていた。それは四時間ほども続いた。流産したことに気付いたときはすでに治まり、本人の体には何の別状も見られなかった。

それにしても、流産とは一大事である。浅路はわが身の不始末を嘆いて、ただ涙を流すばかり。付き添う文兆・子桂にとっても大切な御子だけに、この事実を知って愕然とするのだった。

二人には不審でならない。酒宴のときまでは元気だったのに、どうしてこうも急変してしまったのか。真っ先に疑ったのは、初瀬に毒を盛られたのではないか、ということだった。

ところが、浅路はすでにそれを警戒していた。初瀬の招きであるだけに、万が一を思い、食べていないというのだ。おいしそうな肴でもてなしを受けたが、遠慮してそれらしいものには箸すらつけなかった。

「初瀬殿の指図で昌庵殿に診てもらうことになった。私は何の障りもなかったが、枕まで差し出して世話をなさるので、それを拒み難かった。昌庵殿は私を診て、様子がよろしくないのでお兄様を呼ぶように、との仰せでした」

浅路はうつろな表情で、力なく当時の様子を語った。文兆・子桂の二人も、納得のいかない表情である。

「あのとき私は少しも痛むところはなかった。そのまま酒宴の席に連なっていたが、しばらくするとにわかに痛み出し、その場に居たたまれなくなった。女中らに抱きかかえられるようにして、わが部屋に帰ってきたような次第で」

文兆は昌庵を疑った。彼もまたその巧みな針術については聞き及んでいる。

「おそらくこれは針で堕胎させられたに相違あるまい。そなたが痛みを自覚しなかったのも、彼ならばもっともに思える。これは大変なことになった」

名古屋城から江戸表へ向かった早馬もこんなふうだったか（「江戸時代風俗さしえ集」より）

浅路を横たわらせ、腹に目を凝らした。すると、蚊の食ったように赤い小さな跡が三、四カ所見つかった。やはり浅路も知らないうちに、針を立てられていたのだ。

こんな恐ろしいことが殿中であってよいのか。これでは浅路の身が危ない。それほどまでにねたみ深い初瀬のことなら、やがては本当に毒薬まで持ち出すかもしれない。

浅路にはくれぐれも身を慎むように言い聞かせた。初瀬にはなるべく近付かない方がよい。そのように注意して、この場を離れたのだった。

文兆と子桂は相談した。江戸表の殿には何とご報告すればよいのか。明日にも早馬を出さなければならない。

事実をありのままに述べたのでは、かえって混乱を起こし兼ねない。ご帰国もそれほど先でないことを思うと、とりあえずは流産の事実のみを知らせることにした。早速、文兆が書状をしたためることになった。

（第2部・当世名古屋元結）

将軍毒殺

実録・名古屋騒動

◆160◆

美女の闘い ⑫

江戸の医師も浅路の流産に不審

こちらは江戸市ケ谷の尾張藩邸。文兆からの知らせに、藩主宗睦は落胆著しい。帰国後はわが子に対面できるものと楽しみにしていたのに、突如、流産の知らせが届けられたのである。

ある日、御殿医たちを呼び出していた。どう考えても合点がいかない。流産の原因を彼らに尋ねるためだった。

「突然そういうことが起こり得るや。前もって病気やけがでも致しておれば納得もいく。何の前触れもなくいきなりとは、少々いぶかしくはないのか。その方らは医師故、余にも分かるように説明致せ」

その場に江戸詰めの医師三人が来ていた。彼らもいま聞かされたばかりで、その詳しい状況を掌握していない。互いに首をひねるばかりだったが、そのうちの一人が口を開いた。

「殿のご不審ももっともでござりまする。しかし、禁物のものでも食すれば、たちまち堕胎する事態とて、なきにしもあらず。何か悪いものでも召されたということはござりませぬか」

「それがよく分からぬ。浅路はその後も健在であるぞよ。いきなり腹痛に襲われ、流産後はまた酒席に戻ったというではないか」

文兆の書状だけでは問う方も、答える方も情報不足である。これだけではさまざまなケースも考えられた。医師たちも宗睦と同様、当時のもっと詳しい状況を知りたがっていた。

「恐れ多いことながら、毒でも食すればまず母体がもちませぬ。母体はそのままで、御子のみを失うとは……仰せのごとくはなはだ不審なること」

呼び出された医師たちも、あいまいな返事しかできない。文兆は昌庵の仕打ちについてはわざと報告していなかったのだ。不審はいよいよ募るばかりであった。

現在の東京・市ケ谷（自衛隊のある場所）にあった尾張藩上屋敷（「江戸図鑑綱目」より）

宗睦は長老の医師に詳しい返答を求めるべく、書状をしたためるように命じた。医師ならば専門的な立場から、状況を探り出せるのではないか。第一報だけでは納得できないし、これだけではあきらめるにもあきらめ切れなかった。

医師の質問状は七里飛脚に託され、やがて文兆の手元に届けられた。文兆は子桂と相談、上役へも知らせた。この件に関してはかなり不審の念を抱いておられるようだ。

浅路が針によって堕胎させられたことは、初瀬と昌庵を除けば、この二人のほかに知る者はいない。質問の一つ一つに言葉も多用して丁寧に答えたものの、この時も初瀬と昌庵に関しては一切触れなかった。最後は「衆議に従い吟味をとげ候へども、あやしき義は御座なく候」と結んだ。

書状は宗睦のもとに届けられた。これを読んで少しは納得した様子。しかし、まだ完全に疑念が晴れたというわけではなかった。

（第2部・当世名古屋元結）

舟橋 武志

題字 冨永奇洞

将軍寿殿

実録・名古屋騒動

◆161◆

エスカレート ①

悪事が悪事を呼ぶ恐ろしい謀略

初瀬は後に江戸から問い合わせが来ていたのを知った。文兆らが返事を出したということは、われらの企てに気付いて通報したのではないのか。そう考えると、じっとしておれない。

病気にかこつけて、昌庵が呼ばれた。これを聞かされて、昌庵も動揺した。

「何分にも浅路殿をこのままにしておいたのでは、いずれ事が露見しかねない。もしも殿様のお耳に入れば、われらは一体どうなるのか。何とかして浅路殿を失いたい」

「このような話を聞かされては、それがしとても快いはずがござりませぬ。文兆兄妹・子桂さえ相果てなば、腹心の病を払うことになりまする」

悪事が悪事を呼ぶ。二人の間でいよいよ恐ろしい謀(はかりごと)が錬られてゆく。昌庵はふと思い出したように、手で膝を軽く打った。

「そうか、そうか。初瀬殿、これにはうってつけの人物がおりまする。真言宗の寺に連光院と申すものがありまするが、ここの住職は知る人ぞ知る、聖天の法をよくするとのこと」

「連光院と言えば、城下にある、あの寺のことか」

「はい、さようでございまする。しかし、事が事だけに、なかなか引き受けてはくれませぬ。そこを何とかして味方に付ければ、われらは手を汚さずとも、三人を葬り去ることも難しくはない」

昌庵には策があった。年頭や五節句などで御目見得の節、寺の格式によって僧侶の座る順序が決まっている。連光院の住職は本願寺の輪番の次で、これに不満を持っていた。

同寺の住職は権大僧都法印の地位にある。これに対して、本願寺の輪番は無位無官。昌庵の話によれば、輪番よりも上に行かせて尊寿院・連光院・本願寺の順とすれば、喜んで引き受けるというのだ。

連光院の住職も一目置いた尊寿院(「尾張名所図会」より)

「法印も尊寿院の下であることには不満はないはず。それがしがお約束いただいたように。若君ご成長の暁には連光院にもこれを仰せられれば、必ずやお引き受け致しましょうぞ。よろしければ内々に伝えてもみますが」

この案には初瀬もすぐに賛成した。いかにしようかと独り思い悩んでいたが、そのように呪詛の法にたけた者がいるとは考えてみもしなかった。すぐさま昌庵を連光院へ送り出した。

法印は庭に水をまいていた。来意を告げると座敷に招き入れ、その身は装束を改めて現れた。思ってもみない朗報であったようだ。

「わが宿願、これにてかなうか。まことにもってありがたきお言葉。このうえは一身をなげうち、丹念に、精魂込めて、呪詛いたしまする。日ならずして必ずやその印(しるし)、現れましょうぞ」

思っていた通りだ。法印は喜んで引き受けてくれた。昌庵はその行い料として、とりあえず金十両を包んで渡したのだった。

(第2部・当世名古屋元結)

舟橋 武志
題字 冨永 奇洞

将軍毒殺 ◆162◆

実録・名古屋騒動

エスカレート ②

浅路らの呪殺を引き受ける法印

呪詛は江戸時代も全盛だった。初瀬や昌庵がこれに頼ろうとしたのも、当時にあっては不思議なことではない。巷には陰陽師（おんようじ）や祈祷師・修験者あるいは密教系の僧など、加持祈祷を行う者が数多くいたのである。

宗春が蟄居謹慎を命じられた直接的な原因も、市ケ谷の藩邸内に祈祷所を造り、自ら将軍吉宗を呪殺しようとしたことにあった。吉宗がその墓に金網をかぶせるように命じたのも、怨霊となって再び現れることを恐れたからである。当時はいまのわれわれが考えているような科学的な暮らしではなく、魑魅魍魎（ちみもうりょう）とも同居するおどろおどろしい社会だった。

そのようなことを、いまだに信じる人もある。昭和六十年と筆者のノートにあるから、ちょうど二十年前になる。東谷山（守山区）山頂の尾張戸神社を訪ねたとき、少し手前の祠で五寸クギを打ち付けたわら人形に出会ってびっくりした。クギが心臓部に突き刺してあったところを見ると、相手を完全に呪い殺そうとしていたのか。

あのときは丑（うし）の刻参りを想像しただけで身の毛もよだった。あれは途中で人に出会ったりすると効果がないばかりか、逆にそれがわが身に降りかかってくるとも言われている。また、呪われた者にはそれを払いのける「呪い返し」の秘法もあったりした。

話がちょっと横へそれてしまったが、連光院の法印も呪詛を得意としていた。その彼は御目見得の席順に不満だった。初瀬の「若君ご成長後」の言葉を信じ、浅路兄妹と子柱の呪殺を引き受けたのだった。

わら人形に怨念を込め、左の柱に五寸クギで

『当世名古屋元結』はこの寺の名をあげ、住職の呪詛ぶりを書き記している。しかし、それがどこにあったのか、いまだに確認できていない。これは事がばれて廃絶させられてしまったためなのか。

舟橋 武志
題字 冨永奇洞

法印は本願寺の輪番よりも上に行きたがっていたが、その本願寺とは名古屋大須にある西別院のことである。東別院はもっと上位にいたものと思われる。尾張は全国でも屈指の大谷派王国であり、その大谷派は家康と結び付いて以降、幕府や各藩とも親密な関係にあった（そのため明治維新を迎えると、あわてる一幕も出てくるのだが）。

連光院の法印は尊寿院の下であることには納得していた。この寺は三之丸にあった東照宮（現、中区丸の内二）の神宮寺（天台宗）で、明治の神仏分離によって廃絶している。家康に仕えて〝黒衣の宰相〟とも言われた天海僧正の開基であり、この寺の僧もまた呪詛に神通力を持っていたのであった。

ここに出てくる三つの寺は御目見得のとき、それほど上位の席順ではなかったのではないか。建中寺などをはじめとして領内には名だたる寺社がいくつもある。どのように順序付けられていたかは興味あるところだが、それを示すような史料は残されていない。

（第2部・当世名古屋元結）

将軍毒殺

実録・名古屋騒動

◆163◆

エスカレート ③

呪殺の祈祷を知った寺男が注進

まじないやのろいの中で、呪殺は最も強烈なものだ。する方もされる方も、文字通り命がけとなる。連光院の法印もこればかりは滅多なことでは引き受けなかった。

しかし、伝家の宝刀をついに抜いた。聖天の法というのは封印し続けてきた秘法中の秘法である。本堂へ籠もって護摩を焚き続け、本尊の大聖歓喜天に必死に祈った。

「法印は其日より沐浴して檀をかざり、せめかけせめかけ、聖天をおこなひけるが、いかさまその印あるべくとおもわれて、身の毛もよだつばかりなり」（『当世名古屋元結』）

法印にも今回ばかりは〝弱点〟があった。初瀬に取り入って若君の藩主就任後、寺格を上げてもらおうとの魂胆だ。そのような邪心があるだけに、自分でも恐ろしくなってくるほどだった。

この寺に源吾という若い寺男がいた。彼は法印が文兆と浅路を呪い殺そうとしているのを知り、びっくり仰天した。源吾は幼少時より文兆の父文良に仕え、わが子同然に扱われてきていた。

それが辞めることになったのも、同家で働く侍女と密通してしまったからだ。文良は初め若気のあやまちと二人を許すつもりでいたが、世間がうるさくなって辞めさせたのだった。源吾はこれを注進することにより、もう一度、文良・文兆親子のもとで働きたいとの希望を持っている。

文兆はこの事実を知らされ、末恐ろしくなってきた。次から次へと、よくも考えつくこと。初瀬はどこまで浅路を追い込もうとしているのか。

文兆は源吾と幼なじみみたいなものである。文良に兄弟同然に養育されてきた。彼が心優しい人間で、正直者であることはよく承知している。

文兆一家が住んだ瀬戸物町かいわい
（現在の中区丸の内3）

しかし、これだけではうかつに動けない。久方ぶりに会ったのが、このような出来事がもとであったとは。源吾も源吾で、こんなことでもなければ、訪問できない身だった。

舟橋　武志

題字　冨永　奇洞

「よくぞ知らせてくれた。われらを呪詛するとは、聞き捨てならぬこと。しかし、確かなる証拠でもあってのことか」

「はい、そうかと思いまして初瀬殿が法印へお頼みになられた文を持ってまいりました。これをご覧下され」

源吾はそう言いながら懐から手紙を取り出した。それは初瀬が自ら筆を執り、書き与えたものだった。これぱかりは右筆に頼めない。

「此度我ねがひ成就に於ては此方の願の事、宗睦卿御帰国の上早々取持遣すべし。若（もし）若殿御代とならば、尊寿院と同格にし、寺領も千三百石に仰付られ候やう、急度（きっと）御前を相つくろひ申べし」

文兆は読み進むうちに手が震えてきた。源吾はこの手紙のあることを知り、法印が檀にいる隙に盗み出してきたのだ。これはまぎれもない証拠となる。

（第2部・当世名古屋元結）

将軍毒殺

実録・名古屋騒動

◆164◆

エスカレート ④

河村復太郎らを呼び対策を協議

翌日、文兆は蘇森長秋・子桂親子と河村復太郎を自宅に呼んだ。これを知らされた三人は一様に驚きの表情を見せた。席には父文良も同席している。

「浅路が呪詛されるとは、言語に耐え難いものがある。このことが殿のお耳に達すれば、浅路よりもむしろ初瀬殿の身が危なかろうに」

「初瀬殿のねたみがこれほどまでも深いものとは。して、このまま放っておくというわけにもいきますまい」

「連光院の法印と言えば、その道にもたけた僧侶。昌庵と言い法印と言い、浅路殿をどこまで苦しめるおつもりか」

「浅路あってこそ、われらがある。浅路への攻撃はわれらへの攻撃と同じ。これを知ったからには見すごしがたい。皆の衆、ここはいかがすべきか」

文兆はこう言って、四人に意見を求めた。すぐさま、これに応じたのが復太郎だった。

「呪詛に対してはのろい返しの法もある。まずはその呪詛を消滅させることこそが第一で、これにはひとときの猶予もならない。幸い、尊寿院の権僧正はわが無二の知友でもある。拙者が行って頼んでくる」

一同はこれに同意した。尊寿院の住職ならば、連光院の法印に優るとも劣らない。復太郎はそうと決まると、急いで尊寿院へと向かった。

文兆の家から尊寿院までは一㌔にも満たない。寺はお城のすぐ手前にあった（現在の名古屋城正門前、駐車場のある一帯）。当時はこの一画に天王社（現在の那古野神社）・東照宮の他、台徳院殿（将軍秀忠）・大猷院殿（同家光）・厳有院殿（同家綱）・常憲院殿（同綱吉）などの御霊屋（おたまや）が建ち並んでいた。

復太郎は走った。大津町を西に折れ、京町にある子桂の家の前を通り、本町を北に折れて大手門をくぐった。門番が親しげに声をかけてきたが、ろくに応じずに走り去った。

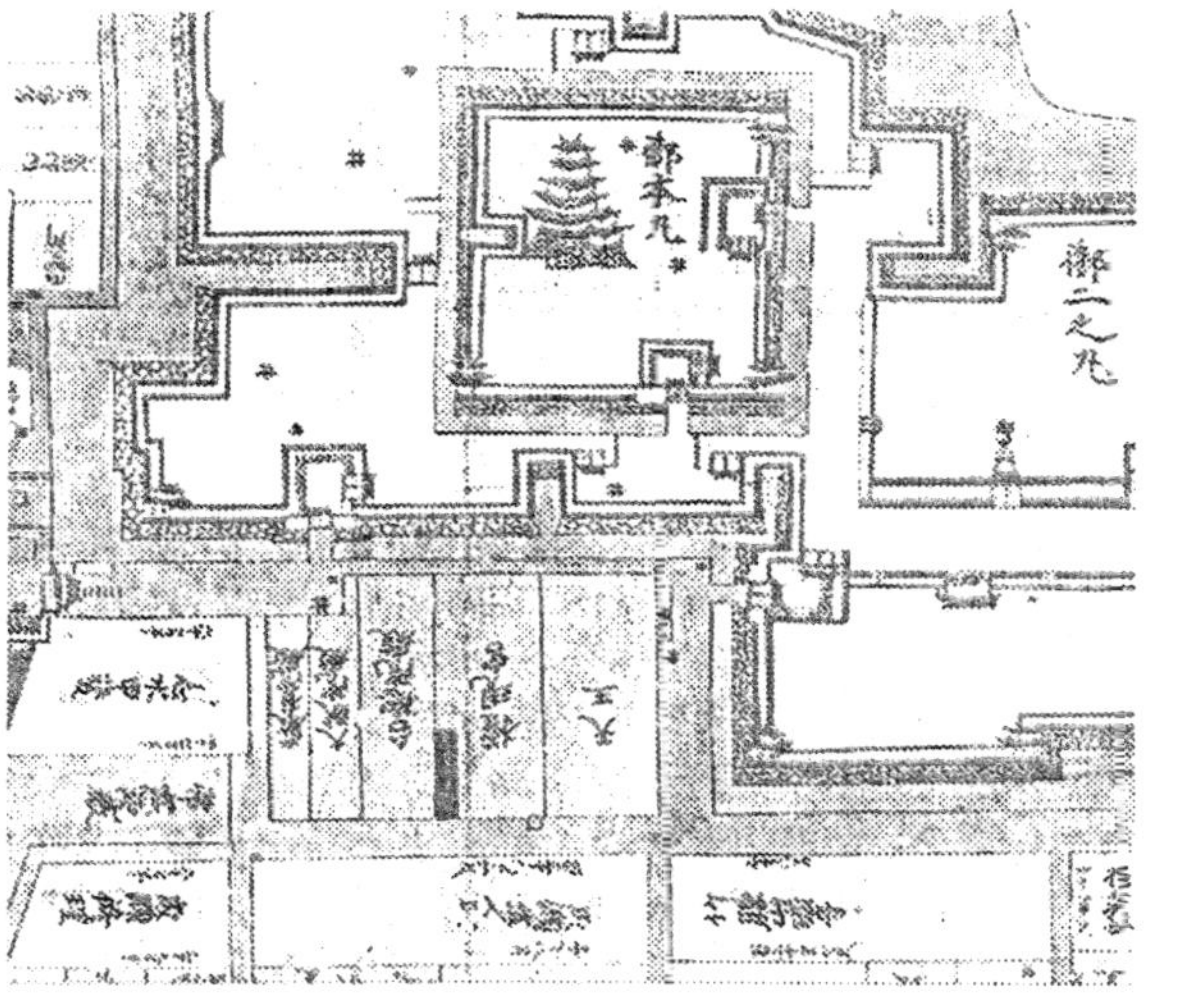

権現宮（東照宮）内の黒い部分がその神宮寺・尊寿院（「尾府名古屋図」より）

舟橋　武志　題字　冨永　奇洞

このころ、復太郎は宗春を失ったばかりだった。それまで役職に就くのも断り、心酔する宗春のお側に仕えてきた。いまはまだ心の整理もつかず、いたずらに空虚な日々を送っている。

巷には宗春へのあこがれが依然、根強く残されていた。宗勝から宗睦へと代わっても、倹約令をはじめとする反宗春の政策は続けられている。暗い世の中であればあるほど、かつての華やかな時代が思い出されてくるのだった。

そんな人たちの中には宗春の「面白き世」を知らない若者もいた。蟄居謹慎を命じられて以来、すでに二十五年の歳月が流れている。彼らの中には語り継がれる話を、よけいに美化して受け止める向きも少なくなかった。

復太郎はそうした彼らの一部からは「由比正雪の再来」と評されてもいた。密かに「万が一、謀反を起こす者がいるとしたなら、河村復太郎をおいては他にいない」とまでささやかれるほど。藩や幕府への不満は宗春の死により再び高まりつつあった。

（第2部・当世名古屋完結）

将軍毒殺

実録・名古屋騒動

◆165◆

エスカレート ⑤

尊寿院の権僧正最観が「不動の法」

尊寿院は東照宮の神宮寺である。元和二年（一六一六）徳川家康が死去すると、幕府は日光に東照宮を創建した。各藩にも独自に同様の宮を建てるように奨励し、尾張藩では同五年、全国に先駆けて天王社の西に設けられている。

このときの総奉行は成瀬・竹腰の両付家老、普請奉行は都筑中兵衛、作事奉行は沢田若狭守。これを指揮したのが上野・寛永寺の開祖で、家康のブレーンだった天海僧正である。天海は名古屋へわざわざ足を運び、他藩への手本とすべく心血を注いだ。

尊寿院は東照宮の楼門西側に造られた。天海を開基に、開山は野田（春日井市）密蔵院の住職珍祐がなった。以来、連綿として続き、いまは十二世の権僧正最観である。

駆け込んできた復太郎に、最観は何事かといぶかった。いつもは学者らしく落ち着き払い、超然としたところがあったからだ。まずは客間に招き入れた。

復太郎はあいさつもそこそこに、これまでの経緯を打ち明けた。文兆一家は浅路のおかげで、朝日の昇る勢いだと聞かされている。しかし、殿中でそのようなことが起きていたとは知る由もなかった。

尊寿院の開基となった僧天海

「まことにお気の毒なことでござりまするな。聖天の法をかけられていると聞かされては、片時なりとも捨ててはおけませぬ。他ならぬ復太郎殿のお頼み。それがしが消滅する不動の法を修して差し上げましょう」

最観はこの日から壇に向かい、七日間、一心不乱に不動の法を執行した。おかげで浅路の身の上には何事も起こらなかった。文兆らはひとまず胸をなで下ろすとともに、源吾にこれからも法印の動きを知らせるように頼んだ。

浅路の様子が一向に変わらないことに、初瀬は不審の念を起こし始めていた。すでに依頼して十日近くにもなる。持病の癪（しゃく）が出たと称し、また昌庵を殿中に呼び寄せた。

「浅路殿は何事もなきような日々を送っている。法印の聖天の法とやらは、一体、いつになったらその効果をあらわすのか。われは力を落としてしまったではないか」

「それがしもいまかいまかと心待ちにしておりまするが。これは浅路殿が体調でも崩されてそれに気付き、のろい返しの法などを依頼されたやもしれませぬ」

「のろい返し……すると今度はわれらにそれが降りかかってくるとでも言うのか」

「いや、まだそうと分かったわけではありませぬ。しかし、法印も今回ばかりは弱気なところがあるように、それがしの目には見えまする」

二人はおよそ一時間ばかり密談し合った。この上は毒殺するにしかずと、密かにあれこれ企むのだった。しかし、現実にはなかなか実行に移す機会もなく、日々はいたずらに過ぎていった。

（第2部・当世名古屋元結）

舟橋 武志
題字 冨永 奇洞

将軍毒殺

実録・名古屋騒動

◆166◆

エスカレート ⑥

宗睦が帰国それぞれの秘めた思い

明和二年（一七六五）が明けた。今年は藩主帰国の年である。初瀬も浅路を支える文兆らも、それぞれの思いを秘めて新しい年を迎えていた。

初瀬にとってはとりわけめでたい年となった。江戸にて二月十九日、わが子熊五郎が元服した。将軍家治の一字を頂戴して治休（はるよし）と号し、右兵衛督（かみ）に任じられた。上下打ちそろって万歳を唱え、お家のさらなる繁栄を祝い合った。

名古屋城内も喜びにあふれていた。初瀬のそれはひとかたならず、殿中でいよいよ重きをなした。次期藩主の実母ともあれば、周りの者の気遣いも尋常ではない。

治休の成長を人一倍心待ちにしている者がいた。他ならぬ昌庵と連光院の法印である。藩主就任の暁には格別の待遇を約束されている。

尊寿院の僧最観もまた、東照宮の神主らとともに、あわただしい日々を送っていた。四月十五日から十七日の三日間、名古屋城下最大の祭り「東照宮祭」がある。今年は家康没後百五十年に当たっており、祭りは例年以上ににぎやかなものになった。

桜が散りつつじが咲き、はや紫陽花の季節を迎えていた。藩主宗睦は五月二十一日に江戸を発ち、東海道を経由して、この月の晦日（みそか）に名古屋城へ入った。このたびは例年よりも一カ月あまり遅れての帰国となった。

城内は殿様を迎えて華やぎ、いつになくにぎわしかった。初瀬は治休元服の模様を聞かされ、浅路も流産の悲しみを優しい言葉で慰められた。殿中も久方ぶりに、にぎにぎしいものとなった。

しかし、その裏にはそれぞれの秘めたる思いが渦巻いていた。初瀬は毒薬を用いることもなく、いたずらにこの日を迎えてしまった。文兆らも堕胎させられた仇を、このときこそ取らねばならぬと思っている。

そんなある日のこと。宗睦は寝殿に入り、初瀬をお伽（とぎ）に召した。とりとめのない寝物語の中で、初瀬はこんな話を持ち出すのだった。

外堀通の南側に移った現在の東照宮（中区丸の内2）

舟橋　武志

題字　冨永奇洞

「殿は私をねたみ深い女とお思いかもしれませぬが、みだりにねたむわけではござりませぬ。浅路殿の心が不届きであるが故に、憎むのみにござりまする」

これを聞いて宗睦は不審に思った。どうしてこのようなことを言い出したのか。

「なにゆえにそう申すのか。どこか子細でもあるやの口ぶりに聞こえる。それならばそうで、包み隠さず語り明かせ」

初瀬は待ってましたとばかりに話し始めた。浅路を失わんとの魂胆だ。

「殿はご在府にてご存じないのも、もっともにござりまする。かといって私の方から申し上げれば、かえって偽りとも思われ兼ねませぬ。かようなことを私の口から申し奉るのも、いかがなものかとは思いまするが……」

もったいぶった物言いに、宗睦はよけい引き込まれた。初瀬はどんなことを言おうとしているのか。

「何の遠慮があろうか。気遣いなど無用。早くその訳を申せ」

（第2部・当世名古屋元結）

将軍毒殺

実録・名古屋騒動

◆167◆

エスカレート ⑦

舟橋 武志

題字 冨永 奇洞

「浅路が不義密通」と囁く初瀬

ここで後見菅之丞（すげのじょう）という小姓のいたことを思い出していただきたい。近習の一人、一島小藤太が殿中の若柴と恋文を取り交わし、それを手助けしたこともある少年だ。あのとき菅之丞は特別に許され、成長したいまは藤十郎と名を改めている。

初瀬は殿のお留守中、浅路がその藤十郎と密通している、と告げ口したのだ。にわかに信じようとしない宗睦に、そのみだらな交際ぶりを語って聞かせた。こうなると宗睦も無関心ではいられない。

「これほどのことを言うには、その方に何ぞ証拠の品でもあるのか。もしあらばこの場にて示せ」

「証拠もなくしてこのようなことは申し上げられませぬ。いかにもその証拠、ここにありまする」

初瀬が差し出したのは藤十郎が浅路へ遣わしたという手紙だった。読み進むうちに、みるみる表情が変わっていった。まさしく密通していることを証明するものである。

「うーん、許せぬ。浅路は不届き千万なり。これまで格別に目をかけてきたのに、その厚恩を忘れたのか。わが寵愛を幸いに、このような不埒な身持ち、ずたずたに切り刻んでもまだ刻み足らぬ。今宵、手討ちにしてくれるわ」

宗睦がキレた。ふとんをはねのけ、寝殿を飛び出そうとする。あわてて初瀬がこれを押しとどめ、手を差し伸べて元の位置に座らせた。

「殿のお怒りはごもっともなること。しかし、このような不届き者を手討ちにあそばすこともありますまい。それではお手が汚れまする」

「何を言うか。その言葉が真実ならば、どうしてこのまま生かしておけようか。ええい、許せぬ」

当時の町医者の風体（「江戸時代風俗さしえ集」より）

頭に血が上っている。かわいがってきただけに憎さも憎し。顔は怒りで赤らみ、はく息までが荒々しい。

「私とてかような事実を知って腹を立てておりまする。ご成敗は心のままになさいませ」

「何をか言わんや。このまま見捨てておかれようか」

「しかし、今宵とはあまりにも急なること。この儀は昌庵もよくよく存じております。明日、早々にも昌庵を召し出し、とくとお聞きただしのうえ、ご成敗仰せ付けられても遅くはないでござりませぬか」

初瀬は怒れる宗睦をなだめすかした。その夜は添い寝をし、いつも以上にご機嫌を取った。そして、心の中で予想していたよりも事がうまく運んだのを喜んだ。

夜の明けるのも待ちかね、独り寝殿を抜け出した。女中の一人に昌庵を呼びに行かせた。時ならぬ未明の呼び出しに、昌庵は何事が出来（しゅったい）したか、と駕籠で駆け付けてきた。

（第2部・当世名古屋元結）

将軍暴殺

実録・名古屋騒動

◆168◆

エスカレート ⑧

処分命じられ頭を抱える二人の老中

舟橋 武志

題字 冨永 奇洞

昌庵は登城して初瀬に会った。初瀬は昌庵に昨夜来のあらましを話した。昌庵は最後まで聞かないうちに、初瀬が言わんとすることを理解した。

「かくなるうえは手ぬるいご成敗ではいけませぬな。浅路殿は打ち首、藤十郎ははりつけのうえ獄門、安西一家はご改易あってしかるべし」

そんなことにでもなれば、これまでの災いを一挙に取り除ける。初瀬は昌庵の言葉に勇気づけられた。二人はその後について、あれこれと密談し合った。

やがて宗睦が目覚めた。初瀬は昌庵をすでに呼んでいると伝えた。昌庵は浅路の不埒な事々を述べ、厳罰で臨まれるように言上した。

「殿のお怒りはごもっともなこと。かくなるうえは昌庵の申す通り、ご成敗なさりませ」

「もってのほか。昌庵に言われるまでもなく、そうしてくれるわ。この怒り、それでも治まらぬ」

殿中を出ると小姓に老中の石河伊賀守と横井丹波守を呼ぶように命じた。伊賀守は宗春が蟄居させられた年、新藩主宗勝に登用されて以来のベテランである。これに対して丹波守は今年、老中に就任したばかりだ。

伊賀守の先祖は鎌倉時代、承久の乱の功によって美濃の地頭となり、丹波守のそれは幕府の執権北条氏の一族の一人が名古屋へ移り住んだことに始まる。伊賀守は駒塚（羽島市）に広大な屋敷を構え、二代前の出羽守がそれまでの「石川」を「石河」姓に代えていた。一方、丹波守は「赤目城」とも呼ばれる屋敷を愛西市（旧八開村）持ち横井山（中村区横井）から移ってきた縁により「横井」姓を名乗っている。

二人は宗睦から直ちに処分するように命じられた。しかし、いくら藩主といえども、このようなことを吟味もなしにはできない。伊賀守はかしこまりながらも、事の次第をあれこれと聞き出した。

美濃路の起宿（現、一宮市）近くに立つ「左駒塚道」の道標。石河氏は「駒塚の殿様」と呼ばれていた

御前を引き下がり、二人は頭を抱え込んだ。怒りは尋常ではない。が、殿の言葉通りに処分すれば、禍根を将来に残しかねない。

「石河殿、実に頭の痛いものを抱え込みましたな。あのようにお怒りの殿に接したのは初めてでござる」

「人間、ときにはそんなこともあるものよ。殿の仰せのように今日直ちに成敗するのはあまりにも短慮なること。ここはよくよく吟味し、そのうえで死刑にしても遅くはない。死罪に値する罪人こそ、吟味のうえに吟味をするのが筋というもの」

「ごもっとも。もし一朝のお怒りで処分し、それが誤りであったならば、取り返しがつきませぬ」

「横井殿、われらはその心掛けこそが肝要じゃ。殿はあのようにお怒りだが、ここは十分に吟味し、その後に刑を申し渡すのが順序というもの。殿や初瀬殿の言葉のみにては判断致しかねる。それにしても頭の痛い問題を抱え込んだものよのう」

二人は山澄淡路守ら他の老中を呼び、城中の一室で閣議を開いた。全員が石河・横井両者の意見に賛成である。まずは浅路と藤十郎が呼ばれることになった。

（第2部・当世名古屋元結）

将軍毒殺

実録・名古屋騒動

◆169◆

エスカレート ⑨

藤十郎、浅路ともに濡れ衣を主張

舟橋 武志　題字 冨永 奇洞

山澄淡路守は藤十郎が密通していたと知らされ、「まさか、あの男が」とわが耳を疑った。いまも知恵のある好人物と見ている。竹腰山城守が彼の幼いころから秀吉の少年時代にも似ていると評価し、淡路守自身もまたそのように思っていた。

一方では小藤太の恋文を若柴に内緒で取り次いでいた過去も知っている。あのときは小藤太のみが罰せられ、藤十郎と若柴はおとがめなしだった。淡路守は「まさか」と思う反面、「またも」との考えも脳裏をよぎった。

詮議は伊賀守と丹波守の二人に任されることになった。まず藤十郎が呼び出された。殿より浅路へ差し出されたという手紙も預かっている。

「お尋ねの儀、いささかも心当たりがございませぬ。このような話がいかようにして、何人(なにびと)により御前のお耳に達したのか。また、こうして吟味に及ぶとは、それ相当の確かなる証拠でもございましょうか」

藤十郎はあわてた様子も見せず、理路整然と逆に質問してきた。伊賀守は懐から手紙を取り出した。にじり寄ってきた藤十郎に、それを手渡して言った。

「これが殿よりお預かりの文である。いかにもその方の筆跡ではないか。浅路殿に差し出したるものに相違あるまい」

藤十郎は受け取り、これをとくと見た。筆跡はよく真似られているが、線の太さが明らかに異なっている。だれがこのようなものを書いたのか。

「いかにもそれがしの筆法を真似てはいるが、これはまぎれもない似せ筆。料紙と硯(すずり)をお貸し下さいませぬか。それがしがこの場でいま同じ文を書いたうえ、ご沙汰を待ちまする」

現在、県社会福祉会館が立っている場所に町奉行所があった(中区丸の内2)

濡れ衣を着せられたが、無実は簡単に証明できる。藤十郎には初めから、これを恐れる気などはない。伊賀守と丹波守は双方の文字を見比べながら、それ以上、藤十郎に問うことはなかった。

浅路にも一応は聞いておかねばならぬ。殿の愛妾ではあるが、両老中の前に召された。彼らもまた無実であることを承知してはいた。

浅路はこのような事態になっているとは、ついちょっと前まで知らなかった。藤十郎と密通していたなどと、何を根拠にして捏造されたのか。怒りを通り越して、あきれ果てるほどだった。

老中は二人を尋問して納得がいった。初めから初瀬の仕組んだものとにらんではいた。しかし、いまだ吟味中のことでもあり、藤十郎と浅路をひとまずそれぞれの家へ預けさせ、この件を町奉行所へ回す手続きを執った。

奉行所は片端筋(現、外堀通)の南、本町と交わる南西角にあった(現在、社会福祉会館の建つ地)。奉行は内藤新蔵である。彼は捕り手らを前にこう激励し、夕暮れ迫る市中へ送り出した。

「昌庵こそ国をおびやかす佞奸(ねいかん)である。心して召し捕らえよ。決して取り逃がすではないぞ」

(第2部・当世名古屋元結)

将軍毒殺

実録・名古屋騒動

◆170◆

エスカレート ⑩

捕らえられた昌庵がすべてを白状

舟橋　武志

題字　冨永　奇洞

昌庵はそんなことになっているとは夢にも思っていなかった。初瀬から殿が思いの外にお怒りで、藤十郎や浅路は打ち首になると聞かされていた。この日は自宅に親しい者を呼び集め、酒宴を開いている最中だった。

「浅路殿も恐ろしいお方じゃ。殿のご寵愛を受けながら、藤十郎ごときに目をくれるとは。いまごろお役人に捕らえられ、泉下（せんか）の客となっているころかも」

そんなところへ踏み込まれたのだ。昌庵は当初、何事が起きたのかすぐに理解できない様子だったが、居合わせた者たちにしてみれば、なおさらのことである。昌庵はあれよ、あれよという間に縄を掛けられ、部屋から引きずり出されてしまった。

「この不埒者めが。別れの盃でも酌み交わしていたのか。覚悟致せ、これが年貢の納めどきじゃ」

捕り手の一人がこう言って罵倒した。女房や家人をはじめとして、皆々もただおろおろするばかり。ぼう然としてその後ろ姿を見送るしかなかった。

奉行所に連行され、取り調べが始まった。昌庵は知らぬ存ぜぬで押し通していたが、そんな手が通用するようなところではない。厳しい拷問が加えられ、ついに白状するのだった。

「お許し下され。浅路殿に藤十郎との不義の事実はござらん。初瀬殿のお頼みにより、あのような話を作り上げてしもうた」

昌庵は即座に入牢を仰せ付けられた。問題は初瀬だった。かりそめにも若君治休の実母である。

殿中の一室に座敷牢が造られることになった。そして、何人かの番人を置いて、始終、監視に当たらせた。初瀬は若君の母親として威を振るい、肩を怒らせてきただけに、殿中の男女の中にはこれを密かに喜ぶ者すらもいた。

思わぬ事態に宗睦は後悔していた。初瀬の口先に乗せられて、軽はずみな行動に出てしまった。それをそそのかした昌庵こそ、許し難い存在である。

奉行所では昌庵がなおも厳しく追及されていた。拷問に耐えかねて、浅路が妊娠していた子を針で堕胎させ、連光院の法印に呪詛を頼んだことまで白状させられてしまった。この罪は軽くない。

連光院の法印は本来なら寺社奉行の扱いだ。この当時、三之丸の郭内に置かれていた（現在の県庁西庁舎前の地）。しかし、今回ばかりは昌庵とのからみから、町奉行所で裁かれることになった。

やがて昌庵には死刑が宣告され、後代までのみせしめとして、梟木（きょうぼく）に掛けられた。連光院の法印も死罪に値するが、僧の身なれば、一等減じて脱衣追放の処分に。初瀬も本来なら死罪を免れぬものの、若君の実母ゆえに許されて、座敷牢に閉じ込められることになった。

これで一件落着した。何一つ不自由ない身分でいられたのに、女の嫉妬心から来た浅ましさ。初瀬は哀れにも捕らわれの身となり、これに代わって浅路が登場してくるのであった。

（第2部・当世名古屋元結）

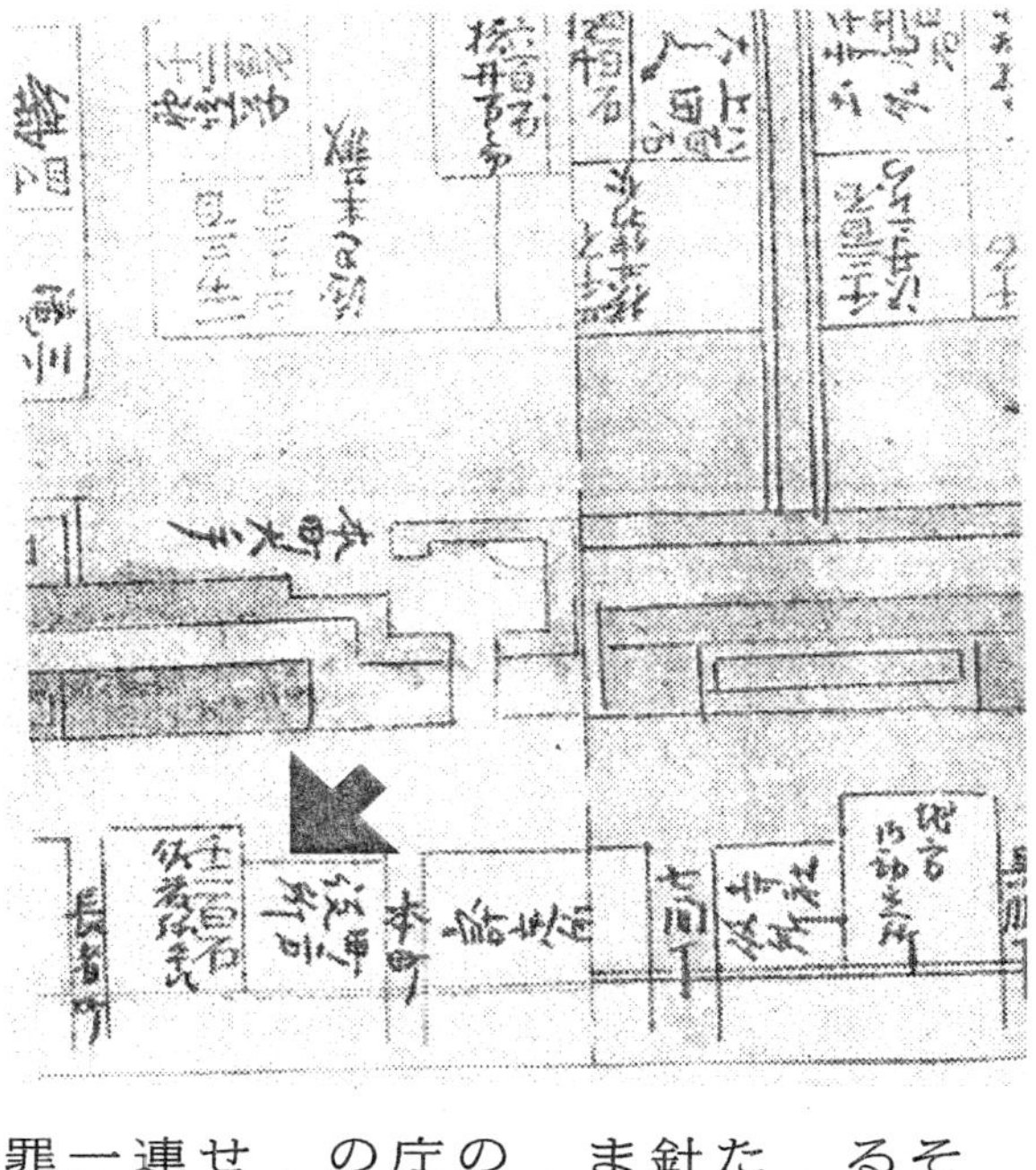

町奉行所（矢印）を示す「名古屋城下図」。評定所の東には寺社奉行所が天保8年に移ってきていた

将軍毒殺

実録・名古屋騒動

◆171◆

エスカレート ⑪

藩主として粗忽な対応を恥じる

舟橋武志　題字 冨永奇洞

こうして騒動は治まったが、宗睦は落ち込んでいた。結果的には真偽のほどを確かめることもせず、一方的に初瀬の言葉を信じ込んでしまった。藩主としてあるまじき行為である。

（一朝の怒りから粗忽な対応をしてしもうた。初瀬の不義の言をそのままに受け止め、浅路の不義のみを責めた。それがこのような結末となり、ただただ恥じ入るばかり）

宗睦このとき三十三歳。後に低い身分の人材を登用して河川改修や新田開発に取り組み、かつての巾下学問所にならって藩校「明倫堂」を創設するなどして「尾張藩中興の祖」と呼ばれるまでになる。改心のきっかけとなったのが今回の騒動の反省であった。

それぞれの家に預けられていた浅路と藤十郎は元のところに復されることになった。ある日、浅路は兄文兆とともに御前に召し出された。老中が冷静な判断をしていなかったら、浅路は危うく命を失っているところだった。

騒動はいったん治まったかにみえた名古屋城だったが…

「このたびは初瀬の言葉を信じ込み、そちらに多大な迷惑をかけることとなった。わが思慮分別のなさを痛感しておる。初瀬と組んだ者はことごとく処分した。今後はいままで通り、忠誠を尽くすように」

人間、生まれ変わるには何かの強烈な刺激が必要なようだ。先の広島藩主だった浅野吉長は名君とうたわれたが、そのきっかけとなったのは正室の加賀御前が女だてらに割腹して諫めたことにあった。それまでは吉原で遊びほうける放蕩殿様だったが、皮肉にも宗春は改心したこの吉長から蟄居謹慎を伝えられることになったのだった。

あの「大うつけ」と言われた信長も、改心したのは平手政秀の諫死だった。一命を捨てないことには、分かるような男ではなかった。その後の信長は己の行動を悔い改め、天下取りの道をひた走ることになる。

「文兆、汝の行いまことに神妙であった。わが留守中にあのようなことが起きていたにもかかわらず、一言も申さずによく耐えてきた。万が一、公にでもなっていれば、留守中の城中はどんな騒ぎになっていたことか。これでその方らの遺恨も晴れたであろう」

この件で文兆へ二百石、子桂と復太郎もそれぞれ百石ずつ加増されることになった。殿中では初瀬が失脚し、浅路の発言権が増した。これが文兆をして思わぬ野望を抱かせることにもなるのだが、それにはまだ当の本人すら気付いていなかった。

一方、濡れ衣を着せられた藤十郎も、その疑いが晴れてもと通りに勤務し始めていた。今回の騒動をきっかけに、文兆や浅路との縁ができた。藤十郎もまた彼ら兄妹と浅からぬ関係になろうとは、いまはまだ知る由もなかったのである。

（第2部・当世名古屋元結）

将軍毒殺

実録・名古屋騒動

◆172◆

野望の炎（ほむら）①

浅路が宗睦の子を懐妊 歓喜の文兆

このころ河村復太郎は宗春を失い、何かと御下屋敷の残務整理にかかわっていた。

「河村氏仕籍」には漢文で「章善院様（宗春）御逝去遊サレ候以後、御片付御用、日々御下屋敷へ罷リ出、相勤メ申シ候」旨が記されている。この作業には翌年五月、すなわち明和二年（一七六五）までかかった、とある。

「日々」とはあるが、暇はこれまで以上に多い。身は大津町に置き、学問に励む毎日。家にはたくさんの書物があり、それを目当てに文兆や子桂がよく遊びにやってくる。

このとき復太郎四十三歳。人生で最もあぶらの乗り切った時期だったが、蟄居中の宗春に仕える決心をして以来、出世の夢はとうにあきらめている。いまは古典を中心とした本に親しみ、独り静かに吹く笙（しょう）の笛を楽しみとしていた。

この日もまた文兆と子桂が誘い合って遊びに来ている。目的は好きな本を借り、教えを請うことだ。復太郎の家にはあふれるほどの蔵書があり、多くの秘書珍籍を有していることでも知られていた。

「このたびは浅路殿も疑いが晴れて何よりだった。思えば、初瀬殿も牢獄に閉じ込められ、気の毒なものよ。あのような恐ろしいことを企てられねば、いまも玉殿に座し給えたものをのう」

復太郎の言葉に文兆・子桂はうなずいた。嵐が去ってほっと一息ついたところだ。浅路は再び召し出され、殿のご寵愛も深まっている。

しばらくして、その浅路が体調を崩した。やがて食欲もなくなり、吐き気を催し、床に就いてしまった。二人は心配しながら介抱するうち、これはつわりに間違いないと知った。

宗睦の寵愛を取り戻して懐妊した妹、浅路の安産を文兆が祈った熱田神宮

殿にそのことを伝えると「でかしたか！」と一言大声を発した。その足で殿中に急ぎ、浅路を見舞った。浅路は身を起こしてこれを迎えたが、その顔にもうれしさが漂っていた。

宗睦の喜びようは一方ならず、足が地につかないほどだった。早速、占方（うらかた）が呼ばれることになった。その結果は男子と出て、いよいよご機嫌だった。

文兆の喜びとて、それに劣らない。以前は初瀬と昌庵のため、流産をさせられてしまった。今度こそとの思いがひときわである。

わが妹が殿の御子、それも男子を産む。そうなれば殿中での浅路の地位はますます上がる。治休の生母である初瀬は座敷牢に閉じ込められており、そこから出される見込みはまずない。

その日から五日に一度の熱田参りが始まった。朝も明けないうちに家を出て、まずは近くの氏神に参拝したうえ、本町を南へと急ぐ日々になった。

「熱田大明神様、今度こそ玉のような男児を授け給え。浅路に御子を産む力を与え給え。わが望みがかなえられましたる暁には、どのようなことでも致しまする」（第2部・当世名古屋元結）

舟橋 武志
題字 冨永 奇洞

将軍毒殺

実録・名古屋騒動

◆173◆

舟橋 武志

題字 冨永 奇洞

野望の炎（ほむら）②

無事に男児誕生…ふくらむ野望

早くも妊娠五カ月目に入っていた。戌（いぬ）の日を選んで岩田帯が巻かれ、大勢で安産を祈願し合った。使用されたのは縁起がよいとして国府宮（稲沢市）の裸祭りのとき、裸男の一人が巻いたさらしの下帯であった。

宗睦は喜びを隠し切れない。それは文兆とても同じである。人々は「初瀬殿が世に出ておられたならば、これほど賑々しくはできなかったものを」とうわさし合ったほどだ。

桃の花がふくらみかけて、また参府のときを迎えた。後ろ髪を引かれる思いだが、これも大切なお役目である。明和三年（一七六六）三月三日、宗睦は竹腰山城守を従え、江戸へと旅立って行くのだった。

浅路は月日を経て、臨月を迎えた。文兆・子桂はそばにひかえ、何かと気を遣っていた。やがて占いの通り、男子の誕生と相なった。

「熱田大明神の神力なり。子桂殿、喜べ。年来の大願、いまこそかなったぞ」

文兆は子桂とともに小躍りして喜び合った。赤子は元気に泣き叫び、産後の肥立ちもよさそうだ。早速、江戸へ注進する早馬を出すのだった。

「ついに誕生したか。中将（治休）一人では何かと心細く思うていた。二人の男子に恵まれ、これで当家も安泰である。浅路を誉めて遣わせ」

男子と知って喜びもひとしおである。即座に松千代と名付け、国元へ知らせるべく右筆を呼ぶのだった。この男児こそ、後に治興（はるおき）と呼ばれる人物である。

浅路や文兆らは日に日に成長してゆく松千代がかわいくて仕方がない。ある日、文兆の脳裏に（この松千代が藩主にでもなれば……）とのかすかな思いがよぎった。もしもそんなことにでもなれば、われらの出世は望むままである。

裸男たちがもみ合う国府宮のはだか祭

そんな折も折、江戸では治休が疱瘡（天然痘）を罹ってうなされていた。この年の十二月十日に発症し、それはやがて名古屋にも届いた。当時、疱瘡と言えば最も恐れられていた病気の一つであり、城内では何人もがこれで命を失ってきた。

文兆の夢想した（もしも）が急に現実のものとなってきた。「知恵なき子に知恵を付ける」ということわざもあるが、治休の病気はまさにそれに似たものでもあった。松千代のあどけない顔を見ていても、御座の間に座る成長後の姿までがダブッて見えてくる。

ところが、病気は奇跡的に快復した。そして、翌年二月十三日には元服の前祝いである「額直し」の儀式が行われるまでになった。このとき、宗睦は巻物五巻と酒肴を贈り、治休の成長を祝福している。

期待がはずれたのは文兆である。しかし、一度抱いた夢は簡単には捨て去れない。このころからもの思いにふける文兆の姿が見られるようになってきた。

（第2部・当世名古屋元結）

将軍毒殺

実録・名古屋騒動

◆174◆

野望の炎（ほむら）③

舟橋 武志

題字 冨永奇洞

治休を毒殺しようと考える文兆

（若君中将殿さえ失えば、松千代が家督を継げる。そうなれば、わが身が威を振るうのも思いのまま……）

文兆は快復した治休を毒殺しようと考え始めていた。それは初瀬に対して復讐することにもなる。実行するにはどうすればよいのか。

しかし、このような企てをうかつには人に話せない。やはり思い浮かんだのは子桂と復太郎の二人だった。彼らなら類縁であり、同じ思いになるのではないか。

思案しているところへ、折よく子桂が訪ねてきた。が、子桂といえども、正面切っては話せない。まずは盃などを取り出し、よもやま話から始めるのだった。

「ところで話は変わるが、松千代殿はすこやかにご成長なされている。まことにめでたい限りでござる」

「その節は初瀬殿の悪心により、罪もないわれらまで危うく改易されるところであった。いまは座敷牢に閉じ込められ、その恨みも晴れる思い」

子桂は現状に満足しているのか、それとも胸の内に野望を秘めているのか。文兆はそこが知りたかった。酒を勧めながら、探るような目つきで言った。

「おかげであのときは肝を冷やした。いまは返ってわれらも浅路殿も結構なる身。ありがたいことでござる」

「まことにその通り。ことにこたびは男子をご出生なされ、松千代殿も元気にお育ちとのこと。行く末がひとしお楽しみでござる」

文兆はこの言葉に気をよくした。子桂も同じ考え方になるかもしれない。それなりの手応えを感じ取った。

この際、子桂の気持ちをはっきりと確認しなければならない。松千代は生まれたが、その上には治休がいる。この差は計り知れないほど大きい。

花の季節だというのに、文兆は気が重かった。絵は桜の名所、山吹谷（東区東片端付近）の遊興（「尾張名所図会」より）

「ときに子桂殿、松千代殿は嫡男ではござらぬ。ご成長あっても、よくて御連枝（高須藩）へのご養子。悪ければ一生部屋住みともなりかねぬ。拙者やそこもともお取り立てには預かろうが、部屋住みとあれば残念ながら、われらが世に出る機会はあるまいのう」

文兆はいかにも気力なさそうにこう言った。子桂はそれを気の毒にでも思ったのか。期待していたことを口に出した。

「そうは思い召さるな。女子ならば是非なきことだが、浅路殿の御子は男子でござる。将来、いかような変があり、ご家督を継がれることにならぬとも限らぬ。現に、先ごろ若君はご大病で、危ないところだったではないか」

この言葉で打ち明ける決心がついた。何としてもまずは子桂に納得してもらわねばならない。文兆は姿勢を正した。

「そちは姉婿であり、また無二の親友でもある。わが心底を包み隠さず打ち明けたい。どのようなことがあっても、力添えを願えないか」

（第2部・当世名古屋 完結）

将軍毒殺

実録・名古屋騒動

◆175◆

野望の炎(ほむら)④

深夜に密談する文兆、子桂、復太郎

舟橋 武志

題字 冨永奇洞

「大事なこと、だれに口外などしようか。遠慮なくお話し下され」

子桂に促され、文兆は打ち明けることにした。これに対してどのような反応を示すのか。まだ確証を得ているわけではない。

「かりそめにも大望(たいもう)の秘事である。みだりに他人には語れない。これは復太郎殿にもまだ話してはいない。姉婿のそちなればこそ、まず最初に相談する次第でござる」

声をひそめてこう言った。松千代が家督を継げば、子桂も取り立てられるのは確実。これにどう答えてくるのか。

「そのような秘事、最初にお話し下さるとは、まことにかたじけない限り。拙者とてもそれを思わぬこともなかった。身は不肖なれども、ご荷担申す」

これを聞いて文兆はほっとした。打ち明けて拒絶でもされたら、それこそ大変なことになる。言うのも案じられてきたが、結果は思っていた以上だ。

しかし、治休を毒殺するにも、その身は江戸にある。へたをすると家督を継ぐまで、入国の見込みはないかもしれない。となると、江戸へ刺客を送る事態も考えられる。

心を同じくして、酒がより進んだ。二人はその後も小声であれこれ密談し合った。たがいに心底を確認し合ったものの、このような大事は急いでは失敗しかねない。

「大望を図るにはあわててはならぬ。ここは心を落ち着け、じっくりと思慮すべき。何としても昌庵の二の舞だけは避けねばならぬ」

「あのように身を害してしまっては何の益があろうか。昌庵の浅知恵こそ失敗の手本。三人寄れば文殊の知恵とも言う。復太郎殿に拙者が折を見て話そう」

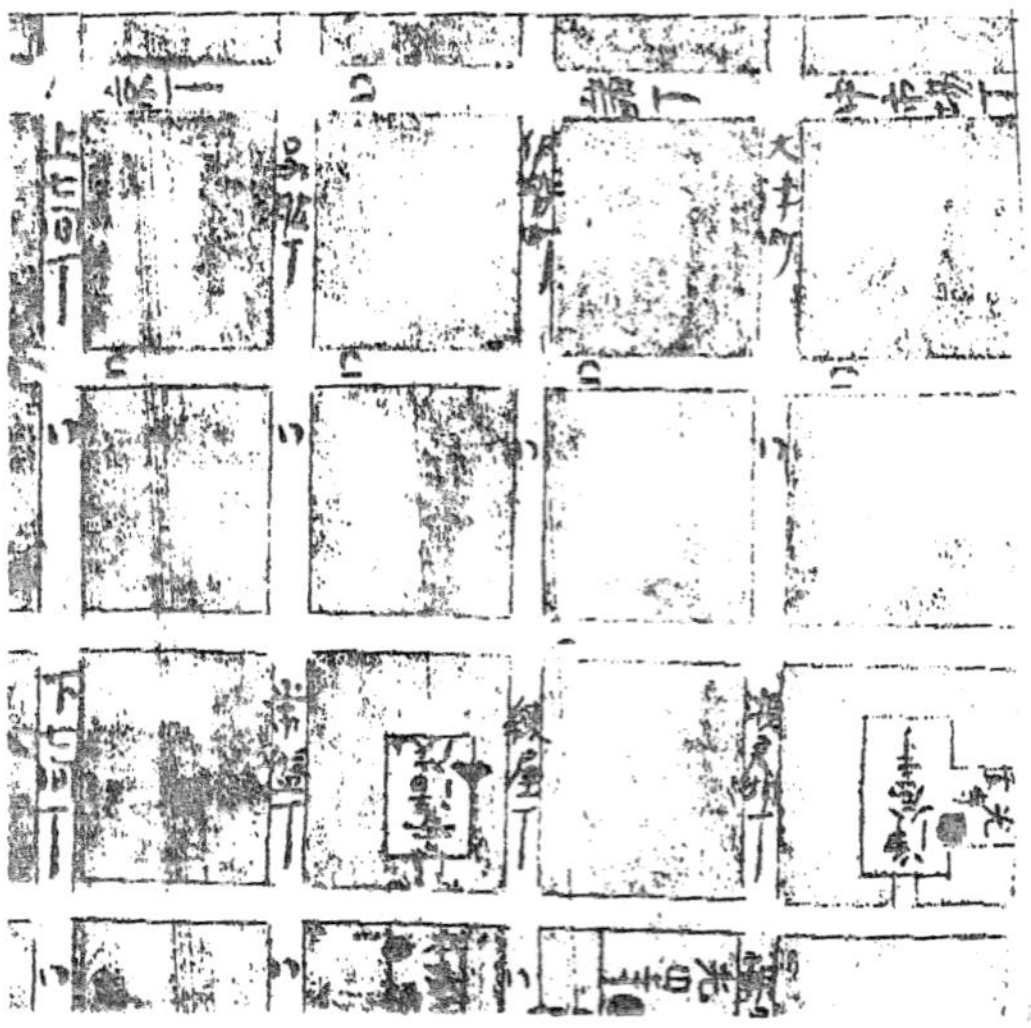

三人の住む瀬戸物町(文兆)、大津町(復太郎)、京町(子桂)はすぐ近くで、現在の中区丸の内3地内にあった(「名古屋城下図」より)

話し込んでいるうちに、子桂の気持ちも定まってきたようだ。文兆は姉婿が最初の共鳴者になってくれたのを喜んだ。案ずるよりも生むが易しだ。

「これを成就するには当然、復太郎殿にも加わってもらわねばならぬ。くれぐれもその他の者には語り給うな。三人のみの確かなる秘め事であるぞ」

子桂は別れた足で復太郎宅を訪ねた。彼はたまたま外出しており、家へ戻ることにした。すると、その復太郎が訪ねてきており、子桂の帰りを待ちわびていた。

子桂は幸先(さいさき)がよいと喜んだ。復太郎を奥の一間に招き入れ、相談すること数刻に及んだ。文兆の存念を詳しく語り聞かせた。

復太郎はとうに出世をあきらめていた。いまの世にも不満を持っている。子桂と話し合っているうち、事を起こすのも面白かろうと思っていたのである。

この夜、二人は連れ立って文兆の家へ足を運んだ。あまりにも早いのに、いささか驚いた様子。三人は夜の更けるのも忘れて、密談に熱中するのだった。

(第2部・当世名古屋元結)

将軍毒殺

実録・名古屋騒動

◆176◆

野望の炎（ほむら）⑤

舟橋武志

題字 冨永奇洞

治休と将軍家治の二女が縁組み

明和四年（一七六七）が明けた。三人は野望を抱いたものの、何一つまだできないでいた。若君治休は江戸にあり、手を出せる存在ではない。

その治休はいまだにいいなづけもいなかった。成瀬隼人正や竹腰山城守らは評議し、京都五摂家にしかるべき姫君はいないかと打診していた。そんな折である。

名古屋へ帰っていた宗睦が参勤交代で江戸にやって来た。明和五年三月十五日のことだ。将軍家治は松平周防守と松平右近の二人を使者に立て、無事の到着を祝うとともに、治休に二女の万寿姫をめとらせると伝えてきた。

隼人正らはかねてから幕府へも働きかけていた。この縁談に宗睦はことのほか喜び、即日、お礼のために治休を伴い登城したのだった。将軍家治も「これで両家はいよいよ堅い絆で結ばれる」とご機嫌であった。

吉日の四月二十三日を選び、結納が取り交わされた。市ケ谷の尾張藩邸から江戸城までは二キロほどある。進物を納めた豪華な長持は百余荷にものぼり、延々と続く行列に江戸っ子たちも目を見張った。

縁組みの知らせは国元へ届けられ、やがて文兆らの耳にも達した。三人は久方ぶりに文兆の家に集まっていた。かつての約束をいま一度、確認し合うためでもあった。

「姫君を迎えてはわれらの謀（はかりごと）も難しくなる。お輿入れ前ならば、実行する隙もまだあろう。これについていかがお考えか」

文兆が他の二人に問いかけた。彼らも思いは同じであった。結婚して一家を構えられては、いよいよやりづらくなる。

しかし、あわてては失敗しかねないし、また、すぐにできる状況にもなかった。一同は様々なケースを想定してみるなどし、毒殺のための知恵を絞り合った。結局、夜も遅くまで話し合ったが、結論らしきものも出ずに散会するのだった。

この日もまた文兆宅に集まっていた。いい考えがあるとして、文兆が呼び集めたのだ。それには初瀬の悪事を通じて知り合った後見藤十郎――かつての菅之丞を思い出したからである。

「藤十郎は奥女中の若柴と通じている。若柴は小藤太が切腹させられた折、罪を問われず、藤十郎には何かと恩のある身。奥向きの様々な動きや習慣・作法などはこの若柴に頼るより他にあるまい」

「して、どうするというのじゃ」

「それこそが問題よ。これはうかつには語り難い。子桂殿には年ごろの娘子がござろう。それを藤十郎に嫁せしめて縁者にすれば、われらがしようとする秘密ももれることはあるまい」

「それはいい案ではござらぬか。藤十郎は竹腰山城守も驚いた知恵者。一挙に二人も味方となれば、これほど心強いものはない」

（第2部・当世名古屋元結）

結納品の行列は江戸城まで延々と続いた（「分間江戸大絵図」より）

将軍毒殺

実録・名古屋騒動

◆177◆

野望の炎（ほむら）⑥

陰謀…子桂の娘を藤十郎の嫁に

藤十郎がまだ菅之丞と言っていたころ、小藤太より若柴へ文を届けるように強要された。断り切れないこのピンチに「進物の延紙の中に忍び込ませるのであれば……」と逆に提案したほど。山城守などは「壮年にも及びなば、彼の知恵が国のお役に立つ」と高く評価していた。

確かに藤十郎を味方に入れれば、これほど心強いものはない。しかも子桂の娘と結婚させようとは、他の二人には考えもつかないことだった。復太郎がこの縁談を取り持つと申し出た。

「こたびの企ては何分、秘密を要する。それには血縁で固めるにしくはない。よくぞ考えたもの。藤十郎の知恵も大したものだが、これを思いついた文兆殿もなかなかの知恵者でござる」

「いやはや、ふと子桂殿の娘子の顔が浮び、思いついたまでのことよ。いつもはお茶などの接待に預かりながら、なぜこれに気付かないでいたのか」

子桂にとっても思ってもみなかった。しかし、考えてみれば悪い話ではない。藤十郎がなかなかの人物であることはかねてより聞き及んでいる。

「わが娘にはまだ早い気もするが、いずれは嫁に出さねばならぬ。藤十郎なら相手にとって不足はない。ここは復太郎殿に下駄を預けることに致すか」

「そうと決まれば話は早い。ほかの十人に語るよりも、藤十郎一人の方が心強い。敵に回せば恐ろしいが、味方に付ければこれ以上、頼れる者もいまい。しかも同時に殿中の若柴とも通じ合えるとは」

この日は話が弾んだ。夢がちょっと近付いてきた感じだ。しかし、肝心の若君は江戸にあり、いまのところ、こちらに来る予定はない。三人はたがいに言い聞かせた。婚礼が迫ってきているが、焦ることもない。せいては事をし損ずる。

代々、山城守を名乗った竹腰家の墓（平和公園）

花嫁の披露も兼ねて、いずれお国入りもあろう。そのときこそが絶好の機会である。それにはいまから内輪を固め、準備しておく必要がある。

その後、復太郎は藤十郎の家を訪ねた。藤九郎夫妻はこの縁談に驚いた様子だったが、当の藤十郎がこれに乗り気になった。日の出の勢いにある浅路ファミリーの一員ともなれば、出世も間違いないとの読みがあったのか。

「それでは復太郎殿にお任せ致す。よしなにお取り計らい下され」

復太郎は夫妻の了承を得て、子桂にその旨を伝えた。話はとんとん拍子に進み、ほどなくして結納も交わされた。両家ともこの縁談に満足し切っている様子だ。

婚礼はひときわ盛大に執り行われた。多くの人たちが若い二人の門出を祝い合った。しかし、その背後に三人の陰謀が秘められているとは、英才でもって知られる藤十郎すらも、まだ気付かないでいた。

（第2部・当世名古屋元結）

舟橋　武志

題字　冨永　奇洞

将軍毒殺

実録・名古屋騒動

◆178◆

野望の炎（ほむら）⑦

舟橋　武志

題字　冨永　奇洞

座敷牢に三年、やせ衰える初瀬

初瀬は依然、座敷牢に閉じ込められたままだ。大奥の一室が格子で厳重に仕切られ、狭い檻（おり）にでも入れられたよう。かたわらでは役人がたえず厳しく監視の目を光らせていた。

梅や桜の咲くのも知らず、月の満ち欠けを愛でることとてない。朝日も夕日すらも差し込まない、名古屋城奥御殿のまたその奥。こんなところで起きては泣き、寝ては泣き、涙もすでに枯れ果ててしまっている。

入牢して早くも三年目を迎えていた。あのようなことを企てなければ、いまも侍女たちにかしずかれ、各地の珍味を食し、美しい着物を身にまとう日々だったはずである。周りの者たちからはお部屋様とあがめられ、何不自由ない暮らしが続いた。

当の初瀬は三年目に入ったことすら知らないでいる。外へ出るにも出られず、季節の移り変わりも分からない。ただ、暑くなれば夏を知り、寒くなれば冬を知るが、それらをいくつ迎えたかも覚えてはいなかった。

もちろん、いつが朔日（ついたち）でいつが晦日（みそか）かも、分かるものではなかった。話をしようにも相手がなく、言葉も無用のものとなっている。力なく独り言をつぶやき、自分を慰めるのがやっとだった。

「せめてわが子が名古屋にいてくれたら……」

「この有り様をご覧になれば、見捨ててはおかれまいに……」

やがては嘆く気力さえなくなってきた。顔は青ざめ、身はやせ衰え、髪は伸び放題。その長い髪をおどろのごとくかきむしり、奇声を発する姿はまさに狂人のそれであった。

そんな行動が頻発するにつれ、深夜の見張り番が恐れをなすようになってきた。くぼんだ目を見開き、お歯黒のはげ落ちた歯をむき出しにしてくる。ただそれを見ただけでも、背筋が寒くなるほどだった。

初瀬の耳に、二之丸庭園で鳴くセミの声は達していたのだろうか

哀れにもこれが初瀬の最近の姿である。番人のほかに訪れる人とてなく、その存在すら忘れられてしまっている。殿中で権勢を誇った人の末路であった。

考えてみれば、宗睦が若い浅路さえ入れなければ、平穏な日々が続いたはずである。宗睦は美貌の初瀬をこよなく愛し、二人の間にはその証（あかし）である若君までいた。その満たされた暮らしが浅路を迎えたときから、がらがらと音を立てるように崩れていったのだ。

殿中へ宗睦が訪れても、その足音は部屋の前を通り過ぎ、浅路の方へと行ってしまう。今日こそは、今日こそはと待ち続ける毎日。時には激しく嫉妬の炎を燃やし、浅路の部屋へ呼びに行かせたばかりか、自分で行くことまでもあった。

そんな状態が続けば、だれもが恨むにちがいない。初瀬が浅路を憎み、様々の悪さをしでかしたのも、むしろ当然の成り行きであったか。思えばかわいそうな女である。

（第2部・当世名古屋元結）

将軍毒殺

実録・名古屋騒動

◆179◆

野望の炎（ほむら）⑧

明和六年（一七六九）を迎えた。新春早々、宗睦の妹陽姫が広島の浅野家へ嫁ぐことになった。宗睦には二十五人の兄弟姉妹があり（ほかに宗春の娘・頼君も養女とされた）、陽姫は下から二番目の妹に当たる。二月に入ると江戸に向かい、三月に浅野安芸守のもとへ嫁いだ。

宗睦はこの大役を果たすと、四月に名古屋へと向かった。名古屋では文兆・子桂たちや初瀬が治休の帰国を待ちわびていたが、婚約直後の今回も同行することはなかった。文兆らは治休毒殺をねらったものの、いたずらに日々を送っていた。

初瀬の落胆ぶりも大きかった。監視に当たる役人から殿の帰国を知らされたが、ここへ見舞いに来るようなことは一度もなかった。彼女の胸には失望とあきらめが広がった。

（このまま生き長らえていても、何の楽しみがあろうか。このような辱めを受け、さげすまれるにはもうこれ以上、耐えられぬ。殿もご帰国とあれば、いっそのこと死んで、これまでの恨みを晴らしたい）

座敷牢の片隅に正座して、物思いにふける日々が増えた。考えてみれば、憂いことばかりが思い出されてくる。以前のように、治休さえ来てくれれば、との一縷の望みも消え失せていた。

（所詮、浅路が存命のうちは世に出ることもかなうまい。にっくきは殿を奪った浅路である。これこそのうえは死んで恨みを晴らすしかない。これこそが残された、ただ一つのわが喜び）

ところが、死のうにも刃物一つない。しばらく考えごとをしていたが、（死ぬるに死なれぬことはない）と意を決した。そして真夜中、寝殿の方角に向かい、目を怒らせ、声を震わせて泣き叫んだ。

初瀬が牢内で舌をかみ切り命を断つ

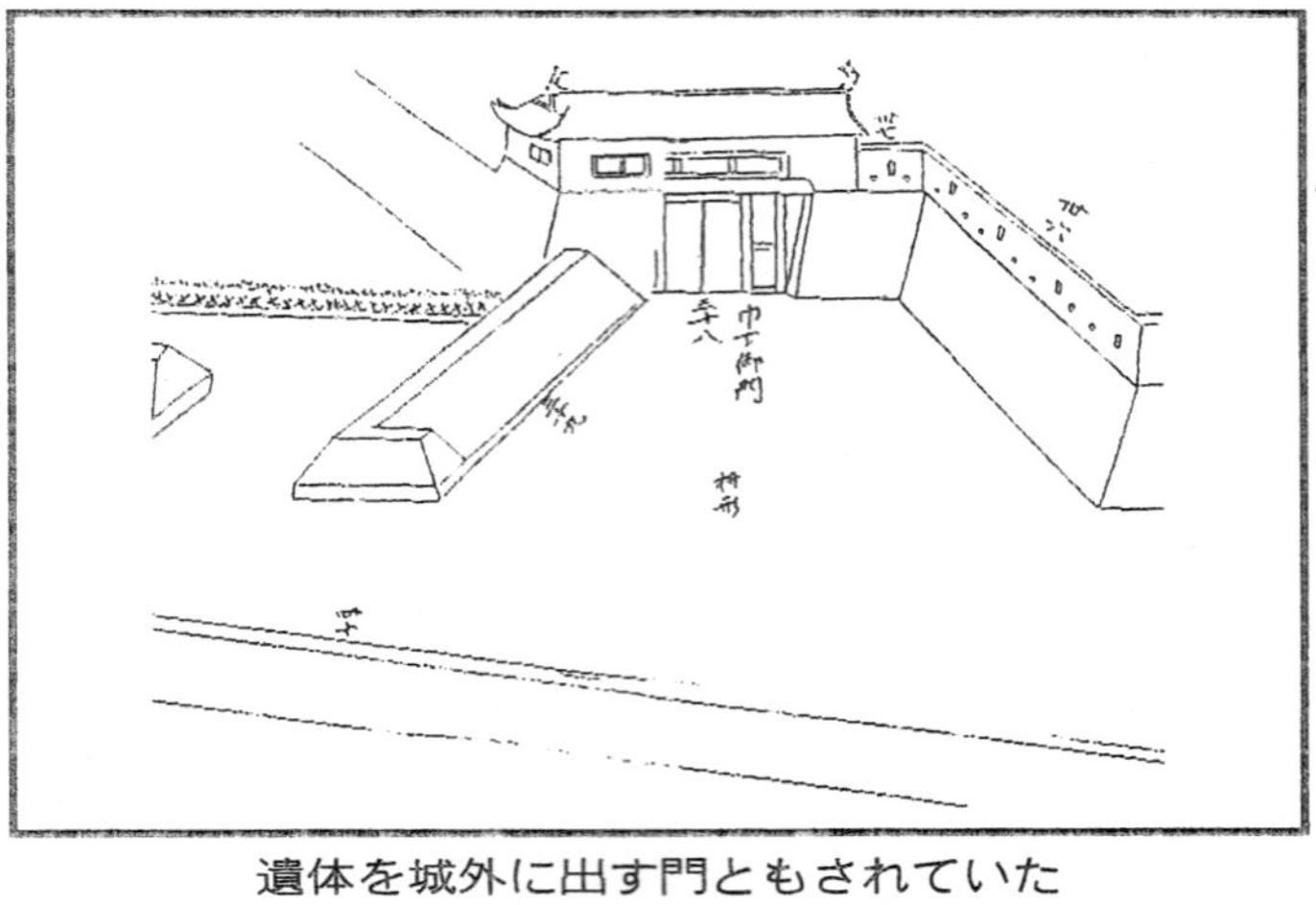
遺体を城外に出す門ともされていた巾下御門（「金城温古録」より）

「いま、わが命を断つ。この恨み、晴らさずにおくものか」

「浅路、皆の者、たたってやる！ のろってやる！」

大声が殿中に響き渡った。衰弱した初瀬のどこにそんな力があったのかと思えるほどの怒声だった。うとうとしていた番人がびっくりして目を覚ました。

初瀬は舌をかみ切り、うつぶせに倒れるところだった。赤い血がしたたり落ち、それがロウソクの光に照らし出され、糸のように伸びてくる。不寝番の者たちがどやどやと駆け付けてきた。

殿中は上を下への大騒ぎとなった。遺体は早々と片付けられ、座敷牢が取り壊されても、葬儀の評議は紛糾していた。罪人ではあるが、かりそめにも若君の生母である。

裁断は宗睦にゆだねられた。当事者その人であり、心中は複雑だった。結局、「君子は罪を憎んで、その人を憎まず」との教えから「殿中の例式をもって丁重に葬儀も営むべし」との命が出た。

城中の遺骸は巾下御門から城外に運び出された。野辺の送りも無事にすませ、皆がようやくほっと一息ついた。異変が起きたのはその夜のことである。

（第2部・当世名古屋完結）

舟橋　武志

題字　冨永　奇洞

将軍毒殺

実録・名古屋騒動

◆180◆

野望の炎（ほむら）⑨

怪しい火の玉が宗睦、浅路を襲う

葬式を無事に終えた夜、殿中で不思議なことが起きた。怪しい火の玉が現れ出たのだ。その妖火は手まりのように丸く、熟れた鬼灯（ほおずき）の実のような色を発していた。

薄暗い部屋でそれがにぶく光っている。真っ暗なところで見ると、鉄がどろどろに溶けたときの固まりの色のようにも見えた。それが蝶々のようにひらひら舞っていたかと思うと、いきなり矢のような速さで動くこともある。

時には宗睦と浅路めがけて飛んできた。二間ほど近付くとたちまち消え、また、どこからか現れて襲いかかってくる。これに合わせるかのように、建物も鳴動することしきりだった。

殿中は大騒ぎとなった。宗睦や浅路をはじめ奥女中・諸士に至るまで、恐怖のどん底に陥れられた。これを見た者の中には倒れ伏し、気を失う者も出た。ほうほうの体で表御殿に逃げ出せば、この妖火は追いかけて来ることもなく、また、振動もしなかった。

宗睦と浅路は金縛りに合って動けない。恐怖に打ち震え、一睡もしていない。夜の明けるのをいまや遅しと待ちかねた。

朝を迎えると早速、寺社奉行を呼んだ。城下の寺々にそれぞれの密法や秘法で、この妖火を鎮めさせようというわけだ。奉行所に各宗派の触頭（ふれがしら）が呼ばれ、前夜の詳しい説明がなされた。

次の日も、また次の日も出た。殿中の騒動は一向に治まりそうにない。夜八つ（午前二時）ごろから現れ、殿中のあちこちを徘徊したうえ、七つ半（同五時）ごろには消えてゆく。

「これはきっと初瀬殿の亡霊に相違ない」

「くわばら、くわばら。初瀬殿、どうか成仏して下され」

奥女中らは恐れをなし、夜の来るのをこわがった。宗睦と浅路の恐れ方はそれどころではない。食事も満足にのどを通らず、二・三日でめっきりやつれた。

「たたってやる！　のろってやる！」

多くの者が初瀬の絶叫を思い出していた。青ざめた顔に目はくぼみ、その目を見開いて、髪をかきむしる異様な姿。奥女中らの中にはこれを本宮山（犬山市）の山姥伝説と重ね合わせ、いよいよ恐怖を募らせるのだった。

城では老中らが集まり、しきりに協議していた。この種の騒ぎはうわさに聞くことはあったが、現実に城内でいまも毎晩続いている。しかも、一番の被害者が他ならぬ藩主であった。

「妖火を鎮める何かよい手立てはないのか。修法のしるしもなければ、別の道を探すしかあるまい」

「登城するとき、家中の日置武助という者が弓で射止めると言っているやに聞き及んだが……」

「おお、武助なら腕は確か。試してみるのに、拙者も異存はござらん」

（第2部・当世名古屋元結）

奥女中らが連想した山姥伝説の山姥（「尾張名所図会」より）

舟橋　武志

題字　冨永　奇洞

将軍毒殺

実録・名古屋騒動

◆181◆

野望の炎(ほむら)⑩

弓の名手日置武助が妖火に鏑矢を

舟橋 武志

題字 冨永 奇洞

老中たちは日置武助を呼ぶことにした。彼はかつて宗睦の師範をしたこともあり、家中でもその指南を受けた者は多い。殿中が妖火で揺れていると聞き、われこそはと名乗り出ていた。

「その方、弓の名手であることはよく存じておる。しかし、こたびは相手が妖怪である。何ぞよき手立てでもあるというのか」

「われらには『蟇目(ひきめ)の法』という技がございます。この法は妖魔などを降伏するためのもので、矢に蟇目の鏑(かぶら)を用いまする」

「して、自信のほどはあるのか」

「実戦は初めてのことなれども、これを射止めずしては面目が立ちませぬ。きっと退治してご覧に入れまする」

早速その夜、挑むことになった。この様子を一目見ようと、藩士らが続々と集まってきた。殿中は見物の人で埋まるほどだ。

その中に文兆・子桂らもいた。男子禁制の奥御殿までも、この日ばかりは入れる。文兆は浅路の介抱などで足を踏み入れているが、奥の奥までは知らない。

彼らも武助の退治劇に興味を抱いていた。しかし、それ以上に奥の造りや様子などに関心があった。治休の毒殺にはあらゆる機会や場所が考えられてくるからだ。

いよいよ出没する八つ時(午前二時)が近付いてきた。見物人らが廊下や部屋などに座り込み、息を殺して待ち受けている。武助ただ一人が弓矢を手に意気込み、右に左にと落ち着かない様子だった。

宗睦がいつもいる寝所で待ち構えることにした。この夜も八つ時に現れた。火の玉はふわりふわりと上下左右に飛び、話に聞かされてきたような速い動きは見られない。

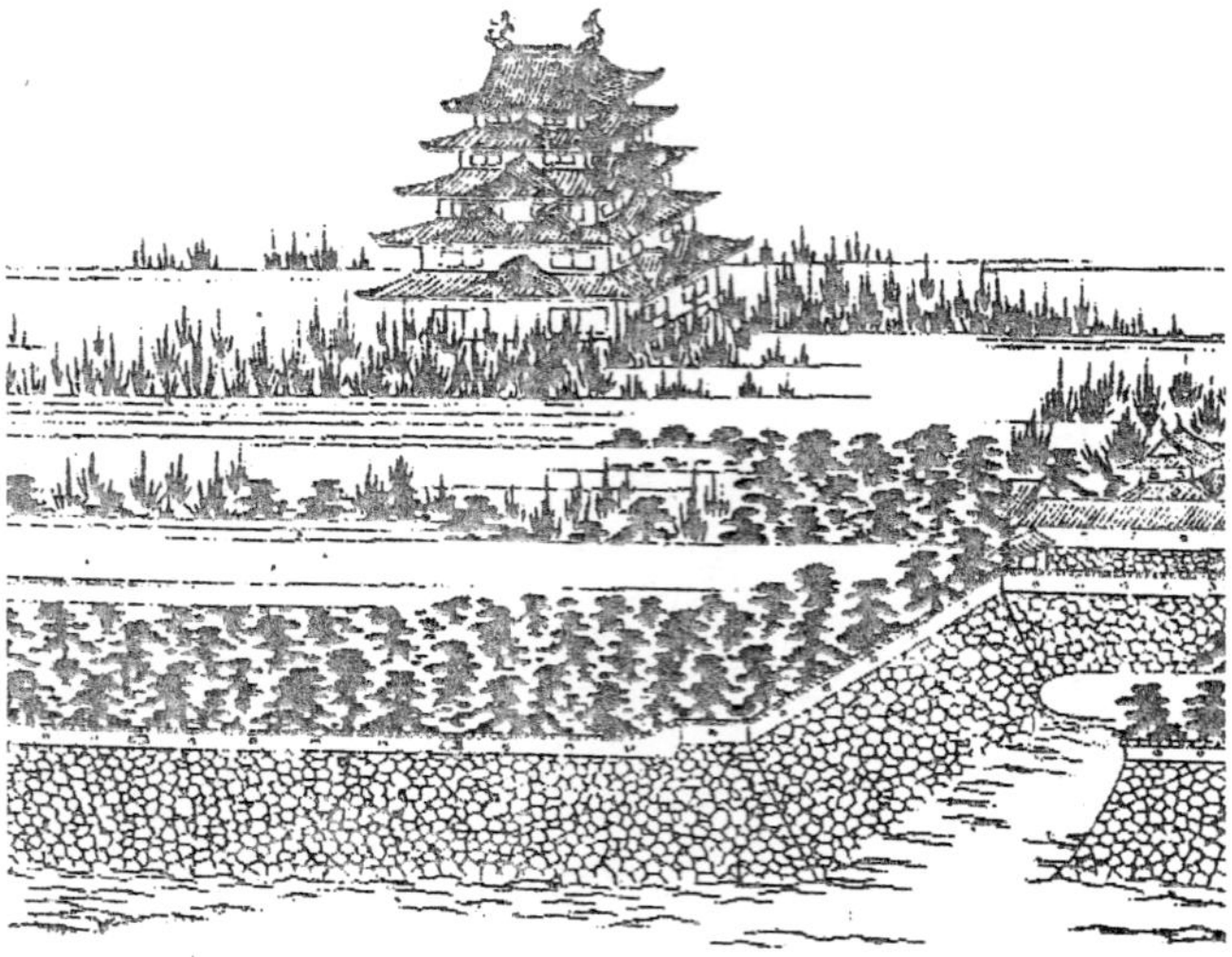

初瀬の死で大揺れの名古屋城(「尾張名所図会」より)

(おのれ、妖怪。消えて、なくなれ!)

武助はいまこそとばかり弓矢をたばさみ、火の玉の動きに合わせて矢を放った。すると妖火は狂ったように激しく動き回り、殿中がしきりに鳴動し出した。まるで地震のようだ。

火の玉は射られたとき、不気味な声を発した。廊下に飛び出し、居合わせた人たちを驚かせた。その廊下に沿って矢のように飛び、玄関を出ると天空へと昇っていった。

「やった、火の玉に命中した!」

「射たり、射たり! 武助殿が射たり!」

確かな手応えがあった。それまで息を殺して見つめてきた人たちが歓声を上げ、それはやがて武助を賞賛する声へと変わっていった。奥女中らも手を打って喜び、殿中は興奮のるつぼと化した。

次の日の夜もまた現れるのか、本当に退治することができたのか。緊張して待ち構えていたが別状はなく、以降、二度と現れることはなかった。

宗睦はその手柄を誉め称えた。武助は格別の恩賞に預かり、弓達者の面目を施した。以後、一層弓矢の道に励むようになり、その名声を高めたとのことである。

(第2部・当世名古屋元結)

将軍毒殺

実録・名古屋騒動

◆182◆

野望の炎（ほむら）⑪

若君治休お国入りの陰で暗躍…

初瀬が亡くなって三年後、明和九年（一七七二、この年十一月に安永に改元）早々、若君治休のお国入りが決まった。これはやがて文兆らの耳にも届くことになる。いよいよチャンスが巡ってきた。

三月三日、宗睦は参勤交代で江戸に向かった。これに代わって治休が尾張へ来る。江戸の尾張藩邸は春先から何かと慌ただしかった。

治休は江戸で生まれており、初めての入国となる。金鯱を持つ堅城を夢にまで描き、領地は肥沃な大地にあると聞かされてきた。この日の来るのが待ち通しかった。

三月二十一日、幕府へお暇願いの使者が出された。手みやげに持参したのは白銀百枚に縮緬（めりめん）二十巻、これに対する幕府からのお返しは巻物十二種一荷。帰国の許可を得て、即日、治休はお礼に登城した。

将軍家治は酒と肴でこれを迎えた。久しぶりに見る治休のりりしい姿に目を見張り、尾張家の行く末を頼もしく思った。かたわらにはいいなずけである万寿姫も控えていた。このとき治休二十歳、万寿姫十二歳。

「尾張殿も立派な世子をお持ちのことよ。姫をもう手元に置くこともあるまい。いずれ折を見て盛大に婚礼の儀式を致そうぞ」

「重ね重ねありがたき幸せ。こたびはまたお暇をいただき、恐悦至極に存じます」

家治はこの対面を心から喜んだ。治休にとっても万寿姫と親しく言葉を交わすのはこれが初めてだった。しばし歓談した後、刀一振りを頂戴して帰った。

治休は四月四日、十数人の供の者に見守られながら、東海道を経由して名古屋へ入った。城内は若殿を迎えてうれしさにあふれている。成瀬・竹腰はじめ老中の面々も、立派に成長した姿に目を細めた。

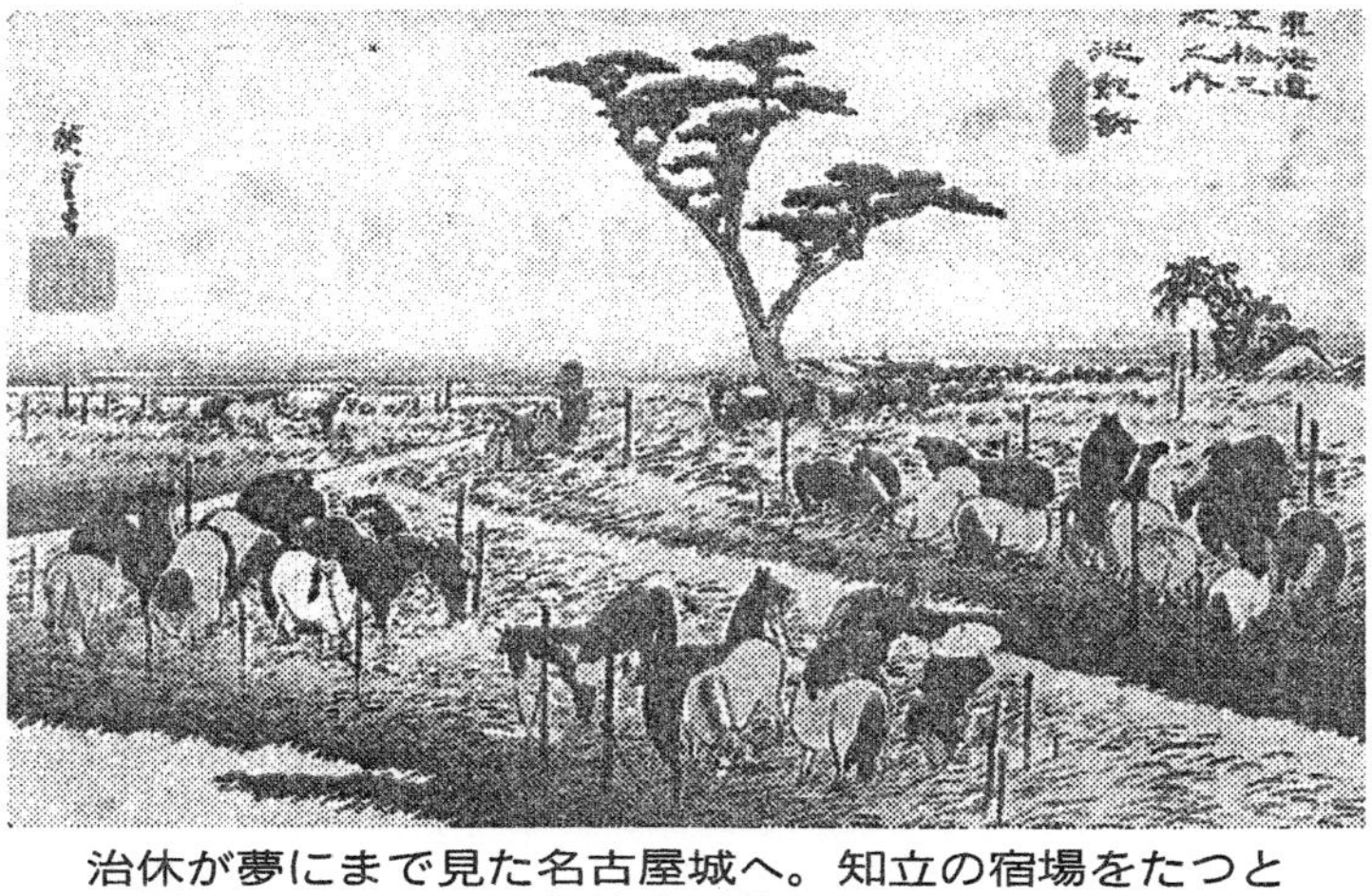

治休が夢にまで見た名古屋城へ。知立の宿場をたつと尾張はすぐだった（安藤広重「東海道五十三次」より）

やがて大広間で藩の主立った者との対面の儀式が持たれた。藩士らは皆一様に成長を喜び、一家の武運長久を願った。この席で万寿姫のお輿入れも遠くないことを知らされ、家臣たちは二重の喜びにひたるのであった。

それどころか、このときこそ、とねらっている小録の文兆ら三人はここへ招かれてはいない。そんなある日、三人はまた文兆宅に集まっていた。

「願ってもない機会が訪れた。まずは若君の行動を探り出すのが先決。今回のご滞在はいかなる予定でござるか」

「拙者はかなり長期間になると聞き及んでいる。その間にいずれ決行する隙も生じて来よう。若君の動きを知ることこそが肝要でござる」

歓迎ムードの中で、彼らが暗躍し出した。文兆や子桂は医者であっただけに、毒薬を何度も調合し、すでに数種類を用意している。治休の滞在中に、果たしてその機会を見付け出すことができるのか。

（第2部・当世名古屋元結）

舟橋　武志

題字　冨永　奇洞

将軍毒殺

実録・名古屋騒動

◆183◆

野望の炎（ほむら）⑫

治休毒殺の機会をうかがう子桂

舟橋　武志

題字　冨永　奇洞

治休は城中からなかなか外へは出ず、たまに出ても御下屋敷ぐらいだった。ある日、文兆は沿道で若君の姿を見た。あまりの器量ぶりに、身震いするほどだった。

（われらはあのように健やかにお育ちの若君を毒殺しようとしているのか。このお方に何の罪がある。もしわが心の内を人に知られでもしたら、鬼畜にも等しく思われるにちがいあるまい）

文兆は一目見ただけで、おじけ付いてしまった。それほどりりしく、神々しかった。頭の中で考えていたときに、このような感情を抱いたことはなかった。

文兆はそれを懸命に否定しようとした。目的のためなら鬼畜にもならねばならぬ。

その晩、子桂・復太郎を自宅に招き、また密談するのだった。

「言い出したのは文兆殿ではないか。そんな弱気があったのでは、成功はおぼつかない」

「分かっておる。分かってはおるが、このような心理になることを皆にも承知しておいてほしいのだ」

復太郎が五月十八日に御下屋敷へ行くとの情報を持ってきた。城下の町々が滞在中の若君をお慰めしようと、この日はそれぞれが馬の塔を出すというのだ。藩士たちには自由に出入りが許されており、三人は警護の様子なども見ようと出かけることにしたのだった。

治休は八月に入ると領内各地を巡視し、ときには鷹狩りにも出かけたりした。そして、大野の海水浴場へ潮湯治に行くということも分かった。彼らが白羽の矢を立てたのは、この潮湯治へ行くときだった。

鉄砲や弓矢での暗殺なら、それほど難しくはない。しかし、これではすぐに見つかり、捕まってしまう。人知れずこっそり行うことに、毒殺の難しさがあった。

子桂が治休を狙った大野の海水浴場
（「尾張名所図会」より）

これまでは警護が厳重だったが、潮湯治ならどこかに隙も出てこよう。周囲は開放的な海辺であるし、水やお茶などを飲む機会も多い。あまり顔を知られていない子桂が姿を変えて行くことになった。

海辺にある一軒の茶屋が借り切られ、若君専用の休憩所となっている。茶筒に毒薬を入れる隙をうかがった。事によっては売り子に入れさせるなどの手も出てくるかもしれない。

しかし、ここでも警護は厳重だった。茶屋には二人が居座って動かない。治休が海に入るときも二、三人が付き添い、岩などで体を温めたりするときにも必ずそばにだれかがいた。

結局、子桂は何もすることができず、むなしく帰らざるを得なかった。文兆宅でこの日の様子などを話し、皆にも意見を求めた。長談義の末に出てきたのは、もっと内部深くまで入り込む必要があるとの結論に達したのだった。

治休はしばらくして江戸へ帰っていった。この来名は文兆らに知恵を授ける結果になった。彼らは江戸へ刺客を送り込むため、また新たに動き始めたのである。（第2部・当世名古屋元結）

将軍毒殺

実録・名古屋騒動

◆184◆

治休毒殺 ①

源吾を仲間にして江戸へ送り込む案

舟橋 武志

題字 冨永奇洞

若君治休（はるよし）の入国は毒殺するどころか、近付くことすら容易でないことを教えた。文兆・子桂・復太郎の三人は改めてその難しさを痛感していた。毒薬は簡単に調合できても、それを用いる機会が見付け出せない。

「次のご入国はいつになることか。このままではだれかが江戸の屋敷へ行く必要がござろう」

「われらが、でござるか。われらは浅路殿あってのもの。江戸詰めなどは望むものではござらん」

この日も三人が集まり思案していた。せっかくの来名にも、為す術がなかった。こうなっては、江戸でいかにして目的を達成するか、というわけだ。

「そう言えば、浅路殿らを呪詛したとき、連光院の寺男が知らせてくれたではないか。彼ならば仲間にするのも、よいのではござらぬか」

「子桂殿は源吾をどうしようというのだ。初瀬殿の悪事が露見し、いまはぶらぶらしているやに聞くが……」

文兆が尋ねた。子桂の考えによると、源吾を言い含めて味方にし、若君の御殿へ奉公に出そうというのだ。当時、江戸には浪人となったり、駆け落ちや追放・逃散などで各地から出てくる者がかなりおり、それらの中には雑用などとして雇われるケースもあった。

彼を誘って江戸へ送り込む案に、文兆・復太郎も引き付けられた。ことに文兆は「それがしも源吾にはまったく気付かずにいた」と感嘆したほど。使用人などになりすまして住み込めば、相手の懐にもぐり込んだも同然である。

源吾は幼いころから文兆の父文良に仕え、わが子同様に扱われてきた。文兆にとっては弟にも等しい間柄だった。だからこそ、連光院の法印が初瀬から依頼を受けたとき、わざわざ通報してくれたのである。

尾張四観音の一つに数えられる守山区の竜泉寺

そんな彼が文良のもとを去ったのは、同家で働く侍女のおとくと関係してしまったからだ。当初、文良は若気のあやまちとして許していたが、世間がやかましくなって辞めさせたのだった。二人はいま城下のはずれで所帯を持っている。

初瀬の依頼を知って通報したのも、源吾にはこれによってまた文良・文兆のもとで働きたいとの思いもあった。あの密通さえなければよく働く男で、親子への忠誠心も相当なものだった。文良がすぐに辞めさせなかったのも、その人柄を高く評価していたからでもある。

一同は源吾を呼ぶことにした。まずは雑談をしながら心底を探り、承知するようであれば大望を明かすつもりだ。そのうえで、もし拒絶しようものなら、討ち果たすとまで決めていた。

文兆は妻に呼びに行かせた。あいにくこの日、源吾は友人と吉根村（守山区）の竜泉寺へ遊山に行っているとの返事。三人は明日また会うことを約束して別れたのであった。

（第2部・当世名古屋元結）

将軍毒殺

実録・名古屋騒動

治休毒殺 ②

わが妻を江戸の若殿の奥女中に

舟橋 武志

題字 冨永奇洞

酒が用意されていた。文兆と源吾が並び、子桂・復太郎と対面する形に座っている。久しぶりに文兆からお声がかかり、源吾は喜んで飛んできたのだった。

「竜泉寺はいいところでござりまするな。小牧山や本宮山・尾張富士が手に取るように見え、遠くの連山の峰々までがくっきりと見渡せました」

「それはよき眺めであったのう。いまは紅葉もさぞかし美しかったであろう」

「はい、実に見事なものでござりました。西の方を見れば光輝く金の鯱までも見えて」

「あの山なら城東第一の絶景じゃ。源吾殿の話を聞いていると、それがしも行きとうなってくるではないか」

酒を勧めながら、しばらく歓談した。折を見て文兆が例の一件を話すことにした。源吾の腹の内を探り出さねばならない。

「実はわが妹浅路には男児松千代殿がいる。われらは将来、藩主の座に就いてもらいたいと願っているが、知っての通り、その前に若殿がおいでになる。そこでじゃ」

事の重大さに源吾は座り直した。三人は言葉の足らないところを補い合い、毒殺する手口まで詳しく打ち明けた。一同、それまで動いていた盃への手が完全に止まってしまっている。

「これが成就した暁にはその方をご直参に取り立て、知行も安堵するように取り図るつもり。これをどのように考えるのか、その存念を聞きとうござる」

ついにすべてを語ってしまった。源吾は緊張した面持ちで、一部始終を聞いていた。そして、ひざに両手を置き、頭を下げてからこう言った。

「身不肖の私風情に、かかる大事をよくも明かし、そのうえお頼みあるとは恐縮するばかり。たとえ一命を捧げることになろうとも、皆様のためにご奉公仕りたい」

その言葉に緊張のほどが表れていた。三人は心の中で手を打って喜んだ。源吾の忠義ぶりが頼もしく思えてくる。

源吾に酒を勧めた。これまで飲むのをすっかり忘れていた。文兆から注がれた盃を飲み干し、源吾がおもむろに口を開いた。

「私が江戸へまかり下り、事を図るに恐れるわけではない。もちろん、一命を出し惜しむ気持ちなど、少しもござりませぬ。しかしながら、もし事が露見し、初瀬殿や昌庵のように人のあざけりの対象にされるのは無念の極み」

三人の顔から先ほどの笑みが消えた。源吾は何を言い出したのか。たがいに顔を見合わせた。

「それがしには皆様方とは違う、別の思いが湧いてきました。わが妻はご存じの通り、旦那様（文良）のお手元で久しく召し使われ、ご厚恩に預かって参りました。まずわが妻を江戸へ下らせ、若殿の奥女中の部屋方にでも差し出せば、後難を恐れることもないと思ったのでござりまする」

（第2部・当世名古屋元結）

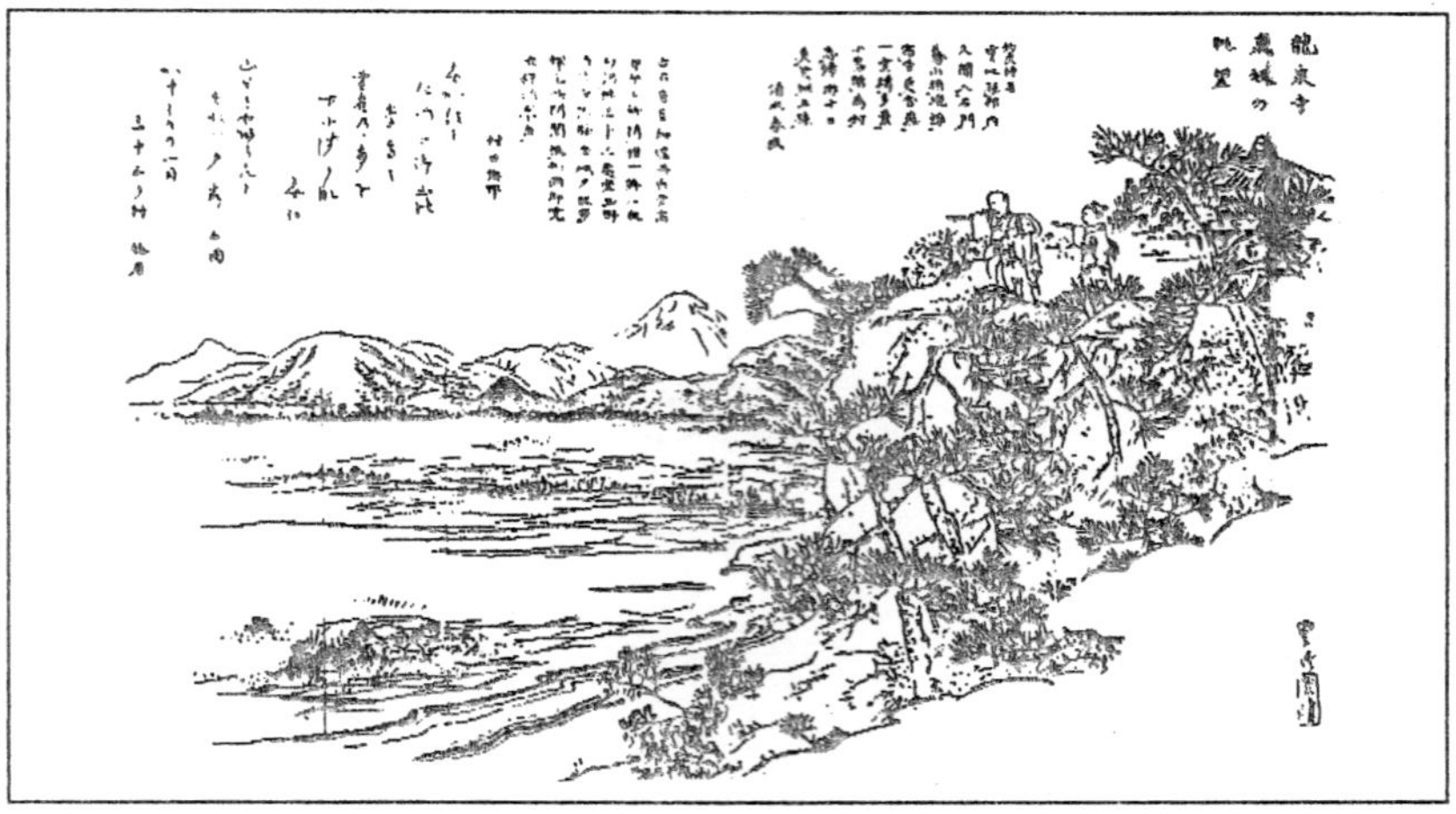

竜泉寺からの眺めは今でも抜群だ（「尾張名所図会」より）

将軍毒殺

実録・名古屋騒動

◆186◆

治休毒殺 ③

ひそかに江戸へ旅立つ源吾夫婦

源吾を刺客として江戸へ送り込もうとしたが、彼は自分よりも妻の方がふさわしいと言い出した。三人にはこれも考えていないことだった。源吾はさらに言葉を続けた。

「私が妻のことを申すのはいかがかとも思われまするが、妻はなかなか機転のきく利発者にござりまする。ご厚恩に預かったご主人様の御為とあらば、一命を出し惜しむとも思えませぬ。召し寄せて密事を仰せ下され」

さすがは律儀な心掛け。夫婦そろっての協力なら、これに優るものはない。三人には思ってもいない展開となってきた。

しかし、もしも源吾の意に反して、彼女が断ったらどうなるのか。子桂の脳裏に一抹の不安がよぎった。へたをすると、二人を斬らねばならなくなる。

「源吾殿、おとく殿が得心されなかったら、どうなさるおつもりか。事は重大であるぞ」

「ご安心下さいまし。われら夫婦は一心同体、旦那様にはご恩があります。妻の心はこの私が一番よく承知しておりまする」

源吾のその言葉を信じ、おとくに白羽の矢が立てられた。女一人で見知らぬ国へ赴くのも心細かろうと、源吾も江戸へ同行させようということになった。夫婦で相談し合えば、よりよい知恵も出てこよう。

「源吾殿、まずは先に帰り、妻を得心させられよ。われらはいずれよい返事が来るのを待っている」

そう言って三人は源吾を先に帰した。源吾は家へ飛んで帰った。すでに腹は決めている。

「お前さん、何だい。深刻そうな顔をして」

「おとく、ちょっと話がある。これから言うことに驚くではないぞ。そこに座れ」

源吾はちゃぶ台に座った。おとくがお茶を持ってきて、相対する形で座った。おとくは先ほどからいつもとは違う雰囲気を感じて、座布団に正座すると背筋をぴんと伸ばした。

「さあ、話しておくれよ」

源吾は文兆らの一件を細々と語った。聞き終えたおとくはただ一言、「かしこまりました」と言い、源吾の思っていた通りにすべてを了承したのだった。かつて世話になったお家のためになり、また、夫の出世の種ともなるならば、どうしていまさら反対などできようか。

その決心もなかなかのものだった。三人は後ほどその意を伝えられ、小躍りするほど喜んだ。これで不安は一挙に解消し、安心して江戸へ送り出せる。

夫婦は町内に「手元不如意につき、引っ越しをする」「関西方面に知り合いがいる」などと言いふらした。そして、四、五日ほどかけて旅支度を整えた。文兆らからこれまで手にしたこともない資金をもらい、町内の人々に見送られながら、密かに江戸へと旅立っていったのである。

（第2部・当世名古屋元結）

源吾・おとく夫婦はどのような思いで富士山を眺めたのだろうか（「東海道名所図会」より）

舟橋　武志

題字　冨永　奇洞

将軍毒殺

実録・名古屋騒動

◆187◆

治休毒殺 ④

おとくは若殿の乳母の侍女になる

若君治休は四谷門外の屋敷で暮らしている。おとくは夜逃げ同然で来た後屋敷近くの知り合い宅に身を寄せ、あちこちに奉公先を探す毎日となった。それにはなるべく若君に近い人のところでなくてはならない。

一方、源吾はこれより遥か離れたところに、長屋の一戸を見つけていた。奉公に出たのでは急な用事に間に合わない。体調が悪いと称して働きにも出ず、おとくからの連絡を待つ日々だった。

やがておとくに絶好の働き口が見つかった。若君の御乳人（乳母）が侍女（そばめ）を求めているとの知らせ。これは願ってもいない奉公先だった。

おとくはおのぶと名を改めてこれに応募した。もとより賢い女であるうえ、身なりもさっぱりとしている。その場でめでたく採用と相なった。

おのぶは胸に特命を抱く身である。仕事には自ら進んで取り組み、どんなことでも嫌な顔一つしない。お乳の方は何かと気の利くおのぶを目にかけ、次第にあらゆることを任せるようになっていく。

ある日、お乳の方が若君中将殿の御前に連れて行く、と言い出した。おのぶは内心（これぞ大望の成就するきざし）と喜んだ。若君のご尊顔を拝した瞬間、稲妻のようなものが走った。

（何とまあ、ご器量美しくあらせられることか。このように安らかにましますお方を、わが手で殺し奉ろうとしていたとは。恐れ多いにもほどがある）

表情にこそ出さなかったが、すっかり動揺してしまった。文兆が名古屋の町角で、初めて治休を見たときもそうだった。しかし、女のおのぶにはその比ではなかった。

端整な顔立ちにすずやかな目元。これが持って生まれた育ちの良さというものなのか。いま二十歳を迎え、若々しさにあふれていた。

「先ごろお話したおのぶという侍女でございます。万（よろず）のことどもを命じましても、そつなくこなして何かと重宝致しております。中将様にご覧に入れましたのも、必要とあらば私に対するのと同様、気兼ねなくお命じになられますように」

おのぶは畳に額が付くほど平伏している。お乳の方にあいさつするよううながされた。自分でもどう言ったか分からないほどだった。

「ご苦労である。御乳人の侍女として相励むように」

その場を引き下がってからも、整った美しい顔立ちとともに、この言葉が頭から離れなかった。その方に毒を盛るなど、とてもできるものではない。おのぶは独り悩み苦しみ、日々はいたずらに過ぎていった。

年が代わって安永二年（一七七三）の二月のこと。殿中がにわかに騒がしくなった。何事が起きたのかとお乳の方に聞くと、「若殿のいいなずけ万寿姫（ますひめ）様が病に倒れ、床に伏しておられる」というのだ。

（第2部・当世名古屋元結）

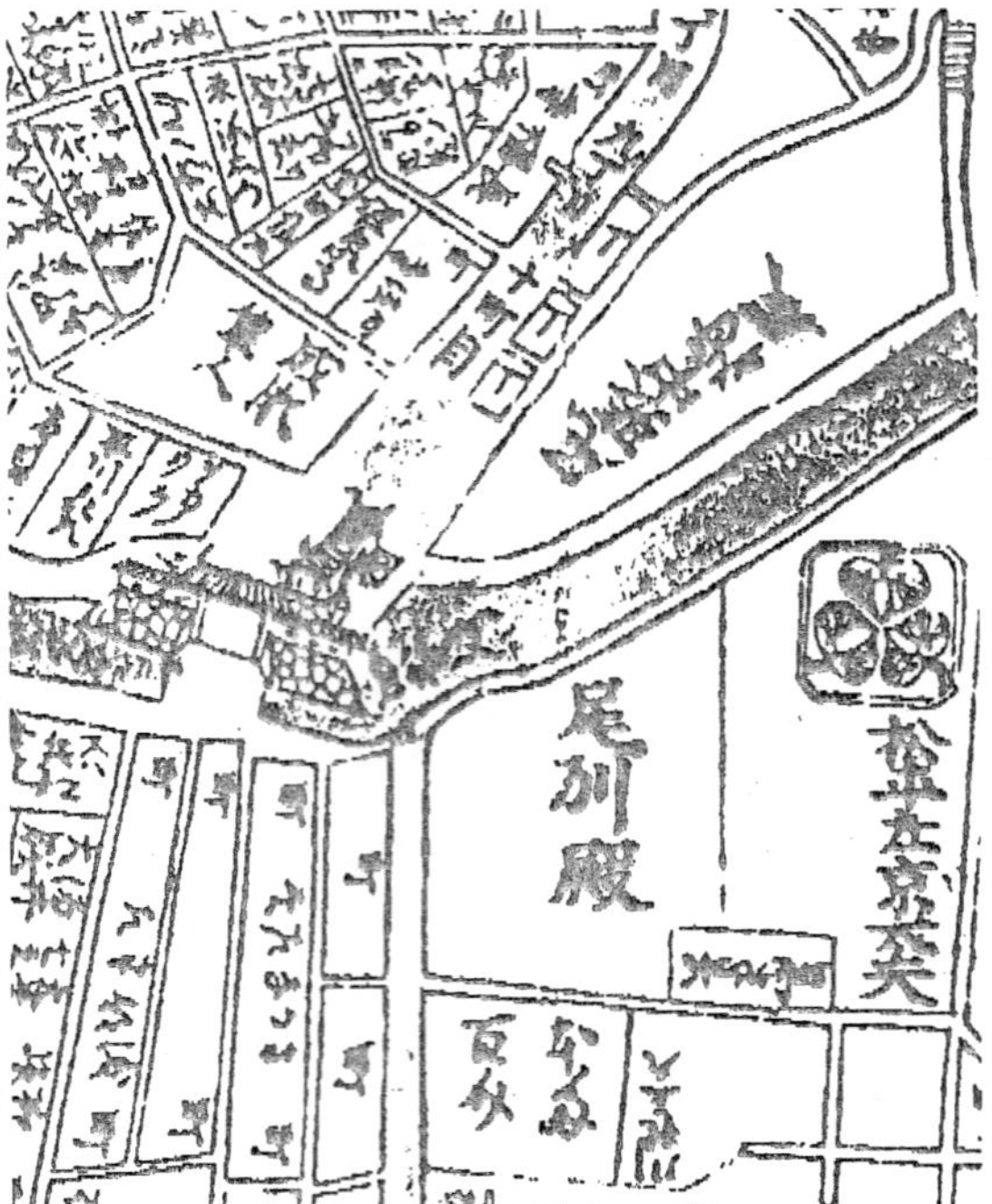

尾張藩の中屋敷は四谷門の内と外にあり、治休は外（元赤坂・青山御所跡）に居住していた

舟橋 武志

題字 冨永 奇洞

将軍毒殺

実録・名古屋騒動

◆188◆

治休毒殺 ⑤

治休のいいなずけ万寿姫が急逝

この年、万寿姫は十三歳になっていた。将軍家治が近々、祝言を挙げさせたいと考えていた矢先の出来事である。治休はお城へ駕籠を急がせた。

「姫、頑張るのじゃ。予が付いておるぞ」

「わざわざのお見舞い、かたじけのう、ございます。早く治って、殿のもとへ、行きとうございます」

訪れた人がいいなずけの治休と知り、声を絞り出すようにして答えた。姫の顔には生気がない。治休がその手を握って語りかけると、それに答えるかのように握り返してきた。

「元気になったら予のもとに来るのじゃ。家中そろって待っているぞ」

万寿姫は八歳のときにいいなずけとされ、以来、夫となるのはこの人だと教えられてきた。美女の誉れ高い初瀬に似て、治休は評判の美男子である。しかし、周りの期待もむなしく、ついに万寿姫が床を離れることはなかった。

安永二年（一七七三）二月二十日、巳（み）の上刻（午前九時）逝去。上野寛永寺内の春性院に葬られた。法号は乗台院蓮界宝厳大姉。

万寿姫が亡くなったとの知らせに、治休は愕然として言葉を失った。近いうちに祝言を挙げ、ともに暮らせることを夢にまで見ていた。家中の者たちも将軍家の姫君をお迎えできることに、大きな期待を寄せていたのである。

このとき、宗睦は市ケ谷の藩邸にいた。治休のいる屋敷をしばしば訪ね、消沈気味の彼を励ました。しかし、この三月には名古屋へ帰らなくてはならない。

姫の死に胸を痛めていた者がもう一人いた。他ならぬおのぶである。お乳の方の特別の計らいでお目にかかっているだけに、治休がよけい哀れに思われてくるのだった。

おのぶはその彼を毒殺しなくてはならない。このようなときにいいなずけを失ったのでは、いよいよ二の足を踏みたくもなってくる。そして、それをあえてしなければならないわが身を責めないではいられなかった。

万寿姫が葬られた上野寛永寺内の春性院

江戸に下ってからというもの、引き受けたことの重大さを身にしみて感じていた。が、ここまで来てしまった以上、もう後戻りはできない。心を鬼にしなくてはと、自分自身に言い聞かせるのだった。

（若君をわが手で葬り去る。これが旦那様の旧恩に報いることになり、かつまた、夫の出世にもつながる。若君、先にみまかられた姫君とあの世で仲よくお暮らし下され）

悶々とした日々が続いていた。それを振り払うかのように、心の中で決めるのだった。しかし、考えることと行うこととの間には大きな隔たりがあり、こうした決心をこれまでにも何度してきたことか分からない。

おのぶの心が揺れ動いているとき、夫である源吾から手紙が来た。それには「働きにも出ず吉報を待っている」と記され、「そちらはどんな状況にあるのか」との問い合わせだった。源吾の後ろに文兆や子桂・復太郎らの顔までが浮かんでくるのだった。

（第2部・当世名古屋元結）

舟橋　武志　題字　冨永　奇洞

将軍毒殺

実録・名古屋騒動

◆189◆

治休毒殺 ⑥

板挟みになったおのぶこそ哀れである。けなげに笑顔を絶やさずに仕えてはいるが、心の中は大きく揺れに揺れていた。若君の顔と夫や文兆らの顔が浮かんでは消え、消えてはまた浮かんでくる。

いつしか桜の花も散り、新緑の季節を迎えていた。おのぶが「まだ見ぬ増上寺に参りたい」と申し出ると、お乳の方は二つ返事で暇をくれた。この日初めて夫を訪ねることにしている。

突然の訪問に源吾は驚き、そして喜んだ。おのぶは見違えるほどの身なりで、前よりも若返ったようだ。これとは逆に、源吾は目立たないようにわざと質素に暮らしており、その顔は大分やつれて年以上にふけて見えた。

二人は積もる話を語り合った。苦労をしているのはひたすら待つだけの夫とて同じである。おのぶは自分に課せられた役目の大きさを改めて思い知らされた。

（これを行わんがために江戸まで来ている。もうこれ以上、いたずらに日々を送ることはできない。おいたわしくはあるが、明日こそ決行しよう）

おのぶは決意も新たに夫の家を後にした。目的のためには鬼にも畜生にもならねばならぬ。このために身を変え、名前まで捨てて、お乳の方のもとにいるのだ。

次の日、文兆から預かった毒薬を懐に、御膳所の様子をうかがった。多くの人が働いており、出入りもかなり多いようだ。御膳方なら用いる機会はいくらでもあろうが、いまの立場ではそこへ足を踏み入れることすらもはばかられる。

抹茶に毒を入れ茶杓で混ぜ合わせ

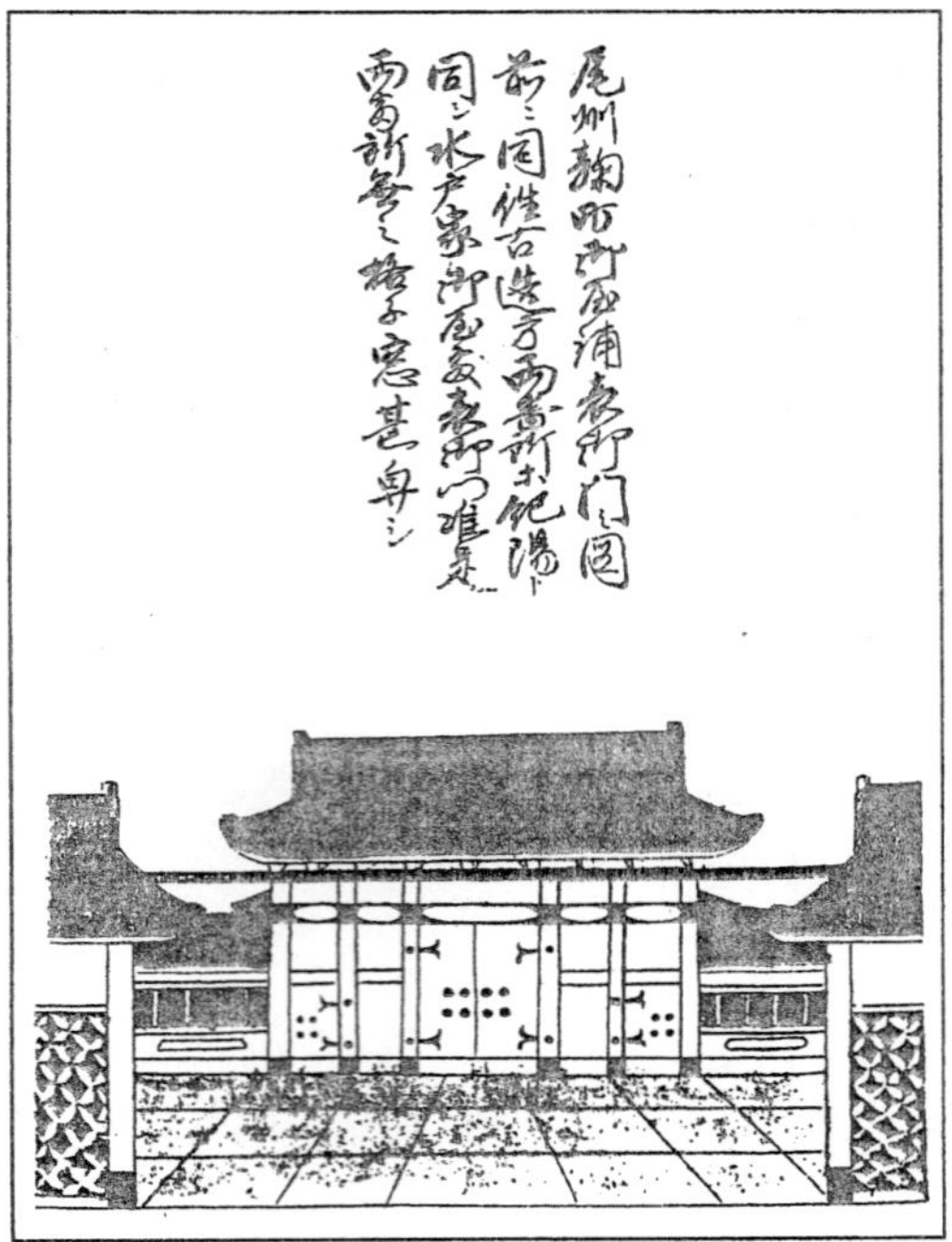

麹町にあった尾張藩中屋敷の門

あきらめて帰ろうとしたとき、御茶の間の前を通りかかった。御膳所よりも御茶の間なら、人気（ひとけ）も少ないのではないか。そう考えると、折り返して見た。

ところが、ここにも茶坊主らが控えている。横目で中を盗み見したところ、三人ほどが楽しげに語らっている様子。人の出入りもあるようだが、ここなら御膳所ほどのことはないのではないか。

（夫らがいまかいまかと待っている。それには御茶の間で隙を見つけるより他にあるまい。普段は気付かずにいたが、どこもあのように人の出入りが多いとは……）

おのぶにも次第にあせりが出てきている。もうお茶の間で決行するしかない。そうと決めると時々、隙をうかがうのだった。

幾度も行くうち、ついにだれもいないときがあった。幸いにも障子は開け放されたままだ。あたりに人もなく、いまこそと喜んだ。

部屋へ入ると懐中より毒薬の包みを取り出した。素早くなつめを取り、その蓋をあけた。毒薬を抹茶の中に入れると、茶杓で手早く混ぜ合わせ、元のところに置いた。

この間、わずか数分だったか。御茶の間を出たとき、初めて心臓の高鳴りに気付いた。わざと素知らぬ体を装って自分の部屋へもどったが、ふすまを閉めるやいなや腰が抜けたようにその場へへたり込むのだった。

（第2部・当世名古屋完結）

舟橋　武志
題字　冨永　奇洞

将軍毒殺

実録・名古屋騒動

◆190◆

治休毒殺 ⑦

舟橋 武志

題字 冨永 奇洞

茶を飲み激しく苦しみだす治休

治休は特に薄茶を好んだ。茶人の為弥がまず菓子を出し、お茶を点じて差し上げた。いつもは薄茶に干菓子を添えるが、この日は趣向を変えて生菓子にしている。

「ときには薄茶に饅頭もいいのう」

治休はそれをおいしそうに食べ、為弥の心遣いを誉めた。それからいつものように、とりとめのない世間話に興じていた。しかし、どうも様子がおかしい。

やがて腹を押さえて苦しみ出した。そして、何かを訴えるように前屈みで激しく畳をたたき、苦痛の表情もあらわに右に左に転げ回った。それがとまったかと思うと、今度は仰向けになって手足をばたつかせた。

「若殿、若殿！　だ、だ、だれか、だれかおらぬか」

為弥は目の前の光景に動転してしまった。近くに居合わせた何人かが駆け付けてきた。殿中は大騒ぎとなり、あわてうろたえるばかりだ。

早くも顔色が紫色に変わってきている。すでに体を動かす力もなくなったのか。手だけをしきりに上にして、虚空をつかもうとしているかのようだ。

医師たちもやってきた。かすかに息があるのみで、手の施しようがなかった。急変して吐血まであるのを見れば、毒薬による症状であるのは明らかだ。

「これは大変なことになった。ただいま何を召し上がられたというのじゃ」

為弥は茫然としていた。うながされて、われに返った。自分でも何が起きたのか分からない。

「はっ、まずお菓子を召し上がり……それからお茶を……。すると、しばらくしてお苦しみになり……」

若君は医師らに付き添われ、寝所へと運ばれていった。役人らが為弥の左右に詰め、その場で吟味が始まった。まず疑われるのは饅頭とお茶、それにお湯である。

饅頭の一つとお湯をそれぞれ別の犬に与えることになった。なつめの中のお茶を調べると、色が少し変わっているようにも見える。これは犬の結果を聞くまでもなく、毒はここへ入れられたにちがあるまい。

「これを見よ。この中に毒を入れたに相違あるまい」

役人が蓋の取られたなつめを突き出した。為弥は恐怖におののき、体を小刻みに震わせている。周りの殺気立った視線がその身を突き刺すように注がれていた。

「滅相もございません。いつものごとくお茶を差し上げましたまでで……。こんなことになって、若殿に何とおわびしてよいやら……」

市ケ谷藩邸に戻った成瀬隼人正と生駒大膳亮（だいぜんのすけ）は事の重大さに頭を抱えていた。大膳亮は初めて登場する人物だが、周房を名乗って生駒家十代目の座にある。先代に子供がなく養子として迎えられ、明和八年（一七七一）から年寄の列に加わっていた。

家中の主立った者が呼び集められた。どうやら為弥が毒を盛った犯人でないのは確かなようだ。懸命に探し出そうとしてきたが、それらしい手掛かりは依然としてつかめない。

（第2部・当世名古屋元結）

生駒氏の菩提寺久昌寺（江南市）にある生駒大膳亮周房の墓

将軍毒殺

実録・名古屋騒動

◆191◆

治休毒殺 ⑧

若君変死…厳しい取り調べが続く

医師らの懸命の努力にもかかわらず、治休は二日後に息を引き取った。時に安永二年(一七七三)六月十四日。いいなずけの万寿姫を見送って、わずか四カ月後のことであった。

若君変死の様子は早馬で国元に知らされた。書状には「何者の所為なるや目下のところ不分明」とある。これを見た名古屋の老中は仰天し、宗睦のもとへと急いだ。

直ちに渡辺平蔵と石河伊賀守の年寄二人が江戸へ派遣されることになった。彼らは慌てて旅支度を整え、取るものも取りあえず旅立った。馬に鞭打ち、夜を日に継いで、ひたすら急いだ。

こちらは江戸市ケ谷の尾張藩邸。中屋敷で調べを終えた役人たちがその夜、隼人正らのもとに集まってきていた。事が事だけに、一日も早く犯人を挙げたい。

「たとえ為弥が下手人にあらずとも、お茶を差し出したる罪は重大である。為弥が何かを知っているにちがいあるまい。もっと厳しく締め上げよ」

「当日、御茶の間に出入りした者はことごとく洗い出したのか。下手人はその中に必ずいる。一人たりとも、もらすではないぞ」

隼人正・大膳亮にもあせりの色が見られる。詮議の対象は御茶の間に出入りする者はもちろん、品物などを扱う商人にまで広げられた。しかし、いくら彼らを厳しく取り調べてみても、為弥以外に疑うべき者は出てこない。

大膳亮には何者の仕業であったとしても、犯人一人の一存でしたとは思えなかった。この根は相当深いにちがいない。となると、すぐには分からぬかとも思えてくるのだった。

それにしても、何のために若君を毒殺しなければならなかったのか。そして、犯人の他に一味がいるとしたら、江戸だけではなく国元にもいるのではないか。大膳亮は隼人正の元へ急いだ。

生駒家十代大膳亮の墓(手前)。右の家形の墓は尾張に仕えた五代利豊夫妻のもの

舟橋　武志

題字　冨永奇洞

「拙者もそのように考えているところでござった。もし、そうであれば、国元にも手がかりの筋があるやもしれぬ」

「先に早馬で知らせてはあるが、いま一度、これまでの経緯を詳しく書状にしたためましょうぞ」

大膳亮は事件の深刻さを身に染みて感じ始めていた。国元に手がかりがあったとしても、一味が潜んでいるとなれば、それを公にはできまい。このようなことをだれが、何のために仕出かしたのか。

厳しい詮議が続いていたが、おのぶは対象外だった。御茶の間とは無縁であるし、人のよいことでは評判の女中である。疑いの目を向ける者はだれ一人としていなかった。

おのぶは犯行に及ぶまで随分悩み苦しんだ。結果的にはそれが幸いしたことになる。仕えてすぐに実行していたとしたら、必ず疑いの目が向けられていたにちがいない。

(第2部・当世名古屋元結)

将軍毒殺

実録・名古屋騒動

◆192◆

治休毒殺 ⑨

内心文兆を疑う年寄・渡辺半蔵

舟橋 武志

題字 冨永 奇洞

年寄の渡辺半蔵と石河伊賀守は四谷門外の治休の屋敷に駆け込んだ。宿々で馬を取っ換え引っ換え、中二日で到着した。隼人正・大膳亮に会い、変死の様子を詳しく聞いた。

半蔵の先祖は「槍の半蔵」と言われた勇者である。代々がその名を襲名し、尾張藩の軍役を預かる家柄だ。半蔵もまた剛の者として知られている。

彼は内心、文兆が松千代に家督を継がせようと仕組んだ、とにらんでいる。治休を毒殺して利益を得られるのは、浅路につながる文兆が筆頭である。やがては主君の命をもねらうのではないかとまで邪推していた。

しかし、それを公言するには証拠がなく、また、おいそれと言えたものではない。半蔵はそこをぐっと胸の内に納めている。しかし、いずれはそのしっぽを捕まえてやるとの意気込みだ。

「下手人が自ら犯行に及ぶとは限らぬ。奥女中の中に新参の者はいないか。これを企んだ者が送り込んでいるやも知れぬ」

隼人正らもすでに取り調べをすませていた。詮議の対象は屋敷内外の者にまで広く及んだ。むろん、最近になって奥女中として仕え者にも当たったが、いずれも犯行を疑わせるような人物はいなかった。

「それならば、変わった行動の見られるようになった者はどうか。それに取り入っているとも考えられるぞ」

奥女中の中にも怪しい者は見当たらない。取り調べを受けたおのぶも、まったく身に覚えがないと言い張った。彼女の評判を知っているだけに疑いもかけられず、お乳の方も「まさかおのぶに限って」と太鼓判を押していたのである。

「よいか。草の根も分けて下手人を捜し出せ。これほどの大事（おおごと）を仕出かしたところを見ると、敵は何を企んでいるか分からぬ」

半蔵はこう発破を掛け、伊賀守とともに次々と指示した。治休急死の報告を幕府に出させ、仮葬儀の段取りをし、為弥を国元へ送るようにも命じた。そして、到着した翌日には慌ただしく帰国の途に就くのだった。

治休の葬儀が営まれた徳川家の菩提寺、徳興山建中寺（名古屋市東区）

治休の亡骸（なきがら）は七月八日、駕籠で名古屋へと向かった。使用される道は裏街道でもある木曽路（中山道）だった。不幸のときはこの道を使うことになっており、これまでに江戸からどれほどの棺（ひつぎ）がここを通り過ぎていったことか。

同月二十一日、名古屋着。直ちに建中寺に届けられ、二十三日に葬儀が営まれた。法号・従三品前羽休中郎将紹隆院殿諒誉濬哲源孝世子、享年二十一。若くして亡くなったお世継ぎに、藩士も庶民も無念の涙を流すのだった。

そしてこの前にもう一人、江戸から木曽路を経て名古屋へ送られてきた者がいた。お茶を差し上げた為弥である。罪人用の軍鶏籠（とうまるかご）に入れられてきたが、若君毒殺にからむ人物などと思う市中の者はいなかった。

（第2部・当世名古屋元結）

将軍毒殺

実録・名古屋騒動

◆193◆

舟橋　武志

題字　冨永　奇洞

治休毒殺 ⑩

迷宮入りとなった若君毒殺事件

為弥は広小路脇の牢獄に入れられた。場所はＵＦＪ銀行本店の向かい側になる。来年元日には、同行は東京三菱銀行と合併して、三菱東京ＵＦＪ銀行となるようだ──。

為弥は本当にシロなのかクロなのか。彼本人を見れば、とてもあのような大それたことをするとは思えない。しかし、その一方で、背後にそそのかした者がいるのではないか、との見方も根強く残されている。

連日、厳しい取り調べが続いた。素直に白状せよと迫られても、まったく身に覚えのないことだ。江戸にいるときから出入りの一人ひとりを思い出しては正直に伝え、知っているすべてのことをあからさまにしてきた。

（それなのにこのような災難を受けなくてはならぬとは。これは前世の業因に違いあるまい。毒のあるお茶を点じて差し上げたのは、まぎれもなくこの私だから……）

為弥はどうにもならないわが身を嘆いた。その後も毒殺の手がかりは一向につかめず、彼への拷問は増してゆくばかり。今日も取り調べに当たる役人に、心の底をありのままに訴えていた。

「差し上げたるお茶に毒薬がありましたのは、私が害し奉ったも同然でございます。この罪は逃れがたく、いかようにもご成敗を仰せ下さりませ。甘んじてその罰を受けまする」

その態度があわれにも、また、いじらしくもある。もう生きる望みを捨て去ったかのようにも見えた。その後、彼がどうなったかは定かでない。

この毒殺事件は結局、迷宮入りとなった。おぶは発覚しないよう、わざとお乳の方に奉公し続けている。半蔵は文兆を疑いながらも、結局は犯人を挙げることができず、自分の先走りだったのかと自信を失っていた。

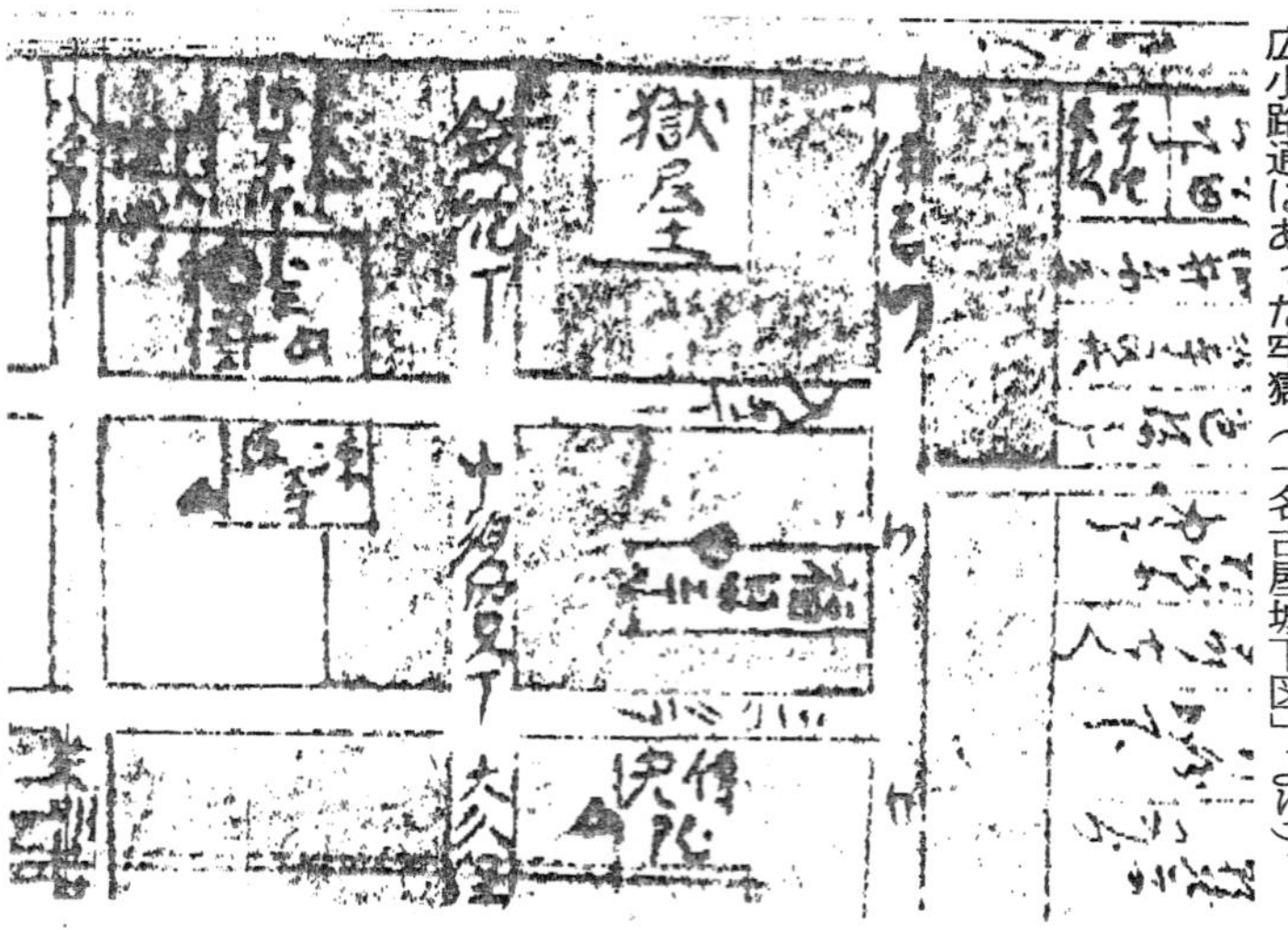

広小路通にあった牢獄（「名古屋城下図」より）

一方、文兆や子桂・復太郎らは内心、してやったり、と喜んでいた。日ごろの大望が少しも露見することなく、しかも、自分たちの手を汚さずに達成できた。一時はどうなることかと気をもんだが、源吾夫妻は想像していたよりもはるかにうまく事を運んでくれた。

ある日、文兆宅に三人が寄り集まっていた。野望の一つがまずかなった。後ろめたかった思いも、喜びによってかき消された。

「いまに若君のご中陰（四十九日）も明ける。そうなれば、いずれ松千代殿のご家督のことも話題に上ってこよう」

「それは疑いあるまい。浅路殿はお部屋様としていよいよ脚光を浴びられる」

「めでたいことじゃ。われわれにとってはこれに増す喜びはござらん。これからの若君は松千代殿のことと心得るんじゃのう」

会話がはずみ、酒も進んだ。この日の酒は特別うまく感じられた。三人は指折り数え、その忌明けを待つのだった。

（第2部・当世名古屋元結）

将軍毒殺

実録・名古屋騒動

◆194◆

家督相続 ①

後継に指名すれば文兆の思うつぼ

舟橋 武志

題字 冨永 奇洞

光陰、矢の如し——治休の四十九日も明けた。もうこのころになると、その名を口にする人すらまれになっていた。まさに、去る者は日々に疎し、である。

藩主宗睦もわが子の思いも寄らぬ死に、無念の涙を流したものだった。しかし、いまは心の整理もついたのか、思い出すことも少なくなってきた。それどころか、松千代が丈夫に早く成長してくれるようにと期待さえしている。

この年、松千代は九歳になっていた。傍らにはいつも愛妾の浅路がひかえている。宗睦の心が松千代に向かうのも、無理はなかった。

いずれは後継者を決め、幕府へ届けねばならぬ。江戸藩邸を預かる成瀬隼人正も、いまは名古屋に戻ってきている。ある日、宗睦は成瀬・竹腰両人をはじめ、年寄たちを呼び集めていた。

「嫡子中将治休は不慮の事故で世を去ったが、いくら嘆いていても最早帰らぬ。ついては末子松千代を家督に立てたいと思っている。皆の者、これをどのように考えているのか」

こう切り出したが、だれ一人、発言しようとしない。毒殺の下手人こそ挙げられなかったが、年寄たちの間では文兆を疑う者が増えてきていたからである。松千代を後継者にすれば、それこそ彼の思うつぼであった。

しばらく沈黙の時が流れた。座の空気を読み取って、隼人正が改まって言上した。

「若殿を慕うあまり、そこまでは考えも及ばざることでございました。この場は一旦退いて、事は重大と心得ておりまする。しかし、われらの内で評議を尽くし、その上でご返答申し上げたいと考えまするが、いかがなものでありましょうや」

「おお、そうか。それでよいぞ。後継の指名はご公儀だけではなく、御一門・親戚筋からも待たれておる。早く決めるにしくはない。直ちに取りかかり、評議の結果を速やかに伝えよ」

成瀬隼人正の預かる犬山城

一同は御前を退き、詰め所に集まった。年寄の多くが松千代の擁立を好ましく思ってはいない。隼人正はそのことを十分に承知しているし、竹腰山城守や渡辺平蔵らも同じ意見である。

「こたびのご逝去は何者の仕業か、いまだに分からずにいる。察するところ、安西（文兆）の輩（やから）が松千代殿をご家督に立てようと仕出かしたるものではないのか」

事件後、隼人正は文兆の犯行とは決め付けていなかった。しかし、今日は年寄たちの前で、明確に言い切った。宗睦から意見を求められ、よけいにせっぱ詰まった心境になっていたのかもしれない。

「しからば安西は若君の御敵である。文兆の妹の御子に家督を継がせれば、御家を乱すもととなる。文兆は己の威を振るわんと、やがては大殿をも毒殺し奉らんとも限らぬ」

（第2部・当世名古屋元結）

将軍毒殺

実録・名古屋騒動

◆195◆

年寄たちは渋々松千代を後継に推挙

家督相続 ②

舟橋 武志

題字 冨永奇洞

隼人正は松千代の家督を阻止したいと考えていた。このとき宗睦は四十一歳の働き盛りであり、後継をすぐには指名する必要もなかった。どうしてもというのなら、宗睦の舎弟という手もある。

いまは少しでも時間を稼いでおきたい。若殿毒殺の詮議もまだ終わったわけではない。それに文兆が動き出すことも考えられる。

「急いで家督に立てることもあるまいと思うが、皆様方はいかがお考えか。大殿はいまだご壮健におわしますぞ」

隼人正はこう述べ、皆にも意見を求めた。これに素早く応じたのが半蔵だった。彼もまた文兆の犯行とにらみながら、捕らえられなかった悔しさがある。

「殿は松千代殿をかわいがり、家督をお考えのご様子。もしそのようなことになれば、文兆が増長するのは目に見えている。ここはいまもなお若殿をしのぶこととし、先へ急がぬのが賢明か」

年寄たちの評議は後継指名を引き延ばすとの結論に達した。隼人正が宗睦にその旨を言上すると、「さようか」と素直に納得した。自分自身、形の上だけのことで、本心はまだ先の話と考えていたのかもしれない。

隼人正は簡単に納得してもらえ、むしろ拍子抜けするほどだった。しかし、当の隼人正は逆の心境であった。それほど遠くもない時期に、だれかを指名しなければならない。来春にはまた参勤交代がある。江戸へ行けば後継者を幕府に届けねばならぬ。それまでの間に治休毒殺の犯人が挙がるか、あるいは、文兆が事を起こして足でも出してくれればとの思いもあった。

安永三年（一七七四）の正月を迎えた。一旦は見送られていたものの、今度は周りから催促されだした。紀州や水戸が後継者のないのを心配し、しばしば手紙で問い合わせてくる。京都の近衛家などはわざわざ使者を遣わしてきたほどだった。

こうなると年寄たちもその返答に窮した。成瀬・竹腰らが集まり、評議することになった。参勤交代も間近に迫ってきている。

「いずれご家督を立てねばならぬ。ご舎弟も考えられるが、ご成長著しい松千代殿を差し置くわけにもいくまい。いささか合点のいかぬところもあろうが、最早この問題は避けて通れぬ」

「文兆の手の者が毒殺したにせよ、松千代殿を推す以外に道はあるまい。それが筋というもの」

年寄たちはしぶしぶ松千代を推挙した。三月十一日、宗睦一行は名古屋城を発ち、江戸へと向かった。一カ月後の四月十一日、松千代は将軍家治から「治」の一字をもらって治興（はるおき）と名乗り、従三位・近衛中将に叙せられた。

浅路はその生母としてますますあがめられ、文兆もまた朝日の昇る勢いである。青雲の志を抱く者はこぞって彼らのもとへとなびいていく。年寄たちはそれを冷ややかな目で眺めるのだった。

（第2部・当世名古屋＝完結）

鈴ケ森付近を行く大名行列（「江戸名所図会」より）

将軍毒殺

実録・名古屋騒動

◆196◆

家督相続 ③

舟橋 武志

題字 冨永奇洞

良心の呵責にさいなまれるおのぶ

江戸ではおのぶが良心の呵責にさいなまれていた。すぐに暇を取れば犯行がばれると思い、いまもお乳の方のもとに仕えている。人にはさとられてはいないが、それは自分が一番よく知っていた。

おのぶはいままで罹ったこともない癪（しゃく）に悩まされていた。時々、胸や腹に激痛が走る。この病気は精神的に不安定な女性に起きやすく、あの初瀬もねたみからこれに悩まされたものである。

お乳の方に休ませてもらい、自分の部屋で養生していた。薄暗い部屋に独り寝ていると、治休の涼やかな顔が浮かんでくる。そして、初めて会ったときにかけられた言葉までもが聞こえてくるようだった。

若君の無念さを思うと、いたたまれなくなる。もうこの屋敷には居られない。逃げ出したい気持ちにかられてきた。

（あの直後に辞めたのでは疑われたろうが、いまこの病ならそれもないのではないか。明日の朝、お暇をいただく願いを出そう）

お乳の方はおのぶの働きぶりを高くかっており、心ゆくまで休めばよいとなかなか請け合わない。そこを無理矢理、ひたすら頼み込んだ。病気とあれば致し方ないと、やっとのことで認められた。

おのぶは源吾の住む長屋へ行き、夫婦で暮らすことになった。しかし、癪は治るどころか、ますますひどくなるばかり。源吾が心配して医者を呼んでくれるが、医者もそんな心の病を持っているとは思ってもいない。

床についてもなかなか寝付かれなかった。特に雨の降る夜などはひときわわびしく、犯した罪の大きさに胸が張り裂けるほどだ。この癪も天罰のように思えてくる。

あんどんで糸を通す女。おのぶもこんな仕事ぶりだったか（「教草女房気質」より）

屋敷では多くの者が取り調べに苦しめられた。特に茶人の為弥はひどい拷問にあい、国元に連行されたのも知っている。みんな自分が引き起こしたかと思うと、その恐ろしさにいまさらながら気付くのだった。

（旦那様のため、主人のためとは言いながら、とんでもないことをしてしまった。若君を害し奉り、周りの者にも甚大な迷惑をかけた。このまま源吾殿に付き添っていては、いずれ毒薬を用いたことも発覚するにちがいあるまい。もし、そのようなことにでもなれば……）

考えれば考えるほど、悪い方へと行く。おのぶはすでに生きる望みを失っていた。死を選ぶまでにそれほどの日時はいらなかった。

（私が死ねば詮議の手がかりもなくなる。そうなれば源吾殿が疑われることはなく、出世の道も開けてこよう。しょせん生き長らえたところで罪深き身、何のよきことがあろうか）

死ぬ覚悟をしたものの、なかなか死ねるものではない。夫の顔を見れば名残惜しく、小鳥のさえずりにすら未練が残る。一日延び二日延び、命のおしさを改めて知るのだった。

（第2部・当世名古屋元結）

将軍毒殺

実録・名古屋騒動

◆197◆

家督相続 ④

今日こそは…包丁を手にするおのぶ

舟橋　武志

題字　冨永　奇洞

源吾の心も揺れていた。おのぶと暮らしておれば、いずれ探索の手が延びてくるにちがいあるまい。かといって忠節を尽くしてくれた妻と、いまさら離縁するわけにもいかなかった。

いっそ町人にでもなり、一生を終わろうかとも考えた。ここ江戸なら、それもできそうだ。文兆らと抱いた大望などは捨て、平穏に暮らしたいとの気持ちも湧いてきた。

おのぶはあくまでもけなげだった。そうした夫の心を推し量り、自ら死のうと覚悟している。この日、源吾は朝から仕事を探しに出かけていた。

（あきもあかれもせぬ夫に心をひかれ、いつまでもこのままぐずぐずしているわけにもいかない。私さえ消えれば、知る者はいなくなる。いずれは死なねばならぬ身の上、今日こそは思い切って往生を遂げよう）

こう決意すると奥の一間に入った。そして、硯（すずり）と筆を取り出し、こまごまと書き置きをしたためた。これが今生の別れかと思うと、自然に涙があふれてきた。

書き終えると包丁を手にした。何度もためらったが、その度ごとに自らを奮い立たせた。そしてついに意を決すると、ひと思いにのど笛をかき切ったのである。

こんなことになっているとは夢にも思わない。帰ってきた源吾は妻が出てこないのを不審に思い、奥の間に足を踏み入れた。見ると畳を朱に染めておのぶが倒れ伏している。

「おのぶ、おのぶ……なんということを。許してくれ、おれのわがままを許してくれ」

源吾はおのぶを抱き起こし、ほおに顔をすりつけた。自分の顔も赤い血で染まった。しっかりと抱きしめたまま、ただただ号泣するばかりであった。

障子張りにいそしむ女性（「江戸時代風俗さしえ集」より）

源吾の声に長屋の者たちが集まってきた。驚き、悲しみ、そして、いたわった。やがて役人が検視に訪れたが、乱心ということで始末された。

長屋の者たちが手分けして、ねんごろにとむらいをしてくれた。源吾はぼう然とした日々を送っていた。すべては自分が言い出したことから始まったものだ。

（それがしの野心がこのような結末になろうとは……おのぶはそれがしが殺したも同然。取り返しのつかないことをしてしまった……）

今日も書き置きに目を通していた。それには先立つ不幸をわび、夫の出世をひたすら願う旨の文章が切々と書かれている。これまでに何度も読み返してきたが、そのたびごとに元気なおのぶの顔が浮かび上がり、涙で目頭が熱くなるのだった。

いやしい身分の出でありながら、このように貞節を尽くす妻が二人とあろうか。普段は何気なく暮らしていたが、いかなる烈女もこれには及ぶまい。源吾はおのぶを失って途方に暮れるばかりだった。

（第2部・当世名古屋元結）

将軍毒殺

実録・名古屋騒動

◆198◆

源吾は江戸を引き払い名古屋へ

家督相続 ⑤

四十九日も明けると、もう江戸に用はない。源吾は部屋を引き払い、国元へ帰る決心をした。長屋や町の人たちとは上手に付き合ってきたので、皆が別れを惜しんで見送ってくれた。

しばらくは文兆宅に身を寄せることになった。ここで初めて文兆の父文良が亡くなっていた事実を知らされた。江戸へ下ってしばらくしての死亡だったが、文兆は大事の前に気を散らせては……と手紙でも伝えていなかった。

「まさか旦那様がお亡くなりになっていたとは。てっきりお目にかかれるものと思って参りましたのに」

妻を亡くした源吾には二重の悲しみとなった。源吾は文良に仕え、わが子のように扱われてきた。文兆とは兄弟も同然の仲である。

おのぶもかつてはこの家で働いていた。江戸ではおのぶと名を変えたが、本名はおとくである。二人はやがてならぬ恋に陥り、同家を出て夫婦になったのだった。

「大きな声では言えぬが、おとく殿は見事に本懐を遂げてくれた。おかげで治興（はるおき）殿は後継と決まり、わが姉も殿中での威光は増す一方。それがしも昨今は医療に携わることもほとんどなくなってしもうた」

二人は積もる話で夜の更けるのも惜しいほど。源吾は江戸での出来事を細々と語った。文兆は興味深く聞き、その苦労をねぎらった。

とりわけ、おとくには感謝の気持ちでいっぱいである。源吾とは長年ほれ抜いた仲だ。時には涙ながらに語る源吾を、以前にも増して頼もしく思うのだった。

思えば、治休の毒殺方法は源吾が申し出たものである。文兆らは当初、彼を刺客として江戸へ送り込もうとしていた。それを源吾が「おとくは機転のきく利口者」「一命を出し惜しむとは思えない」と自ら提案したのだった。

「おとく殿の忠節にはいくら感謝しても、感謝しすぎるということはない。いまはただ冥福を祈るばかり。そちも当分はわが家に同居するがよい」

数日後、子桂・復太郎も交え、文兆宅で酒宴が開かれた。彼らも同様に源吾を誉め、おとくの勇気を讃えた。捜索の手が延びるのを恐れ、自ら命を断つなど、大の男でもできかねる決断だ。

毒殺事件は結局、迷宮入りとなった。周りのだれもが文兆らの犯行とは思ってもいない。老中の中には疑う者もいたが証拠がなく、公に口にすることはなかったし、またできるものでもなかった。

文兆らは慎重だった。事を急いでは失敗する。それに老中らが目を付けているだろうと、すでに警戒していた。

治興が後継と決まっており、いずれは藩主の座が回ってくる。そうなれば、出世も思いのままだ。ここは我慢のしどころと、自らに言い聞かせるのであった。

（第2部・当世名古屋元結）

源吾は江戸を去り、名古屋へと向かった（「東海道五十三次」より）

舟橋　武志
題字　冨永　奇洞

将軍毒殺

実録・名古屋騒動

◆199◆

家督相続 ⑥

尾張から将軍を…欲望ふくらむ文兆

舟橋 武志

題字 冨永 奇洞

文兆はときどき治興が藩主になった姿を想像していた。もしもそのようなことにでもなれば、わが世の春がやってくる。後継の指名を受けた現在、それは夢でも幻でもなく、いずれはそうなるはずだ。

（将軍家も三代前で家康公以来の血統が途絶えている。この跡を継がれたのが紀州の吉宗公であった。家治公はその血筋を引き継ぐお方だが、ここでお隠れになればお世継ぎは尾張から出せるのではあるまいか）

このとき将軍家治は三十八歳と、まだ若さにあふれていた。家督を譲るような時期ではない。男児も二男の貞次郎は早世していたが、嫡男の家基は健在であった（この五年後、鷹狩りに出ていて急死する）。

それでも文兆は物思いにふける日が多くなった。家治に不幸があり、その子家基が亡くなれば、将軍職の後継者はいなくなる。今度こそ尾張藩の出番である。

（吉通殿も継友殿も無念の涙を流された。とりわけ継友殿の悔しがり方は尋常でなかったと聞く。その後を受けた宗春殿が事あるごとに吉宗公に対抗されたのも、わが藩の意地というものでもあろう）

四代藩主吉通は六代将軍家宣から「わが子はいまだ幼い」として、将軍の座を禅譲されかけたかに見えた。しかし、政治顧問の新井白石の反対にあい、結局は話だけで終わってしまった。その四年後、継友は当然八代将軍になるべき立場にあったが、吉宗に横取りされてしまったのである。

治興の顔を思い浮かべると、夢はいよいよふくらんだ。文兆は空想の世界でしきりに遊ぶようになった。しかし、現実には藩主宗睦も将軍家治も壮健そのものであり、相続などはともに遠い先の話である。

このままじっとしていれば、その座はいつ回ってくるのか。文兆はいつしか夢をわが手でつかもうと考え始めていた。それは我慢のしどころと言い聞かせたことを否定するものでもある。

狙われた十代将軍家治

あれ以来、治休の死を口にする者さえいなくなった。文兆はお部屋様の兄であり、多くの者がすり寄ってくる。すべてが首尾よく運んでいた。

のどもと過ぎれば熱さを忘れる。治休のときは想像していた以上にうまくいった。殺人犯や保険金の詐欺犯などが一度成功したならやめておけばよいのを、また同じ犯行に及ぶのと似たような心境に陥っていた。

人間は欲望の固まりである。文兆は医者の家に生まれ、とりわけ上昇志向が強かった。次第に欲望のとりことなっていく。

（まず家治公を毒殺し奉れば、あとは若殿一人を残すのみ。当家の宗睦殿が将軍に就かれれば、次は治興殿の番になる）

文兆のもとには源吾がいた。彼とは兄弟同然の間柄であり、その忠節ぶりはすでに実証済みである。折を見てまずは源吾に打ち明けてみようと思うのだった。

（第2部・当世名古屋元結）

将軍毒殺

実録・名古屋騒動

◆200◆

家督相続 ⑦

「将軍父子と宗睦殿を殺害したい」

舟橋 武志

題字 冨永奇洞

ある日、源吾を呼んだ。改めて治休の件に謝意を表し、次なる企てを披露するつもりでいる。これに対して源吾がどう出るかだ。

「ご相談とは一体、何でございましょうや」

「実は内々に話したき儀がござる。先ごろは江戸での働き、まことにご苦労であった。おかげで治興殿は後継とされたが、ここにいま一つ大望がござる。その方をわが片腕と信じ、相談を致す次第」

源吾もめでたく相続できたことを喜んでいる。まさに陰の立て役者であった。こうして文兆宅に居候し、大きな顔をして暮らしていられるのも、そのおかげであった。

「それがしはこのところ、治興殿を将軍にし奉ろうと思っているのだが、それには……」

文兆はこう切り出したうえ、いきなり「家治父子と宗睦殿を害し奉りたい」と言い切った。一人殺すも三人殺すも、殺すことには変わりない。計画は当初よりもさらにエスカレートしていた。

それというのも、家治も宗睦もいまだ若い。宗睦は家治よりも四つ年上だが、それでもまだ四十二歳である。たとえ家治父子を害したとしても、宗睦がいる限り治興の出番は回ってこない。

源吾も薄々は宗睦をねらうのではないかと感じていた。しかし、治興はいまだ幼く、先のことと考えていた。そのうえに相手が三人と聞かされ、驚きを隠し切れなかった。

小牧山のふもとにある宗睦の墓

いまのわれわれが考えると毒殺は大事件だが、当時は横行していたと言っても過言ではない。ただ闇に葬られてしまい、公になっていないだけだ。権力を巡っての露骨な争いが至る所で繰り広げられており、多くの者が急死したり変死したりしている。

「これはたやすく成就できるものではござらん。されど、あるまじきことにもあるまじ。治興殿を将軍に奉れば、われは申すに及ばず、その方も大名に取り立てられるのはたやすいこと」

野望はとめどもなく拡大していた。尾張国内で千石をもらったところで高が知れている。文兆は早くも自分自身に将軍綱吉の側用人だった柳沢吉保（よしやす）をダブらせていた。

「これはまだ思い付いたばかりでござる。この儀、これから思案し深めてみたい。今日はその方へそれがしの腹案を語り聞かせるのみ。心中に秘して、決して口外するではないぞ」

源吾は内心、あのような危ない橋はもう渡りたくない、と思っていた。愛するおとくをこれで失っている。しかし、親しくしてもらっている文兆から頼まれれば、嫌とは言えない間柄でもあった。

それに出世の道が開けてくる。このままくすぶっていたのでは、おとくにも申し訳ない気もしてきた。このような大事な秘め事を打ち明けられて、うれしくも思えてくるのだった。

「その方も勘考し、追々それがしに意見を述べよ。名案を待っているぞ」

（第2部・当世名古屋元結）

将軍毒殺

実録・名古屋騒動

◆201◆

家督相続 ⑧

子桂、復太郎の腹の内を探る文兆

文兆の家に子桂・復太郎が呼ばれ、源吾も交えた四人で酒盛りが始まった。文兆が声をかけたもので、子桂・復太郎は後継問題をどう思っているのか、腹の内を探るねらいがあった。源吾には先ごろのことを「決して明かさないように」と言い聞かせてある。

そしたうえで文兆はことさら過去の将軍争いを持ち出した。彼らに尾張から将軍を出そうとする意志があるのかどうか。そこを確かめてみたかった。

「吉通殿は饅頭を食べられた後、急に血を吐いて悶絶しながら、お亡くなりになったと聞く。医者が駆け付けたときはすでに手の施しようがなかった。もっぱら毒を盛られたとうわさされておる」

「紀州の忍びの仕業とも、あるいは家中の者とも。謎が謎を呼び、はっきりしたことはいまだに分かり申さん。されど毒殺は否定できまい」

文兆は紀州嫌いで尾張びいきの六代将軍家宣を持ち出した。そして、当時の尾張と紀州との緊張した関係も語って聞かせ、尾張から将軍を出そうとした意気込みを思い出させようとした。それに対し、復太郎が否定的な発言をし出した。

尾張びいきだった六代将軍徳川家宣

「紀州の仕業と言われてきたが、その実、家中の者の犯行との見方もある。あの時節はご生母の本寿院様派とそれに対抗する別の一派もあった。それがしも吉通殿毒殺は本寿院様派に反対する家中の者の犯行と見ておる。身内に裏切られたのじゃ」

本寿院とは淫乱ぶりをとがめられ、御下屋敷に幽閉された吉通の生母である。城内で権力を振るい、藩政にも影響を及ぼした。それに反対する一派が本寿院派を一掃しようとして吉通を毒殺したというのである。

「あのとき、わが藩は深い傷を負った。跡を継いだ五郎太様は二カ月後に亡くなり、同じ年に殿の葬儀を二度も出しているではないか」

酒が進んで話も弾んだ。源吾は笑顔で聞き役に回り、相づちを打つくらい。文兆は何気なく語らいながらも、二人の心の内を探り出そうとしていた。

舟橋　武志

題字　冨永　奇洞

結局、将軍家宣は吉通には禅譲せず、幼君家継を立てることにした。しかし、家宣が心配していた通り四年後に亡くなり、その跡を吉宗が継ぐことになった。家宣のとき「後継は尾張殿に」と言われていただけにこのショックは大きく、それに追い打ちをかけるように巷では尾張を揶揄する落首が出回ったものである。

「拙者はまだ生まれてはおらん。何でも父上の申すには家中打ち沈み、まるで葬儀のようであったそうでござる。われらは知らぬが、その悔しさは察してあまりある」

「あのときの江戸詰めはうかつにも安心し切っておった。紀州の巻き返しはすさまじく、奥女中にまで贈答していたというではないか」

復太郎が受け継いだ。宗春の小姓として長年仕えてきただけに、その心情は知り尽くしている。宗春は吉宗の就任をどのように見ていたのか。

「あのとき継友殿が将軍に就かれておれば、次は当然、宗春殿であった。聡明で何者をも恐れぬあのお方を一度、将軍の座に就かせてみたかった」

（第2部・当世名古屋元結）

将軍毒殺

実録・名古屋騒動

◆202◆

家督相続 ⑨

尾張から将軍を出す機会はないのか

舟橋　武志　題字　冨永奇洞

復太郎の話はまだ続く。八代将軍にだれを推すか、についてだ。

「拙者などはまだ生まれてもおらぬが、聞くところによると使者はまず継友殿のところへ来たとのことでござる。最初は遠慮して断るのが作法。それを吉宗公はあっさりと受け取られたそうじゃ。殿（宗春）は田舎者で礼儀知らずと申されていた」

「まさに、まさに。それが順序というもの。わが藩は御三家の筆頭でござる」

「いや、殿は御三家は対等の関係で、幕府と尾張・紀州を言うとの仰せでござった。遊廓をお考えになられたのも、江戸にあるものは名古屋にあってもよい、と申されていた」

家康は遅く生まれた三人に尾張・紀州・水戸を与えて優遇したが、いま言われているような御三家を考えていたわけではない。幕府は秀忠から家光へと移行する過程で、他よりも上に立つようになっていったのだ。家康は臨終に際し「将軍秀忠を兄としてではなく、主君として奉公するように」と言い残したとの逸話もあるが、それも後世になって幕府側から作り出されたものなのであろう。

公方尾紀同格という考え方は藩祖義直も持っていた。それを受け継ぐ宗春は「三カ条のおとがめ」があったとき「いま天下三家と称するのは古（いにしえ）のものとはいささか異なる」「水戸と越前は家門と言い、三家に列していなかった」と言い返している。

「あのとき、尾張から将軍を出せなかったのは、まことに残念であった。そのような機会はもうないのか」

文兆はわざとこう切り出した。子桂・復太郎の腹の内を探ろうというわけだ。尾張から将軍を出そうという意志が確認できれば、いずれ彼らにも相談を持ち掛けるつもりでいる。

文兆宅のあった瀬戸物町かいわい（現在の中区丸の内３）

「吉宗公が御三卿を立てられてからはその夢も消え失せてしもうたわ。吉宗公の血を引く者ばかりとなり、尾張はハシゴをはずされたも同然じゃ」

復太郎が文兆の意見を否定した。そう言う彼は巷で「謀反を起こす者がいるとするなら、復太郎をおいて他にいない」とささやかれ、まるで由比正雪の再来のように見られている。いまも宗春を慕う彼がそう言って否定したのである。

宗睦の世も倹約を旨とした重苦しい時代だった。藩政面では反宗春の政策が依然として貫かれ、幕府の言うがままであった。それだけに不満を持つ分子はかなりおり、宗春にあこがれ、復太郎にも期待を寄せていたのである。

源吾は時折、相づちを打ち、あるいは何でもない話題などを持ち出してきた。文兆から言われていたように、あのことだけはおくびにも出さないでいる。そうした秘め事を知るだけに、子桂や復太郎の意見を興味深そうに拝聴していた。

酒宴は夜遅くまで続いた。たがいに歓談し合ったが、おおむねよもやま話で終わった。文兆は今日の感触ではとても打ち明けられるものではないと思うのだった。（第2部・当世名古屋元結）

将軍春秋

実録・名古屋騒動

◆203◆

藤十郎の苦悩　①

花見の酒に酔い口を滑らす文兆

　年が代わり、安永四年（一七七五）も、はや春を迎えていた。冬の寒さもいつしか消え、自然に心までが浮き立ってくる。文兆は一家に声をかけ、花見の会を催すことにした。

　選んだのは自宅近くにある桜天神だった。境内にはその名にちなんで桜がたくさん植えられている。一帯はかつて桜の名所として知られ、北側には「小桜町」の町名があったし、現在の「桜通」の名もこれに由来する。

　参加したのは文兆・源吾、それに子桂と藤十郎の四人である。子桂は文兆の姉を妻とし、その娘が藤十郎に嫁いでいた。文兆の妹浅路がお部屋様となり、この一家は春の陽気に包まれているようでもある。

　藤十郎は文兆らが若君治休を葬り去ろうとしたとき、やがてはその知恵が役立つとして、子桂の娘を紹介されていた。新婚間もないことから、それについては一切打ち明けていない。むろん藤十郎自身、真相を知る由もない。

　一同は終日酒宴を楽しみ、夕方、文兆宅へ引き揚げた。家で飲んでいるうち、文兆はかねて思っていることを口に出してしまった。身内という気安さがそうさせたのか。

「子桂殿、このごろしきりと夢を見るのじゃ。もしも公方様親子にご不幸でもあれば、後継は尾張殿になるのではないかと。さすれば、わが一家はいよいよ繁栄の道を歩むことになろう。天下に号令をかけるのも夢ではなくなるやもしれぬ」

「何と、尾張殿が将軍でござるか。痛快無比、このうえない。出世は願うものの、そこまでは考えもしなかった」

　文兆はついに口走ってしまった。それだけ酔いが回っていた。ところが、これに子桂が思わぬ反応を示してきたのである。

桜天神付近はかつて桜の名所だった
（「小治田之真清水」より）

「文兆殿の思いつき、まことに面白いではないか。この儀、何故にお隠し遊ばすのか。復太郎殿もこれを聞けば、大喜びをするにちがいあるまい。今宵、居合わせたことこそ、幸いである。早速、復太郎殿を呼ぼうではないか」

　子桂もまた酔っ払っている。先ほどから源吾は二人のやりとりをはらはらしながら眺めていた。傍らに藤十郎がいるからだ。

「お二人ともかなりご酩酊のようでございますなあ。それも無理からぬこと。これほど酒と桜に恵まれましては。しかし、今夜はお控えなさりませ。そろそろお開きということに」

　源吾の言葉で散会することになった。文兆が日ごろの腹案を語るなら、何も知らない藤十郎がいてはまずい。源吾は本心をこのような場で言うべきではないと制したのだった。

　子桂は心に思うものを残しながら帰っていった。藤十郎も丁重に礼を述べ、いっしょに引き揚げた。花見の会が思わぬきっかけとなってゆく。以前、遠回しに腹の内をさぐった。あのときはこのように受け止められてはいなかったのか。子桂の示した態度に、文兆はご機嫌の様子であった。

（第2部・当世名古屋元結）

舟橋　武志
題字　冨永　奇洞

将軍毒殺

実録・名古屋騒動

◆204◆

藤十郎の苦悩 ②

将軍を葬るとは蟷螂の斧にも似て

「昨夜は家へ帰ってから、あれこれ思案致した。突然に出てきた話ながら、考えてみるに値するではないか。今日こそ篤（とく）と相談しようぞ。朝の来るのが待ち遠しい思いでござったわ」

翌日、朝も早くから子桂がやってきた。昨夜の話の続きをしたいと言うのだ。文兆は招き入れ、そして源吾を呼んだ。

「まだ思い浮かんだばかりで、拙者にも具体的な考えがあるわけではござらん。治興殿が後継と決まってめでたくはあるが、藩主どころか将軍にまでおなり遊ばせば……と、ただそれを夢に見ただけじゃ」

文兆はそう言いながらも、密事をすすんで語り出していた。子桂はこの話に乗り気である。源吾も大きな仕事を終え、やがて侍に取り立ててもらう約束になってはいるが、その前にもう一働きする腹づもりでいる。

「源吾殿、その節はまことにご苦労でござった。われらが想像した以上の見事なお手並み。いま一度、その手をお貸し下されよ。面白くなり申した」

子桂はいささか興奮気味だ。三人で一時間ほど語り合った後、源吾が復太郎を呼びに行くことになった。いずれも話に乗ってくるものと思っている。

「昨日は桜天神で花見をされたと言うではないか。それがしも仲間入りしとうござった。桜もいまがたけなわで、さぞかし堪能されたことであろう」

「復太郎殿にも声をかけるべきだったか。内輪の集いでご無礼し申した。ところで、今日は折り入っての相談ごとでござる」

文兆は家治親子を暗殺し、尾張から将軍を出そうと持ちかけた。子桂が文兆の側に立ち、計画を支持し補足した。源吾も前回の江戸での様子などを細々と語り、やってやれないことではないと自信のほどを見せた。

かつては桜の名所でもあった桜天神（中区錦２丁目）

「復太郎殿、いかがかな。もう一働き、しようではないか」

「……話は承知仕った。されど、そのような企て、おいそれとはでき申すまい」

復太郎はぽつりとつぶやいた。三人は復太郎こそ喜ぶと考えていただけに、それはいささか意外な感想に聞こえた。吉宗の血を引く将軍を葬ることは、かつての主君宗春の無念を晴らすことにも通ずるのではないのか。

これを聞いた子桂は気色ばんだ。復太郎に向かい、強い口調で言った。体までをにじり寄らせている。

「これは復太郎殿の言葉とも思えませぬ。一体、どうしてでござるか」

「こたびの計画は蟷螂（とうろう）の斧にも似ている。当家の儀なればいかようにも取り計らいできようが、将軍家のこととなると、われらはあまりにも無縁でありすぎる。敵が巨大すぎて、立ち向かうは無謀というもの。だから蟷螂の斧と言ったまででござる」（第2部・当世名古屋完結）

舟橋　武志

題字　冨永　奇洞

将軍毒殺

実録・名古屋騒動

◆205◆

藤十郎の苦悩 ③

激論の末、四人の心はひとつに

舟橋 武志　題字 冨永 奇洞

詰め寄る子桂に、復太郎はなおも続けた。あくまでも冷静で、子桂の見せた反応とは大違いである。

「先ごろ、治興殿が後継に指名され、われらの思いはすでにかなったではござらぬか。そのような謀(はかりごと)が易々と成就するとは到底思えない。この儀、直ちに思い留められよ」

これには子桂が腹を立てた。一層気色ばみ、語気を荒げた。

「およそ復太郎殿のお言葉とは思えぬ。何故に同心されないのか。いよいよ違背なさるおつもりか」

「これは子桂殿の仰せとも覚えぬこと。違背とは何事ぞ。いまの言葉、聞き捨てならぬ」

二人の間が険悪になった。文兆・源吾にとっても、思わぬ展開となっていた。文兆が慌てて二人の話に割って入った。

「まあまあ、それほど事を急ぎ給うな。われらは固いちぎりで結ばれた仲ではござらぬか。子桂殿も少々言葉がきつ過ぎる」

そういう文兆も復太郎の態度には不満であった。ここまでともに行動してきたのに、今回はどうして臆病になるのか。先ほどからそんな思いで二人の対立を眺めていたのである。

「お見苦しい。いささか言い過ぎてしまった」

「いや、こちらこそ、ついそれに合わせてしもうて。拙者が違背を申す儀など、毛頭ござらぬではないか。浅路殿の縁によって過分のお取り立てに預かる身、感謝することこそあれ、どうして違背などできようや」

復太郎も素直にわびを入れた。そのうえで、自説を披露し出した。

「かような大事を謀るにはまず各々(おのおの)の心底を明かし合うべきでござる。これなくして成就はおぼつかない。だからこそいま、自分の考えを述べたまで。失敗すれば身をも滅ぼす。滅びて何の益がある」

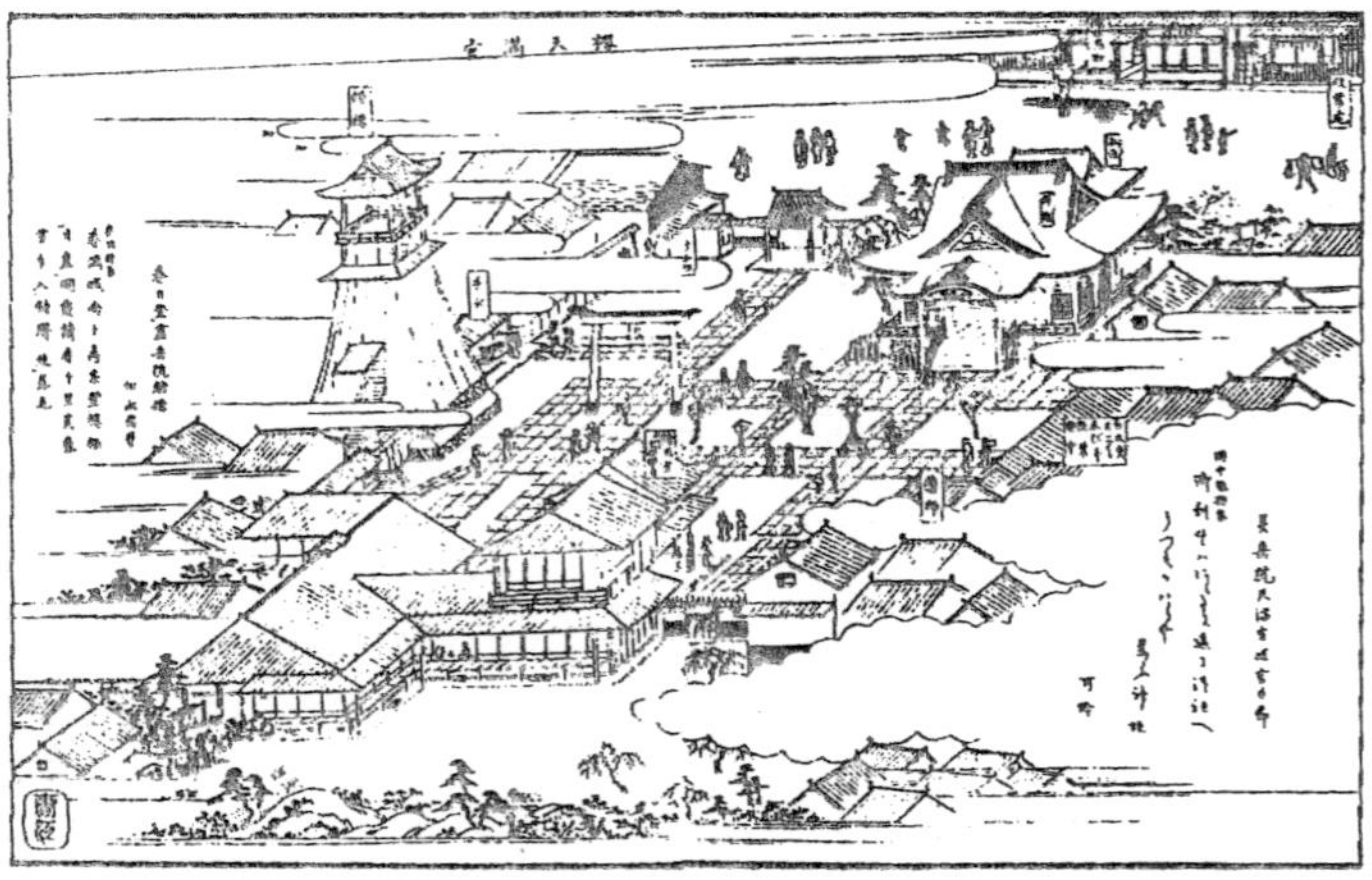

桜天神㊨と城下に時を知らせた時の鐘(「尾張名所図会」より)

「それは当然のこと。われらもよくよく承知しておる」

「さればじゃ、こうして集まって大いに腹の中を語り合おうというわけではござらぬか」

文兆と子桂が答えた。たがいに話し合いは望むところだ。復太郎も平静にもどり、また熱弁を振るい出した。

「拙者が違背するように思われては迷惑千万。どのようなことになろうとも、ご一同の考えからもれるようなことはござらん。ただ、不相応な企てを為すときこそ、後災をも思いやるのが肝要。それを言いたいだけのことでござる」

復太郎の言葉で、一同は仲直りをした。そして、どのようにして実行するか、密談は数時間に及んだ。いまや四人の心はひとつにまとまっていた。

この話の中で藤十郎をも加えることになった。彼は老中の竹腰山城守も舌を巻いたほどの知恵者で、こうした企てのために身内としている。これまでは声を掛けないできたが、今回の大事を控えて仲間に入れることにした。

(第2部・当世名古屋元結)

将軍毒殺

実録・名古屋騒動

◆206◆

藤十郎の苦悩 ④

計画を打ち明けられ驚く藤十郎

この日の文兆宅は来客が続いた。朝方に子桂が来て、その後に復太郎が呼び出され、昼を過ぎてからは藤十郎がやってきた。同家の離れが密談の場所である。

藤十郎は城の西、明道町（あけみちまち、西区幅下二）近くに住んでいる。この町は南北の道を切り開いて通り抜けにしたことから「明ケ道」とも呼ばれていた。北方を通る美濃路沿いには菓子屋が何軒もあったが、火を使うことから人家を避けて新開のこの地へ集まるようになってきていた。

藤十郎は文兆らから計画を告げられ、大いに驚き、そしてあきれ果てた。しかも、先の若殿治休を義父までが加わって毒殺していたというのである。その全貌を語られても返事すらできず、頭の中は混乱の極みだった。

それを知ってしまうと四人の顔が鬼にも般若にも見えてくる。彼らは仲間に入るのを当然として、陰謀を次々と打ち明けてきた。藤十郎はぼう然としながらも、必死になって考えた。

（ここまで打ち明けられたからには拒否することはできまい。彼らの心に従わねば、わが身はどうなるのか。それにしても、このような恐ろしい企みがわれらの家中にあったとは……）

ここへ来たのを悔やんだ。そうとは知らず義父としてしまっていた運命をのろった。自分の結婚までもがすでにこれへ組み入れられていたのか。

「藤十郎殿、これを実行するには多くの困難に直面するはず。そなたの卓越した知恵をお貸しいただきたい。成功の暁には一国の大名も夢ではござらぬ」

文兆の言葉が重くのしかかってきた。その中には妻の親父殿もいる。蛇ににらまれた蛙にも等しかった。

西区新道２の菓子問屋街

「しかと聞きましてございます。このような大事を打ち明けてのご相談、異議を申すつもりなど、いささかもございませぬ」

まずはこう言って受け止めた。秘密を知ってしまった以上、ここで拒否すれば討たれるかもしれない。そんな恐怖さえも感じていた。

「しかし、かような大望は一朝一夕の謀（はかりごと）で遂げるのは難しかろうかと存じまする。追々ご面談し、遠慮を巡らし、慎重に進めることにしとうございます。それでもよろしかろうか」

せめてもの抵抗だった。これには異論となく、他の四人も了承した。

藤十郎は大変な事態に立ち至ったと感じた。動揺ぶりを悟られないかと、平静を装うのに苦労したほど。他の者は彼を仲間に引き入れたことに満足するのだった。

その後、しばらく話し合った。そして、次の会合を約束して、この日は散会したのだった。藤十郎にとっても、彼ら四人にとっても、長い長い一日となった。

（第2部・当世名古屋元結）

舟橋　武志

題字　冨永　奇洞

将軍毒殺

◆207◆

実録・名古屋騒動

藤十郎の苦悩 ⑤

縁談が起きた時から仕組まれていた

文兆の家から藤十郎の家まではわずか二キロほど。京町で子桂と別れ、独りになった。提灯の明かりを頼りに西へ歩を進めたが、この日ばかりは家までの距離が遠く感じられてきた。

（拙者に縁談を持ち込んできたのは復太郎殿であった。あのときすでに加担するように仕組まれていたのか。恐ろしくも浅ましい）

五条橋を渡った。堀川の水面が淡く光って見える。足音に気付き、近くの飼い犬がほえ出した。

「お帰りなさいませ。……あら、顔色が優れませぬこと」

妻はいつものように三つ指をついて出迎えた。藤十郎は意識して平静を装ってはいたが、やはり顔に表れていたのかと思った。妻が着替えを手伝いながら話しかけてきた。

「お父上は達者でござりましたか。しばらく実家へも寄らず、お顔を拝見していませぬが」

「ああ、お元気そのものじゃ。『今年生まれた姫のご様子はどうか』とお尋ねであった」

そう答えたうえで、乳飲み子を抱き上げた。遊び疲れたのか、長男はすでに寝ていた。そそくさと茶漬けをすすり、妻にも寝るように勧め、一室に閉じこもった。

（一体、どうすればよいというのじゃ。拙者の預かり知らぬところで事はすでに動き出している。若君を害し奉り、あまつさえ公方様までをも失い奉らんとするとは。これほど恐ろしい企みがまたとあろうか……）

（このような悪事はいずれ明らかになる。さすれば謀反の汚名を受け、身を滅ぼし、家を失うことにもなる。忠孝を捨て去って、どうして人として生きられようぞ）

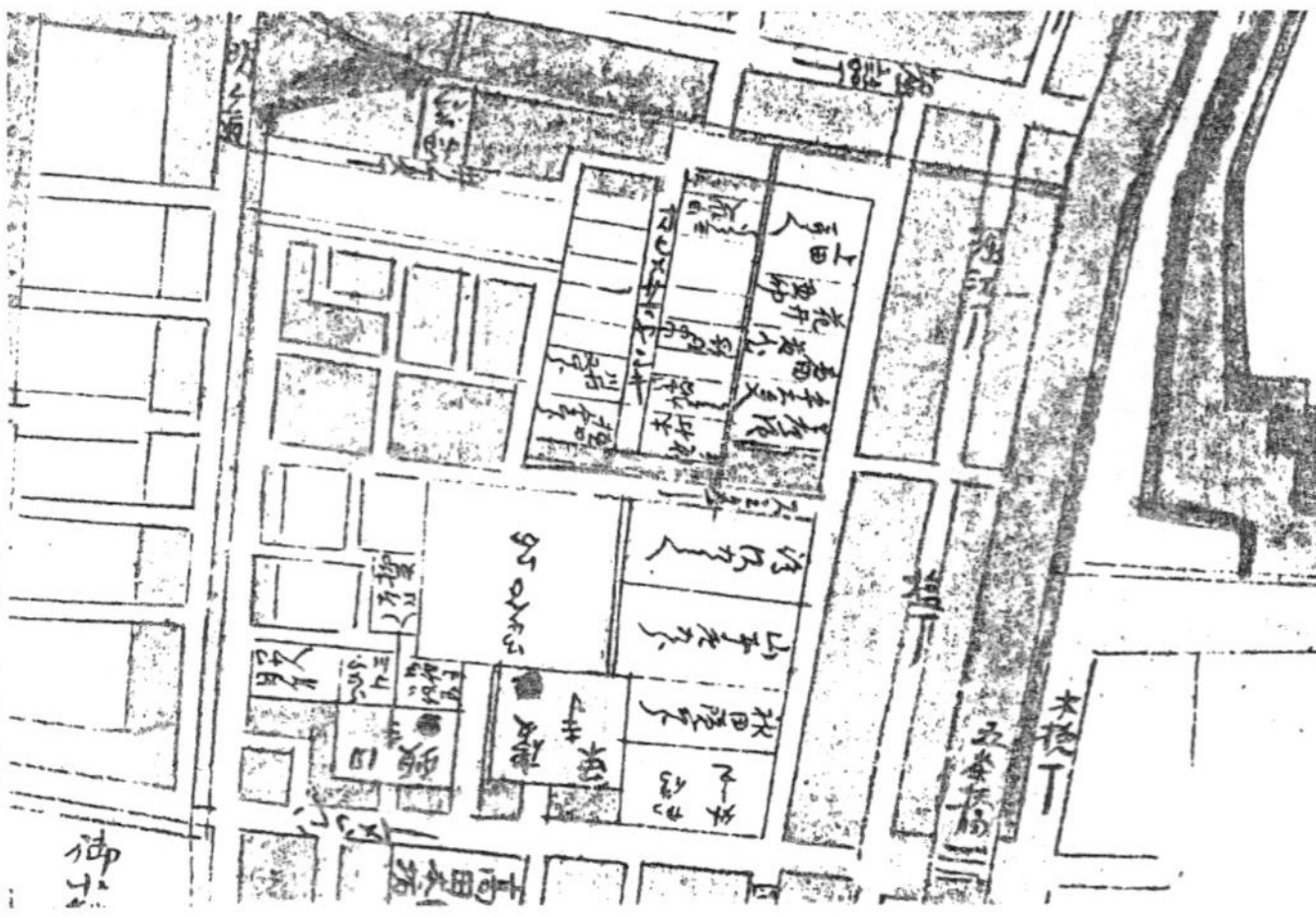

幕末期の明道町かいわい（「名古屋城下図」より）

文兆や子桂・復太郎らの顔が浮かんでくる。彼らに味方することなど、到底許されるものではない。となると、妻子に囲まれたこの小さな幸せはどうなってしまうのか。

（復太郎殿の持ってきた縁談に、当初、父上は乗り気でなかった。それを進んで望んだのが己である。浅路殿につながる一家へ自分の将来を重ね合わせたのだが、いまにして思えばその邪心がこうしたことにつながったのか……）

藤十郎は妻と離縁することを考えた。しかし、いまこれを持ち出せば、彼らからねらわれるのは明らか。付くもならず、離れるもならず、わが身の置かれた不幸を嘆くのだった。

（よき妻とともに暮らし、二人の子宝にも恵まれた。そうとも知らぬ妻もまた哀れである。とはいえ、あの悪事をいまさら自分で留める手立てもあるわけでなし……）

藤十郎は思い悩んだすえ、しばらくは文兆ら徒党に加わった振りをすることに決めた。そのうちに活路を開く機会も見い出せるかもしれない。そのときこそ、知恵の絞りどころであると考えた。

（第2部・当世名古屋元結）

舟橋　武志
題字　冨永　奇洞

将軍毒殺

実録・名古屋騒動

藤十郎の苦悩 ⑥

連判状に署名せず　疑惑広がる藤十郎

舟橋　武志
題字　冨永　奇洞

文兆の思いは日を追って増長していった。お部屋様の兄でもあり、周囲からの尊敬の念は高まるばかり。その威光は老中や重臣をも上回るほどであった。

出世を願う者たちが文兆のもとに集まってくる。彼もまた大望があり、これに快く応じた。そうした者の中には現状に不満を持つ若い藩士たちも混じっていた。

文兆は彼らに対して、できがたい出世もさせてやった。もめ事などが持ち込まれれば、進んで公事訴訟なども取り持った。その恩を受ける者は何十人にもなり、これらを次第に味方に引き入れていた。

あの密談からおよそ一カ月後――。文兆らがいよいよ動き出した。密かに連判状をこしらえ、署名を求め始めたのである。これに先立ち、源吾を熊野大社の本宮へ祈願させている。そして、八咫烏（やたがらす）の描かれた神文「熊野牛王神璽（ごおうしんじ）」のある誓紙をいただいてきた。八咫烏は熊野権現の使いとされている。

誓紙にはそれを複雑に組み合わせた文字が記されていた。判読し難い不思議な神文だが、それだけに霊験はあらたかと信じられている。これに署名した者がその誓約を破れば、血を吐いて地獄に落ちるとされていた。

先の自民党郵政懇話会でもこの連判状が持ち出され、メンバーらは署名することを求められたそうだ。神罰をも覚悟した、必死の抵抗であったわけだ。これによって一同は結束を固めたが、結果はご覧の通りとなってしまった。

連判状には姓名を記し、その下に血判を押した。文兆や子桂・復太郎らがこれはと思う者を厳選し、その意志を確認したうえで極秘に求めている。しかし、肝心の藤十郎はこれに同意したものの、いまだに署名をしていなかった。

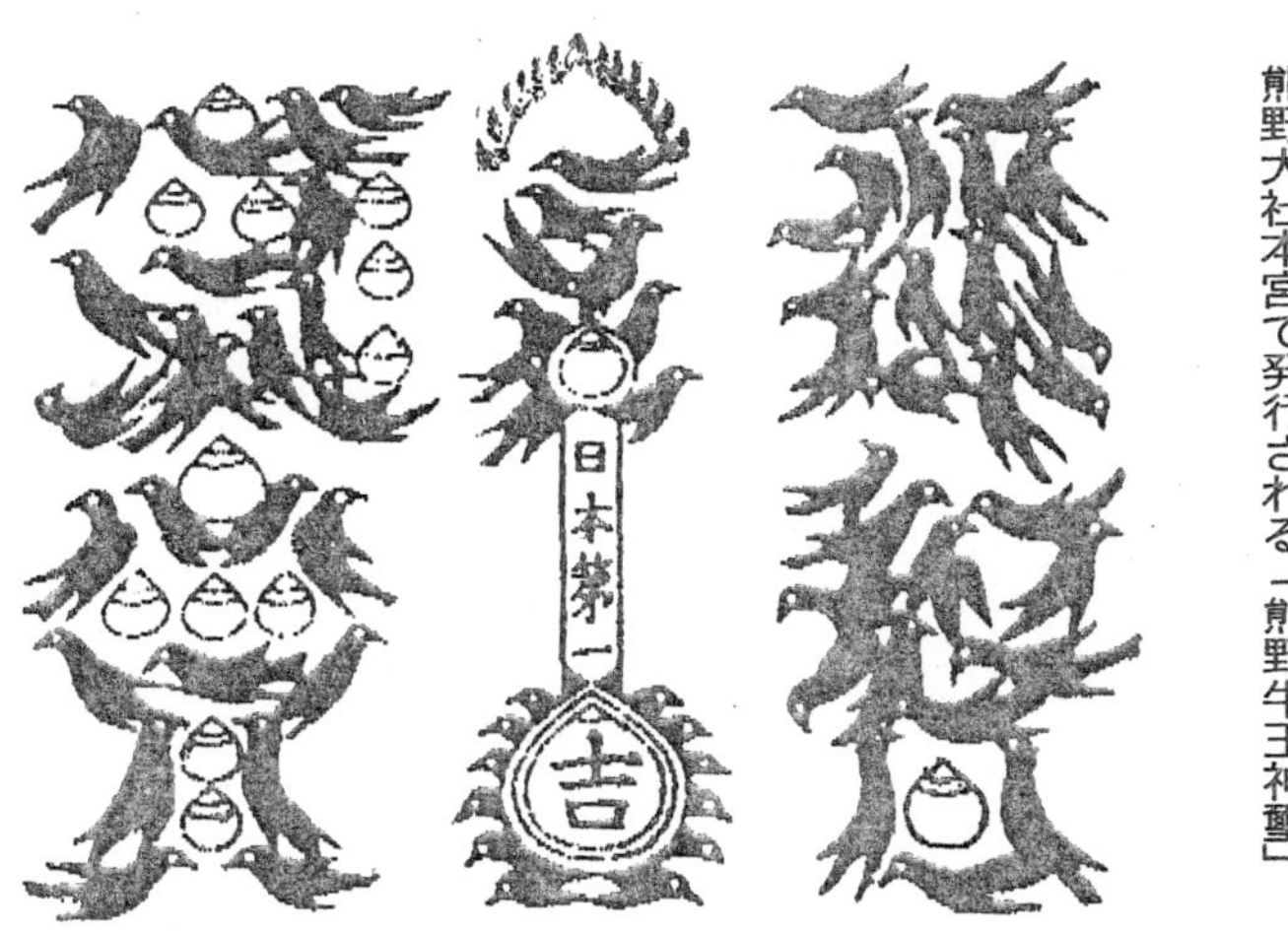

熊野大社本宮で発行される「熊野牛王神璽」

「子桂殿、藤十郎殿の名前が見当たらぬが、何かわけでもござるのか」

連判状には次第に名前が増えてくる。文兆はそれを見ながら、子桂にこう尋ねた。文兆宅でのひとときであった。

「確かめてみたところ、いまにすると申しておる。それがしも煮え切らぬ態度にはいささか立腹しておる。本来ならば真っ先に加わってもしかるべき儀にござろう」

「万が一、不承知というならば不届き至極。この連判状に署名なくば、生かしてはおけぬ。その口先から必ずもれる」

「多少の不得心があろうとも、行動を一（いつ）にするのは当然。かような心中とは知らず、大事を打ち明けてしまったのは誤りであったか。わが娘の亭主なれども、許し難い態度でござる」

二人は再度、藤十郎の意志を確認することにした。このごろは密談の席に出てきても、あまり進んで発言しようとはしない。これには復太郎も疑問を抱き、大いに腹を立てていた。

（第2部・当世名古屋元結）

将軍毒殺

実録・名古屋騒動

◆209◆

藤十郎の苦悩 ⑦

藤十郎の盃に毒を盛る文兆一味

舟橋 武志　題字 冨永奇洞

藤十郎は悩んでいた。連判状を突き付けられては態度を表明しないわけにもいかない。しかし、あの企ては無謀であり、かつまた、悪事そのものである。

いっそ老中へ訴え出ようかとも考えた。それがお家のためにもなる。が、わが身も一味に加えられており、一家の破滅につながるのは明らかだ。

（よくできた妻をめとり、二人の子供にも恵まれた。たとえ訴えが認められたとしても、世間の冷たい視線に耐えてゆけるのか。それにしても、この幸せの最中に、とんでもない悪事に巻き込まれたもの……）

進退、相きわまった。何も知らないでいる妻もまた哀れである。笑顔でいつも迎えてはくれるが、その背後に父親の顔が浮かぶこともしばしばであった。

決断をしかねているうち、早くも文兆らが動いた。三人は藤十郎がなかなか署名しないのに業を煮やしていたのだ。再三にわたっての要請にもかかわらず、いましばらくの有余をと繰り返すばかりだった。

「あの者に大事を明かしたのは誤りでござった。何かの理由を付けて討ち果たすのはたやすいが、後々の裁判がやっかいなものになる。ここは毒殺にて後難を逃れる道を探すより他にあるまい」

「災いの根は早く断つに限る。同心しないとなれば、一刻も早く実行に移すべし。すぐに準備に取りかかろうではないか」

翌日、三人は打ちそろって藤十郎の家を訪ねた。藤十郎はいよいよ連判状への署名を迫ってきたと思った。何も知らない妻は座敷へ招き入れ、酒宴の準備に忙しそうであった。

「むさ苦しいところだが、ゆっくりとおくつろぎ下され。いまお茶を持って参りまする。お三方そろってのご来訪、その意は重々承知致しております」

「いかにも、でござる。それには藤十郎殿の才知分別が何よりも必要とされる。よろしくお頼み申す」

心中にぎくしゃくしたものを蔵しながら、表面的には会話もなごやかに交わされていた。やがてよもやま話へと移り、時には妻までも加わってきた。三人にとっては連判状のことなど、もうどうでもよかったのである。

藤十郎が席を立った隙に、子桂が懐中より毒薬を取り出した。そして、銚子の中に素早く入れ、戻ってきた藤十郎に勧めた。文兆・復太郎にも、それぞれ注いだ。二人は飲むそぶりだけで、飲まずに捨てた。

藤十郎には二度、三度と杯を勧めた。何も知らない彼は自分の家にいる気安さも手伝ったのか、疑うこともなくこれをうまそうに飲んだ。しばらく歓談し合った後、三人はそそくさと帰っていった。

（第2部・当世名古屋元結）

炊事に励む女性（「江戸図鑑綱目」より）

将軍毒殺

実録・名古屋騒動

◆210◆

藤十郎の苦悩 ⑧

毒殺の威力に自信を深める文兆ら

彼らが帰ってしばらくし、藤十郎が苦しみ出した。腹を押さえ、額には脂汗をにじませている。次第に耐え難い様子になってきた。

驚いた妻が文兆・子桂を呼びに遣わした。文兆は遣いの者に薬を与え、後から子桂とともに行くと伝えた。その薬を飲むと、より激しく苦しみ出した。

「あなた、しっかりなさりませ。いまにお二人が参られます。もう少しの辛抱でござります」

藤十郎は腹を押さえ、のたうち回るばかり。顔色は時とともに青ざめ、その悶絶ぶりも異常だった。見ているのも耐えがたく、騒ぎ立てているところへ、文兆・子桂がやってきた。

いろいろ医術を尽くすが、痛みの治まる気配は一向に見られない。ようやく静かになったと思ったら、そのときはもう息を引き取っていた。あまりにもあっけない死に、妻は泣き崩れるばかりだった。

文兆・子桂らは毒薬の調合を得意としていた。いまでもフグや毒きのこで命を落とす人がいる。かつては植物のトリカブトを用いた殺人事件もあった。

本町にあった御薬所・小宮山宗法店（「尾張名所図会」より）

このころの猛毒に鴆毒（ちんどく）・斑猫（はんみょう）・砒霜（ひそう）などが知られている。前者は鴆という鳥の羽根にある毒素から作られ、その毒薬は伊達騒動のときに用いられたと言われている。中者はハンミョウ科に属する二センチほどの甲虫にある毒から、後者は砒石という鉱石から砒素を抽出して作られた。

このとき文兆らが用いたものが何であったかは分からない。しかし、医者でもある彼らにとり、それらを調薬するのはそれほど難しいものでなかったはずだ。むしろ、この面の研究に早くから着手しており、すでにその効果は若君治休の毒殺で実証済みでもあった。

「あなた、藤十郎様、どうしてこんなことに……」

「お父上、お父上、目をお覚まし下さい」

妻や子がすがりついて泣き叫んでいた。それは文兆や子桂の目にも耐え難く、なすすべもなく居座り続けていた。この騒ぎを知った町内の者が二人、三人と集まってきた。

一家は大黒柱を失って途方に暮れた。やがて役人が検視に訪れたが、急病によるものとして処理された。葬儀も滞りなく行われ、毒殺されたことなど知る人とていなかった。

おしむべくは若き藤十郎の死である。優れた才知で将来を嘱望され、また、お家大事と一味には加わらなかった。いたいけな幼子まで残し、哀れにも横死してしまったのである。

一方、文兆・子桂・復太郎の三人は計画通りに葬り、胸をなで下ろしていた。そして、毒殺の威力にいよいよ自信を深めてゆく。こうしたことに手間取っているようではやがてほころびが生ずるとして、一日も早く計画を実行に移すべきだと思い始めていたのである。

（第2部・当世名古屋 完結）

舟橋 武志

題字 冨永 奇洞

将軍毒殺

実録・名古屋騒動

◆211◆

毒殺への道 ①

江戸城内に放つ刺客は二人

舟橋 武志

題字 冨永 奇洞

煙たい藤十郎を取り除いた。いよいよ江戸城内へ刺客を放つ段取りとなった。いたずらに長引かせていては事がもれる恐れもある。

「文兆殿、かねての計画通り、そろそろ江戸へ人を送ろうではないか。お城の御膳方に取り入るにはまず御小間役などの株を買い求める必要がござろう」

「ご心配には及ばん。金子四、五十両も出せば、それは何とか手に入る。すでに軍資金もそれなりに用意できておる」

城内の裏方の数にも限りがあり、当時、一種の権利として株ができていた。そして、それは売買の対象にもされた。これがないとその職に就けないが、逆に、株を取得すれば就職もそれほど難しくはない。

その株を買い取り、城内へ潜伏する計画だ。江戸城の本丸は本丸御殿と西之丸御殿から成っていた。本丸御殿に将軍家治が暮らし、西之丸御殿には嫡男の家基が住んでいる。

同城もかつては五層の天守閣がそびえ立っていた。ところが、明暦三年（一六五七）の大火で焼失している。以後、天守閣は建てられていない。

その代わりに広大な御殿が築かれていた。城郭の構造面から見ても、城の中核施設となっている。天下の政治が執り行わる場所であり、付随する大奥もここにあった。

西之丸はその西側の台地上にある。こちらは前将軍あるいは次期将軍の暮らす御殿とされた。これら本丸を守るように、二之丸・三之丸の廓（くるわ）が周りを取り囲んでいる。

文兆らはまず将軍家治にねらいを定めた。出向く者として、だれもが源吾を挙げた。源吾もこれに異論はない。

問題は他にだれを選ぶか、だった。源吾も先ごろの経験から、たがいに連絡が取り合えるよう、少なくともあと一人を望んでいる。

将軍らの暮らす江戸城（「分間江戸大絵図」より）

「二人ならば目も耳も二倍になりまする。たがいに心強いし、何かと相談もし合える。今回ばかりは至難の技なれば、兄弟のごとく力を合わせられる相手がほしゅうござる」

「源吾殿の申すこともっともじゃ。連判状の中にだれか適当な人物はおらぬか」

文兆らはあれこれ考えた。署名者の顔を浮かべながら検討はするものの、いずれも役職に就いている者ばかりである。いますぐ江戸へ送り出すわけにはいかない。

連判状を見直していた復太郎がふと飯沼官二郎の名前に目をとめた。確か彼には貞助という弟がいたはず。彼ならばいま無役である。

「貞助は知恵のある人物と承っているが、彼にしてはいかがか。兄者が他ならぬ同志であるぞ」

「おお、その手があるではないか。彼とは話を交わしたこともござるが、事をなし遂げるに不足あるまい。源吾殿ともよき相手になれるぞ」

復太郎の言葉に文兆が答えた。早速、官二郎に伝え、会うことになった。一同はこの提案に喜んだ。

（第2部・当世名古屋元結）

将軍毒殺

実録・名古屋騒動

◆212◆

毒殺への道 ②

江戸入りし御膳奉行に取り入る貞助

翌日、貞助が文兆宅にやってきた。兄から話を聞かされ、おおむね承知しての訪問だ。成就すれば高禄が約束される。

「拙者とていつまでもくすぶってはおられぬ。これを出世の糸口にしとうござる。源吾殿、ご指導よしなに」

源吾も相棒が決まり、その気になっている。この日、三人は長い時間語り明かし、四日後に関東へ旅立つことにした。文兆はその費用として二人に百両ずつを渡した。

源吾が東海道を下るのはこれが二度目である。貞助はもちろん初めてだった。十日間の長旅はたがいの心を結び付け、源吾の望んだ〝兄弟のような間柄〟にした。

「それでは、ここにて。われら力を合わせ、必ず成就させようぞ」

「いかにも。源吾殿もお達者で」

二人は江戸に入ると別れ、住む家をそれぞれに求めた。表立ってはもう会わない約束だ。おたがいが伝（つて）を求め、本丸御殿の空いている株を探すことになった。

貞助は一週間ほどで本丸に勤務する御膳奉行の一人に取り入った。同奉行は将軍の食事に関する一切をつかさどり、食物の試食（いわゆる毒味）なども行う。その配下の料理方にありついたのである。

これに対して源吾はなかなか探せ出せないでいた。半年ほどもあちこちを尋ね回り、ようやく御小間役の株を手に入れた。この役は文字通り小間使いの一種で、台所関係に携わる雑役係であった。

こうして二人は本丸御殿に身を置いた。源吾が国元に手紙でこのことを知らせた。文兆らは喜び、まずは一安心した。

「これでどうにか納まるべきところへ納まった。源吾にはどうなるかと、気をもまされたものよ」

舟橋　武志
題字　冨永　奇洞

「江戸の二人には金子の心配なきよう、送金致しておられるか。かかる大事に事欠きては、何事もなし難い。また、事に備えてより多くを集めることこそ肝要と存ずるが、いかが」

子桂に言われるまでもなく、文兆は資金集めに励んでいた。お部屋様の兄の威を借り、碁盤割商人らから賄（まいない、賄賂）を取っている。それは有力な農民にまで及び、あちこちに無心もしていた。

賄を差し出す商人にはそれなりの見返りも忘れなかった。中には取り引きを拡大しようと、自ら進んで持ってくる者までもいる。それらを扱う役人らも、文兆の声があれば拒めなかった。

一方、同志の中には金に困っている者も少なくない。文兆はこうした者へも惜しみなく与えた。若い者や不遇をかこつ者には頼もしい存在であった。

集められた金は文兆宅の蔵に納められた。このときすでに何万両という金子が秘蔵されていた。しかし、これでもまだ十分とは思っていなかったのである。

（第2部・当世名古屋元結）

将軍毒殺

実録・名古屋騒動

◆213◆

毒殺への道　③

名古屋城の金蔵破り考える文兆

舟橋　武志

題字　冨永　奇洞

軍資金は多いに越したことはない。文兆はやがて名古屋城の金蔵破りまで考えるようになっていた。あそこなら、それこそ無尽蔵である。

「子桂殿、やってやれぬこともあるまい。さらなる準備のためにも、手持ちが多ければ多いほどよい。それが力にもなり、自信にもなるというものじゃ」

「なに？　お城の御金蔵を、でござるか。これはまた大きな」

聞かされた子桂もびっくりである。警護の厳重なお城とは、思いもしなかった。しかし、それが実行できれば、こんなうまい話はない。

名古屋城に金蔵は大天守と小天守にそれぞれ設けられていた。宗春のときにはこの多くを失ったが、八代宗勝は相次ぐ倹約令を出して次第に取り戻していた。これとは別に、家康から贈られた「駿河御譲り金」と呼ばれる莫大な金銀が手付かずのままに残されている。

家康は死ぬ直前、三家に金銀を分け与えていた。『金城温古録』は「尾張殿・紀伊殿へ三十万両ヅツ、水戸殿へ十万両、御遺物として被遣」と書いている。これを使うのは恐れ多いとして、この時代にも秘蔵され続けていた。

天守閣の金蔵は地階にあった。そこには井戸「黄金水」があるが、この手前と奥が金蔵になっていた。これに並ぶようにして朱蔵も設けられている。

朱（水銀）は金にも匹敵する貴重なものだった。また、金の精錬や加工にも必要とされた。

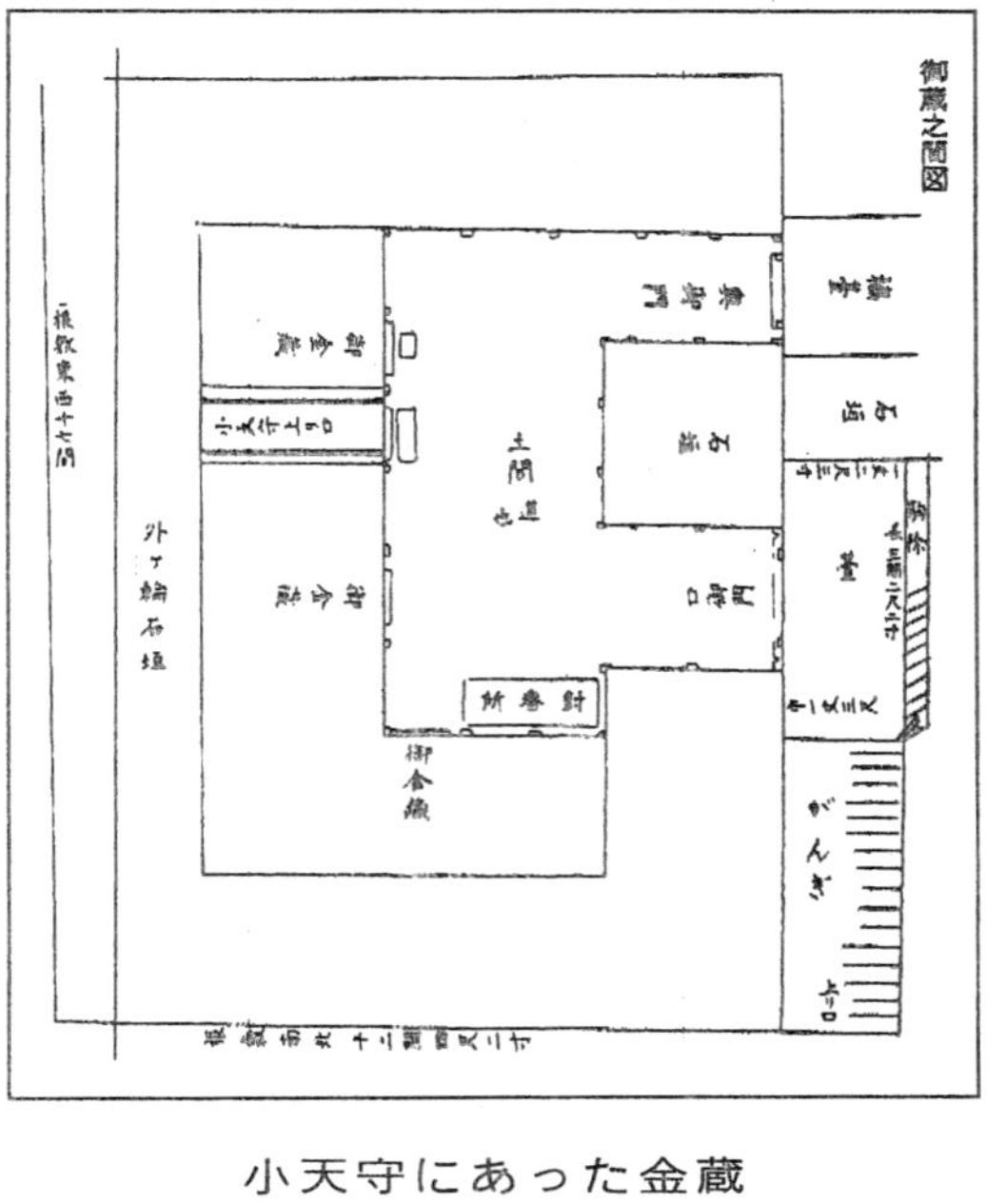

小天守にあった金蔵
（「金城温古録」より）

よくある埋蔵金伝説にも「金千杯、朱千杯」などと、朱は金とセットにされているケースが多い。

一方、小天守の金蔵は一階にあった。名古屋城を訪れた人は小天守の石段を上り、その中を逆「コ」の字形に折れて天守閣へと向かう。その通路左手にかつては黄金が眠っていたのである。

ここは「御蔵之間」と呼ばれていた。金蔵の入口は南側に二カ所・東側に一カ所、計三カ所である。それぞれの扉は左右に開く引き戸で、鍵も御鍵奉行の管理下に置かれていた。

「監視は厳重であるぞ。どうやってそれを奪い取ろうというのか」

「ねらうは小天守の御金蔵でござる。対番所の見張りもいない深夜なら、その可能性も出てこよう」

門を入って左側に対番所があり、日中は中間二人が人の出入りを見張っている。入口の鍵は夜間、御鍵奉行に預けられる。夜といえども金蔵破りは至難の技である。

文兆がこれを思い付いたのは連判状に署名した友田新内の名を見てからだった。彼は忍びの術にたけていた。新内がいればそれも可能ではないかと思ったのである。

「なるほど、同志に友田新内がいたか。その手引きがあれば、たやすいことかもしれぬ。文兆殿、おもしろうござる。ここは一つ挑んでみようではないか」

（第2部・当世名古屋元結）

将軍毒殺

実録・名古屋騒動

◆214◆

毒殺への道 ④

新内は即座に同意した。二十代になったばかりの若者だが、早くから甲賀流の忍術を学んでいた。文兆宅での会合で、文兆・子桂も参加することになったが、復太郎はこれを辞退した。

「それがしは虚弱で年もとっている。足手まといともなりかねぬ。この仕事はお三方にお任せ申す」

新内の話では鍵の付いた綱を使い、それを向こう側に引っかけて壁をよじのぼるという。文兆は復太郎の不参加に不満だったが、彼の話を聞いて致し方ないとも思った。結局、三人で決行することになった。

名古屋城の本丸は空き家も同然で、日中でも使われてはいない。天守閣は合戦の起きた場合、その司令塔になるものだ。ここにある本丸御殿は将軍のための宿舎で、別名「御成御殿」とも呼ばれていた。

普通「御城」と言えば、その外側にある二之丸御殿を指した。そこが藩主のいる場所であり、藩政を行う庁舎でもあった。大奥もこの御殿の中にある。

雨の降る深夜、本丸へ忍び込んだ。文兆・子桂も新内が持ってきた黒装束に身を包んでいる。小天守入口の錠（じょう）は新内が釘と太い針金を巧みに使って難なく開けた。彼の手にかかっては金蔵の錠も問題ではなかった。

三人はこうして六千両余りの御用金を盗み出すことに成功した。翌日になってこれが分かり、城内は大騒ぎとなった。城を預かる成瀬隼人正らは厳しく吟味するが、犯人はようとして分からない。

記録によると、正徳五年（一七一五）にも本丸へ何者かが忍び込んでいる。このとき関係者らは厳罰を受け、中には責任を感じて自害する者も出た。当時、将軍の座を巡って紀州と対立しており、「幕府の犬か」「紀州の忍び」かとうわさされたものである。

御用金六千両盗み出す文兆一味

堅固なはずの名古屋城だったが＝写真は焼失する前、戦前の名古屋城天守閣（コジマフォト所蔵）

舟橋　武志　題字　冨永　奇洞

今回の件でも多くの処分者が出た。とりわけ小天守を預かる対番所の中間と御錠奉行に対しては厳しかった。しかし、深夜の犯行であることを考えると、同情する向きも少なくなかった。

それから数日後、文兆宅に子桂・新内が呼ばれていた。祝杯をあげようというわけだ。彼らはこの成功によって一層強く結び付き、同志としての意識を堅固なものとしていった。

隼人正らはその後も目を光らせている。文兆は盗み出した金子を蔵に納め、一両たりとも使わなかった。足のつくのを恐れたからである。

その一方、関東にいる源吾と貞助のもとへは惜しみなく送った。二人とも賄（まいない）に必要とし、おかげで御膳方にうまく取り入っている。密会した折、貞助がそろそろ実行に移そうと言い出したが、源吾がこれを制した。

職に就いてまだ日が浅い。これを成功させた後、若君も控えている。源吾は前回の経験に学び、急ぐ貞助を抑えるのだった。

（第2部・当世名古屋元結）

将軍毒殺

実録・名古屋騒動

◆215◆

毒殺への道 ⑤

舟橋　武志

題字　冨永　奇洞

浅路が第二子懐妊…文兆歓喜

この年、藩主の宗睦は名古屋にいた。本丸の金蔵が破られたと聞いて怒り心頭だった。隼人正が陣頭指揮で吟味に当たるのも、殿の怒りが納まらなかったからでもある。

「下手人を必ず捕まえよ。しかも、なるべく内々に、であるぞ。これが他国などに知られては尾張の赤っ恥じゃ」

まさか自分たちの家来が犯人だとは思ってもいない。しかし、捜査は難航し、早くも師走に入っていた。事件も日が経つに連れて忘れ去られ、これを知る関係者らの口にさえ上らなくなった。

安永五年（一七七六）を迎えた。宗睦は春ともなると、また江戸へ発たねばならぬ。その宗睦自身も、もう口に出すことはなかった。

かたわらに侍る浅路は三十の大台を迎え、美しさに円熟味まで増してきている。このとき宗睦は四十四歳の男盛り。二人の間にできた治興の成長を楽しみながら、相変わらず仲睦まじく暮らしていた。

「若君はいまごろ江戸のお屋敷で、いかがお暮らしのことか。ご成長のほどをこの目で一度、見とうございます」

「いつかそなたも連れて参ろう。それとも治興を今度帰るときにでも、名古屋へ連れてこようか。向こうも母に会いたかろう。楽しみにしておるがよい」

三月一日、宗睦は名古屋を発った。このころになると、金蔵破りは完全に過去のものとなっていた。文兆も平気な顔で城内を闊歩している。

子桂と二人だけになったときなどは当時を思い出し、親しく語り合うことすらあった。厳しい訓練に耐えたのがいまでは懐かしくさえある。あのときは忍びの技を少しでも身に付けようと必死に励んだものだ。

宗睦一行は熱田を通って江戸へと向かった（安藤広重「東海道五十三次」より）

「新内には泣かされたものよのう。われらにも体力が肝心と、飛んだり跳ねたり、山肌を登らされたりと。あれも秘密の訓練があったればこそでござったのう」

「子桂殿は稽古が辛いとよく愚痴をこぼしていたではござらぬか。おかげでわれらは四、五歳も若返ったわ」

このころの文兆らは主立った動きを見せていない。関東へ送り込んだ源吾らも、怪しまれてはとおとなしくしている。そんなところへ浅路が身ごもったらしいとの話が飛び込んできた。

「文兆様、お部屋様がめでたくご懐妊の様子でござります。私の目に間違いありませぬ」

「何だと、それはまことか。お手柄じゃ」

これを知らせたのは浅路の侍女だった。その足で浅路を訪ねると、うれしそうな顔をしている。治興一人ではいささか心許なく思ってきただけに、文兆の喜びようはひとしおであった。

早速、江戸表へ手紙を出した。早くも一家で前祝いまでやった。いよいよ運がこちらに回ってきたと思うのであった。

（第2部・当世名古屋元結）

将軍毒殺

実録・名古屋騒動

◆216◆

舟橋 武志

題字 冨永 奇洞

毒殺への道 ⑥

城内に走る衝撃 治興が急死

「どいた、どいた！
どいた、どいた！」

暑い夏の日の午後だった。名古屋城へ一頭の早馬が駆け込んできた。昼下がりのけだるさがこれでいっぺんに吹き飛んだ。

話はすぐに文兆らの耳元にも伝わってきた。それは衝撃的な知らせだった。若君治興が市ケ谷の藩邸で亡くなったというのだ。

「御気色御勝れ遊ばされず、御急変も御図り難く、七月九日未（ひつじ）の中刻、御逝去遊ばされ候」

使者の手紙に老中らは青ざめた。これでは後継者がいなくなってしまう。三年前に治休を失い、そして、いままた最後の男子を亡くしてしまったのだ。

（まさか若君が……。毒殺されたのではあるまいか）

これを知らされた瞬間、文兆は思わず声を出しそうになった。浅路・文兆らの出世を快く思わぬ者たちがいる。その一派の仕業ではないかと感じたのである。

若君に先立たれてはこれまでの謀（はかりごと）が根底から崩れてしまう。将軍家治親子を毒殺し、藩主宗睦を葬り、やがては治興を将軍にと想定してきた。相手を殺すことは考えていたが、まさか殺されるとは思ってもいなかったのである。

そんな計画があるとは知らず、治興はたくましく成長した。宗睦の後継者としての地位を着々と築きつつあった。藩内の期待も一身に集めている。

二年前には京都・鷹司家の娘、房姫との縁組が浮上した。それが今年の三月、幕府から認められたばかりだ。そして、四月十日には将軍の日光社参にお供するよう、その馬まで拝領していた。

日が経つにつれ、だんだん事情が分かってきた。

治興の葬儀が営まれた建中寺（「尾張名所図絵」より）

そのころの治興は腸内にガスがたまる風気に悩まされていた。そのため日光東照宮への同行も、これに伴う腹痛からその直前、辞退しているほどだった。

亡骸（なきがら）は七月二十七日に江戸を出て、木曽路を経由、八月七日に名古屋入りしている。直ちに建中寺に納められ、九日には葬儀がしめやかに営まれた。法号・従三品前羽休中郎将天祐院殿徳誉至信源昭世子。初瀬の子治休がそうであったように、記録上では治興も正室好君の子とされている。

江戸にいた宗睦は幸い、その最期を見取っている。名古屋の隼人正や老中の者らは唯一の後継者を失い、その落胆ぶりは大きかった。文兆らにとってはそれどころでなかった。

（どうすればよいのか。これまでの企てがすべて無意味になってしまった……）

文兆の悩みは深刻だった。治興が健在であればこその計画である。その拠り所を失い、深い悲しみとともに、うつろな日々を送っていた。

また、浅路の嘆きもひとかどのものではなかった。わが子の成長を楽しみにし、先ごろは会う約束を殿と交わしたばかりだった。周りの者たちは身重であるだけに、よけいその身を気遣うのであった。

（第2部・当世名古屋元結）

将軍毒殺

実録・名古屋騒動

◆217◆

毒殺への道 ⑦

浅路の第二子に期待の文兆

四十九日も明けた。文兆は今度産まれてくる子に期待していた。宗睦には他に子供がなく、男児ならばやがては後継者になれる。

この計画はそれほど急ぐこともない。将軍家治とその子家基、そして藩主宗睦と三人も消さねばならぬ。治興を失ったのは痛手ではあるが、浅路がまた男子を産んでくれればよかった。

秋の日の一日、文兆宅で酒宴が開かれていた。客はいつもの子桂と復太郎だった。いつしか治興を亡くした悲しみも消え、今度産まれてくる子供に関心は集まっていた。

「浅路殿もそろそろ八カ月になられるか。ぜひ玉のような男児を産んでもらわなくては」

「復太郎殿、心配には及ばん。それがしの見立てでは男児でござるぞ。先だって拝顔の栄に浴したが、お部屋様の表情が以前とは違って見えた」

医者でもある子桂は産まれてくる子を男児と読んでいた。復太郎はいぶかったが、これには文兆も同意見だった。

「拙者も男児と見ておる。このごろ妹の顔が妙に四角張り、男のように見えてくる。男児を産んでもらわなくては困るというものよ」

「復太郎殿、われわれには分かるのじゃ。必ずや男子たるべし」

浅路は三十路を迎えて、ぽっちゃりした顔立ちになっていた。それがこのごろはあごなどが心なしか角張って見え、ぱっちりした目元もややつり上がっているようだ。これは胎児の男性ホルモンのなせる技であった。

その浅路は治興を失った悲しみから、依然として立ち直れないでいた。侍女らが心配し、「産まれてくる御子の分と思って食べて下され」と勧めるが、食欲も湧かないようだ。文兆も気にして殿中を訪れ、励ますこともしばしばであった。

名古屋城本丸の空堀には江戸時代にも鹿がいて、奥女中らの目を楽しませていた

舟橋　武志

題字　冨永　奇洞

席上では源吾からの手紙も披露された。二人は職に就いてすぐに実行したのでは真っ先に疑われると、完全に職場の人に成り切ろうとしていた。これを成功させたうえ、もう一仕事しなければならない。

「貞助はいつでもできる状況にあると勇んでいるようじゃ。それを源吾がしきりに抑えておる。やはり源吾の方が役者が一枚上でござる」

「急（せ）いては事を仕損ずる。後々のことまで考えねばならぬ。迷いに迷って成功させた、あのおとく殿がいい手本じゃ」

源吾らに治興の亡くなったことは伝えていない。動揺したり、気の変わるのを恐れたからだ。彼ら自身もむろん、これを知る由もなかった。

一同は治興の死にショックを受けた。が、それに代わるように誕生する、次の子に期待を寄せていた。彼らの欲望は果てしなく、そして、留まるところを知らなかった。

（第2部・当世名古屋元結）

将軍毒殺

実録・名古屋騒動

◆218◆

毒殺への道 ⑧

文兆絶望感…浅路が未熟児死産

「殿の御子を宿した大切な身、くれぐれも注意を致せ。そなた一人の命ではないぞ」

見舞った文兆がこう言って励ました。浅路はうれしそうに大きなお腹をさすっている。治興を亡くしただけに、何としても男児がほしかった。

それから数日後の早朝、文兆宅へ侍女からの遣いがやってきた。何と真夜中に死産したというのだ。昨夜遅くから急に苦しみ出し、産まれた子は極端な未熟児ですでに息はなかった。

文兆はあわてて登城した。浅路はうつろな表情で涙をこぼすばかり。侍女が昨晩のことを細々と話すと、いよいよ激しく嗚咽（おえつ）するのだった。

「もうよい、泣くではない。まことに辛かったであろう……」

「文兆様、私がお側に付いていながら、面目ない限りでござりまする」

寝所からいつもの笑い声は消えていた。顔にこそ出さないが、文兆の落胆ぶりも尋常ではない。帰りの足取りは重かった。

やっと恵まれた二人目だった。このとき、浅路は三十を迎えており、いまで言えば高齢出産だ。殿中の女中らの間では「殿のご寵愛があまりにも深く、かえって子宝に恵まれない」などといった冗談もまかり通るほどだった。

文兆は初瀬と昌庵を思い出していた。最初に妊娠した子はこの二人によって堕胎させられてしまった。あのときの怒りと悲しみがよみがえってくる。

うつむき加減に歩く武士（「四時交加」より）

しかし考えてみれば、初瀬のしたのと同じようなことを、いまの文兆らはしていた。初瀬の子治休を毒殺し、浅路の産んだ治興を後継に仕立てた。それは初瀬や昌庵以上に、恐ろしくも浅ましい。

「たたってやる！　のろってやる！」

「いま、わが身を断つ。この恨み、晴らさずにおくものか」

殿中の座敷牢に閉じ込められた初瀬はこう絶叫した後、舌をかみ切って死んでいった。治興が風気に悩まされて死に、いままた新しい命が断たれてしまった。文兆は何事も理性的に考えるたちだったが、さすがにこのときばかりはそこへ引き寄せられていくのだった。

（大変な事態に立ち至った。これからどうすればよいのじゃ。一難去ったと思ったら、また、それよりも大きな難題が……）

自室に閉じ籠もって思案していた。今度こそこれまでの計画がご破算になってしまう。夢が音を立てて崩れてゆくようだった。

皮肉なことに、将軍毒殺への状況はこのころ、着々と整えられつつあった。江戸には源吾と貞助が台所の人と成り切っている。軍資金もたっぷりと用意された。

とりあえず子桂・復太郎と相談しなければ。その日の夕方、自ら二人の自宅へ足を運び、明日わが家で会合を持ちたいと伝えた。このとき浅路の死産を初めて聞かされ、二人の驚きようも並みのものではなかった。

「それでは明日の午後、よろしくお頼み申す。それがしの頭の中も混乱の極みにある。今日一晩じっくり思案し、よい意見をお聞かせ下れ」

（第2部・当世名古屋元結）

舟橋　武志

題字　冨永　奇洞

将軍毒殺

実録・名古屋騒動

◆219◆

毒殺への道 ⑨

柳沢吉保にわが身重ねる文兆

日が改まった。子桂と復太郎が相次いでやってきた。文兆は茶菓を用意した離れに招き入れた。

まず、昨日見たり聞いたりした浅路の様子などを詳しく説明した。楽しみにしていた誕生が思ってもいない事態になった。それはあまりにも突然だった。

「われらの願いは後継者があってこそのもの。それを失った以上、ここはいったん企てを中断致すべきか。今後をどのようにお考えなさる」

「直前で御子を失うとは思いもよらぬこと。されど、ここであきらめるのもいまいましい。二階に上って梯子をはずされたようなものではないか」

文兆の問いに子桂が答えた。たがいに大望を抱いている。このとき、治休の毒殺を企ててから、すでに五年の歳月が経過していた。

三人は尾張で五百石や千石をもらったとて、高が知れていると思っていた。天下を動かすほどの人物になってみたい。そのために将軍家治親子を毒殺し、藩主宗睦を葬り、浅路の子を将軍にする計画であった。

文兆は五代将軍綱吉の側用人だった柳沢吉保（よしやす）をわが身に重ね合わせている。子桂や復太郎も一国一城の主を夢見ていた。そして、宗春を慕う復太郎にとっては吉宗の血を引く家治に一矢を報いることにもなる。

その復太郎が口を開いた。巷では「由比正雪の再来」とささやかれ、本人も髪を後ろへ長く伸ばした総髪姿でいる。しかし、その意見は文兆・子桂といささか異なっていた。

「このようなことになったのは無念だが、拙者はここでやめるのも一つの良策かと考えておる。後継を失ってしまっては、われらの出る幕はもうござらん。夢を見ていたのじゃ」

「何と？　復太郎殿はあきらめよと仰せられるのか。ここまで来て、あきらめ切れるのか。拙者はそれに反対でござる」

「しかり。子桂殿の申す通り。謀（はかりごと）を成し遂げるにはまだ数年はかかろう。その間にまた御子を授かることがあるやもしれぬ。あきらめるのはまだ早い」

文兆もやめる気はなかった。三人は長いこと話し合い、このまま続行することにした。消極的な意見を述べた復太郎も、二人の強行論に押し切られた格好だった。

江戸の源吾からは時々、手紙で向こうの様子が報告され、こちらからは金子などを送っていた。二人も本丸に身を置き、もう一年ほどが経つ。この間に台所仕事に携る何人かが辞め、新しい者が入ってきていた。

二人には治興の死はおろか、浅路が身ごもったことも知らせていない。文兆らは後継のないまま、当初の企て通りに突き進むことにした。この強行策が行く手に暗い影を落としていたとは、いまだ知るよしもなかった。

（第2部・当世名古屋元結）

文兆があこがれた側用人の柳沢吉保

舟橋　武志

題字　富永　奇洞

将軍毒殺

実録・名古屋騒動

◆220◆

終わりの始まり ①

舟橋武志

題字　冨永奇洞

文兆のたくらみ母親気付く

いまは年も変わり、安永六年（一七七七）を迎えていた。この正月二十五日、後継を失った宗睦は義柄（よしえ）を養子として迎え入れることにした。分家高須藩の五代藩主で、今年十八歳になったばかりである。

「これで尾張殿も安心というもの。こたびの縁組で本家・分家とも、いよいよ栄えんことを願うのみじゃ」

義柄は直ちに登城し、将軍に対面した。将軍家治は不幸の相次いだ尾張の行く末に心を痛めていた。りりしい義柄の姿に目を細め、刀や盃などを授けるのだった。

この日、将軍家治から「治」の一字を頂戴、名を治行と改めることになった。同時に従三位に進み、左近衛権中将を拝している。そして、尾張藩の下屋敷、戸山へ移り住むのであった。

宗睦は四十五歳だったが、後継には気を遣った。しかし、これは文兆らの思惑とはかけ離れたものだった。浅路との間にできた治興を亡くし、期待の御子も死産となり、いよいよ後継の座は遠いものとなっていく。

四月二十一日、その宗睦が帰国の途に就いた。また浅路との甘い生活が始まる。文兆らは懐妊を期待しながら、そっと見守るより他になかった。

やがて夏も近付くと、文兆宅に人の出入りが目立つようになった。連判状に名を連ねた面々も加わり、談合することしきりである。文兆の母はこれに不審を抱き始めていた。

（なじみの子桂殿や復太郎殿ならまだしも、何事なればこのように日ごとに集まるのか。そう言えば、せがれの口から会合の目的などを聞かされてはいない。まさかよからぬことでも談じ合っているのでは……）

気にし出すと、悪い方へ向かう。ある日、離れににじり寄り、そっと聞き耳を立てた。暑さで障子は開かれているが、小声で話し合っているとみえて、なかなかはっきりとは聞き取れない。

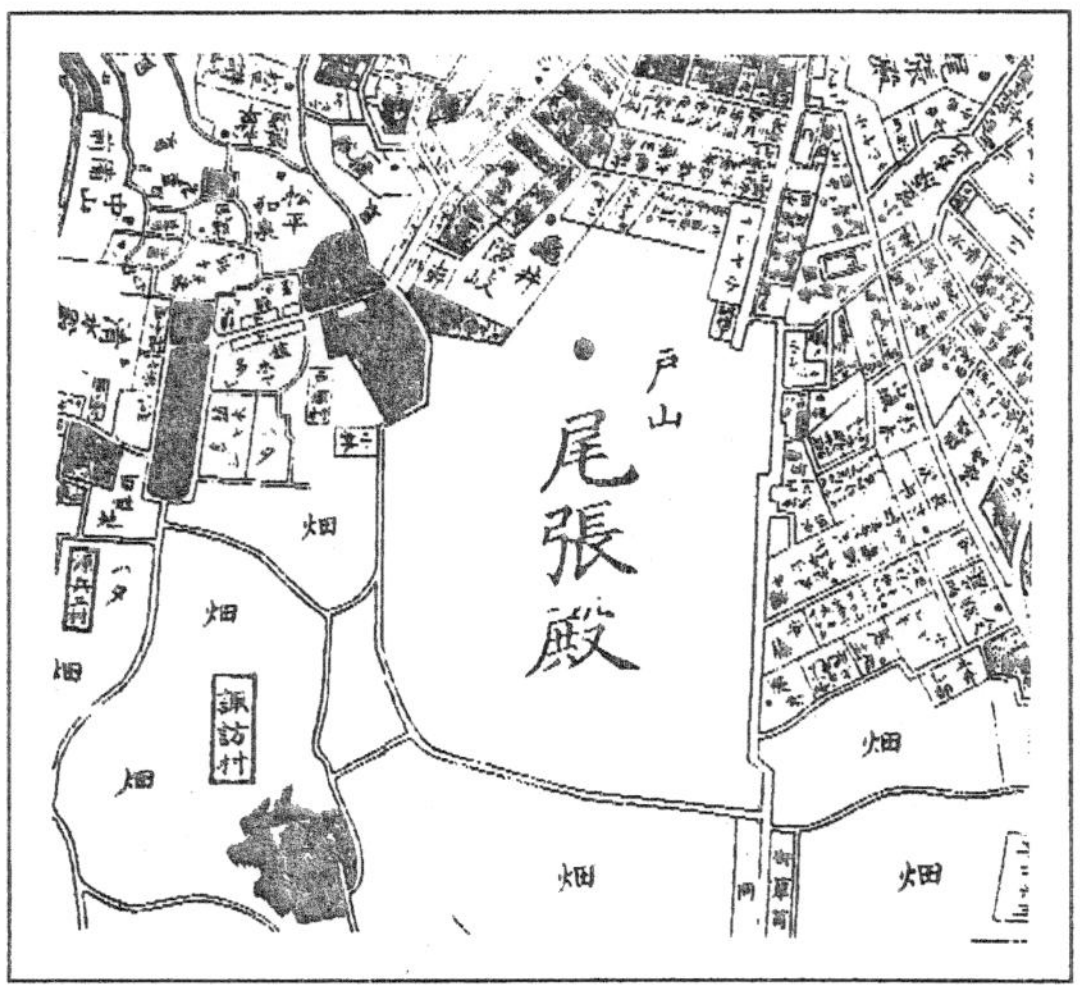

治行の住んだ戸山邸は広大な規模を誇った（「分間江戸大絵図」）

それでもときどき殿様やご養子、浅路の名が聞こえ、「謀反」なる言葉まで風に乗って伝わってきた。いよいよいぶかしく、胸騒ぎがしてくるのだった。

母は不安にかられ、別の日、文兆の留守中にその部屋へ入った。机の上や引き出し、さらには文箱や本箱などを探すうち、ついに連判状を見付け出した。あわてて読み進むにつれ、手がわなわなと震えてきた。

（さてこそ、わが推量にたがわず。おかしい、おかしいと思いはしたが、まさかこのような事態になっていたとは。何と恐ろしき心根であろうか）

（これが明るみに出れば、いかなる仕打ちになることか。この企てだけは何としてもとめねばならぬ。この一大事に夫文良殿のいないのが悔やまれる）

それには多くの名が連ねられていた。母は絶句し、泣き崩れた。居間に戻っても涙は止まらない。そんなこととはつゆ知らず、文兆が外出先から帰ってきたのである。

（第2部・当世名古屋元結）

将軍毒殺

実録・名古屋騒動

◆221◆

終わりの始まり ②

母にばれ以後の密談は子桂宅

舟橋 武志　題字 冨永 奇洞

文兆は何気なく奥へ行こうとした。すすり泣く声に驚き、障子を開けた。母が机におおいかぶさるようにして泣いている。

「母上、一体何事でございますか。このようにお泣き遊ばすとは」

そう言って近付いた。すると母はくるりと向きを変え、文兆のほおを激しくぶった。これにはまたびっくりである。

「文兆、お前は私に内緒で何を考えておるのか。浅路の出世によって思いもよらぬ高禄をいただきながら、何の不足があるというのだ。将軍家を滅ぼし、御主君をもねらうとは、考えただけでも空恐ろしい。何たる心根ぞ」

これほど怒った母の姿を見たことがない。あの企てがどうしてばれたのか。母は泣きながら、さらに怒りの炎を燃やしていた。

「その方、天魔に魅入られたか、それとも狂気にてのことか。文良殿がご生存ならば、きっとご勘当し給うはず」

文兆は母の前に座り、弁明の言葉すら出せない。これほどに怒られるとは、あの連判状を見られたにちがいない、と思った。はっきりとした証拠を握られているはずだ。

「どうして母上の厳命に背けましょうや。こたびの企て、ただいまより直ちに思い留まりまする」

そう言うのがやっとだった。しかし、これを聞いて母はいよいよ声を荒げた。

「それはあまりにも速やかにして、にわかには心得難い。口先だけの改心なら、この母をもだますことになる。一切手を引くというのなら、この場にて連判状をはじめ、通達の書状などをことごとく焼き捨て、本心に返って忠孝を尽くせ」

文兆が躊躇していると、母は懐中より連判状を取り出した。そして、台所へ向かい、その場で火を付けた。文兆はされるがままに、見ているより仕方がなかった。

「よいか、わが言葉を父上のお言葉と思って聞け。文良殿が亡霊となって出給もうたと思え」

「このような考え、二度と起こすではないぞ。一家一類残らず刑罰に負うべきところ、わが身に入ったのはそなたの幸いであった。仏神もいまだお見捨てではない。これに感謝致すべし」

ここまで言うと母の気持ちもどうやら落ち着いてきたようだ。文兆もそれにさからうような発言は一言もしなかった。というよりも、あまりの見幕に反論などできるものではなかった。

「分かればよい。これに気付かずにおれば、一家の存立すら危ぶまれるところだった。よいな、今後二度とそのような考えを起こすではないぞ」

しかし、母に意見されたとて、今更やめられるものではなかった。後日、事情を子桂や復太郎に打ち明けた。そして、以降の会合は子桂の家ですることにしたのである。

（第2部・当世名古屋元結）

文兆宅があった瀬戸物町かいわい（現在の中区丸の内3丁目）

将軍毒殺

実録・名古屋騒動

◆222◆

舟橋　武志

題字　冨永　奇洞

終わりの始まり ③

結束ほころび　復太郎が離反

夏も盛りだった。セミがやかましいほど鳴いている。会合の場所を子桂宅に移してからは集うのを大幅に減らしてきた。

この日は久々に三人が集まっていた。復太郎がこの企てから降りたいと言い出したからだ。文兆がこれを打ち明けられ、復太郎を伴って子桂宅にやってきた。

「復太郎殿、何故でござるか。われらは合力してここまでやってきたではないか。得心致しかねる」

子桂が問い詰めた。文兆とて同じ思いである。いまさら降りると言われても、そのようなことが許されるわけがない。

「最近、思うことがござる。会合の場所もこうして文兆殿の家から子桂殿の家へ替わった。当初のねらいとは裏腹に、謀（はかりごと）そのものもかけ離れたものとなってきているではござらぬか。いまは羅針盤のない船に乗っているようなもの」

復太郎は治興の死や先の死産などをあげた。将軍家に一泡吹かせるのは痛快だが、それを成し得たとしても浅路に御子はいない。後継に治行が迎えられたことは、計画の実現を一層遠いものにしていた。

（やはりこのときが来たのか……）

子桂は思った。復太郎はこのごろ何事にも消極的になっていた。そのもとをたどれば目標を将軍家に移してからだ。あのとき、復太郎は「蟷螂（とうろう）の斧」と評し、三人で激論し合ったことが思い出されてくる。

そう言えば、名古屋城の金蔵をねらったときも、復太郎一人が真っ先に降りた。理由は身体が虚弱でその任務に耐えられないとか、もう年で足手まといになるなどと言い、その下準備すら手伝おうとしなかった。身はこちらに置いていても、心はすでに離れていたのだ。

子桂の住まいがあった現在の中区丸の内

「おぬし、われらを裏切るつもりか。このような話、持ち出されることすら不愉快。これまでの行動は一体何であったのか」

子桂は語気を強めた。ここで復太郎にやめられたのでは企てが露見しないとも限らない。いままでの苦労も水の泡だ。

それがあるからこそ、反対者を消してきた。復太郎自身、仲間に入らなかった藤十郎を毒殺するのにもかかわっている。それだけに今度は自分が殺され兼ねないとも思えてきた。

「われはわれ、貴殿らは貴殿ら。一歩退いたりといえども、他言するつもりなど毛頭ござらん。ただ、いまはなおざりになりがちな学問に励みたい。それのみでござる」

復太郎の心は二人から完全に離れていた。彼が降りるとなれば連判状に署名した何人かも降りるかもしれない。彼らの多くは宗春に心酔し、ひいては復太郎を慕って付いてきていたからである。

文兆・子桂ともに不満を残しながら、この日は別れることになった。一応は復太郎の言葉を信じた形だ。が、とてもこれを許せるものではなかった。

（第2部・当世名古屋元結）

将軍放鷹

実録・名古屋騒動

◆223◆

終わりの始まり ④

高力種信の見た安永六年とは？

安永六年（一七七七）という年は政治的には何事もない平穏な年だった。尾張藩の記録を記した『尾藩世記』は一月二十五日に治行を養子にしたこと、四月二十一日に宗睦が帰国の途に就いたこと、そして「七月、旱魃（かんばつ）、廿日、雨を三社ニ祈る」と書いているのみ。たったの三項目を手短に記してこの一年を終わっている。

三社とはどこのことを言うかの説明もない。おそらく一ノ宮の真清田神社、二ノ宮の大県神社、三ノ宮の熱田神宮のことだろう。「旱魃」とはあるが、手元にある他の史料に当たってみても被害は記されておらず、飢饉になるほどのものではなかったようである。

この時代に高力猿猴庵（えんこうあん）という藩士がいた。名は種信と言い、通称を新蔵・与左衛門と称した。禄高は三百石とさして多くもないが、何事にも好奇心旺盛で希代のメモ魔だった。この年、二十二歳になった若者である。

彼はどこへ行くにも必ず紙と矢立を持ち歩いたと伝えられている。視力は抜群に優れており、一町（約百九㍍）先の高札の文字まで読めた。おまけに独学で絵を学び、決してうまくはないが、おびただしいほどの作品を残している。

筆者などはよく知られた“御畳奉行”朝日文左衛門（重章＝しげあき）よりも、時代の証言者としてはこの人の方が上だと思っている。文左衛門は元禄期前後を生きた人で、高力猿猴庵よりかなり前の人だ。文左衛門がもう少し後か、あるいは猿猴庵がいまよりも早く生まれていたなら、宗春治世の享保期の実態がよく分かってありがたいのだが、その時期は二人にとってちょうど谷間になった形である。

高力猿猴庵の描く本町通の様子（「尾張名陽図会」より）

猿猴庵はこの年もどこぞに面白いものはないかと動き回っている。芝居や見世物・相撲があると聞けば駆け付け、どこかの寺でご開帳などと知るとわざわざ遠くまで足を延ばした。彼の著作は『尾張名陽図会』『尾張年中行事』『東御坊繁昌図会』『甚目寺開帳』など無数にあり、まだ刊行されていないものも多い。

猿猴庵の日記は『金明録』と題して名古屋叢書三編の第十四巻に納められている。安永六年のところで「四月二十一日、上郡（尾張北部）辺、大成（おおいな）る氷（ひょう・雹）降り、百匁（もんめ）程（の）よし。又、五十匁位も。岩倉村・小木村・小牧村、此辺北風はげしく、氷にて麦微塵に成候」と記すくらいで、『尾藩世記』の書いた「旱魃」も人々が飢えで苦しむほどの事態には至らなかったようだ。彼はこの年も各地を徘徊し、様々な出来事を見聞きし、そして書き込んでいる。

しかし、文兆や子桂らがそのような企みをしているとは知る由もない。彼にとってはまさに晴天の霹靂となるのであった。

（第2部・当世名古屋元結）

舟橋 武志

題字 冨永 奇洞

将軍毒殺

実録・名古屋騒動

◆224◆

終わりの始まり ⑤

猿猴庵も仰天ついに奸計発覚

舟橋武志

題字 冨永奇洞

高力猿猴庵日記『金明録』から、この年をもう少し見ておこう。彼は芝居だ、祭だ、ご開帳だ、としょっちゅう飛び回っている。そんなとき、いつも紙と矢立を手離さなかった。

正月元日には「晴天」と書き、夜に入って、勝川村・味鋺村・石仏村・大毛村で火事があった、とする。そして、三日には飴屋町（中区上前津一）に住む足軽が「右向への古木屋の亭主を切り申候」と書いている。

亭主は大酒に酔って口論となり「貴様が刀では切れまい。是で切れとて脇指を渡し、其上、肌を脱でサアきれ」と啖呵を切った。こうなっては「無是非（ぜひなく）」斬らぬわけにはいかなかったのだろう。度胸ある町人もいたものだが、その生死については書かれていない。

この日記を読んでいると、のんびりした暮らしぶりがうらやましくもなる。現代人にはこんな日々は望めそうにない。仕事があれば暇がないし、暇があれば金がないからだ。

とりわけ気候のよい春には行事も多い。それを当て込んで芝居や歌舞伎・見世物なども出る。「清寿院境内二而（て）飛人形」「小松寺（小牧市）正観音開帳」「矢場の地蔵開帳」「光明寺開山忌」「極楽寺にて善頂寺説法」その他、足を運んだところをいちいち書き並べてなどいられないほどだ。

このころの名古屋は風紀も緩み出した。「近年、名古屋の町々、饂飩（うどん）屋に若き女を数多抱へ、はでなる前垂を致し、出女同様に仕立、酒の相人に致候」。こうした店が人気を呼び、茶屋などにまでも及んだ。早速、お触れが出され「背（く）者は所払」「五十余の女に置替」などとある。

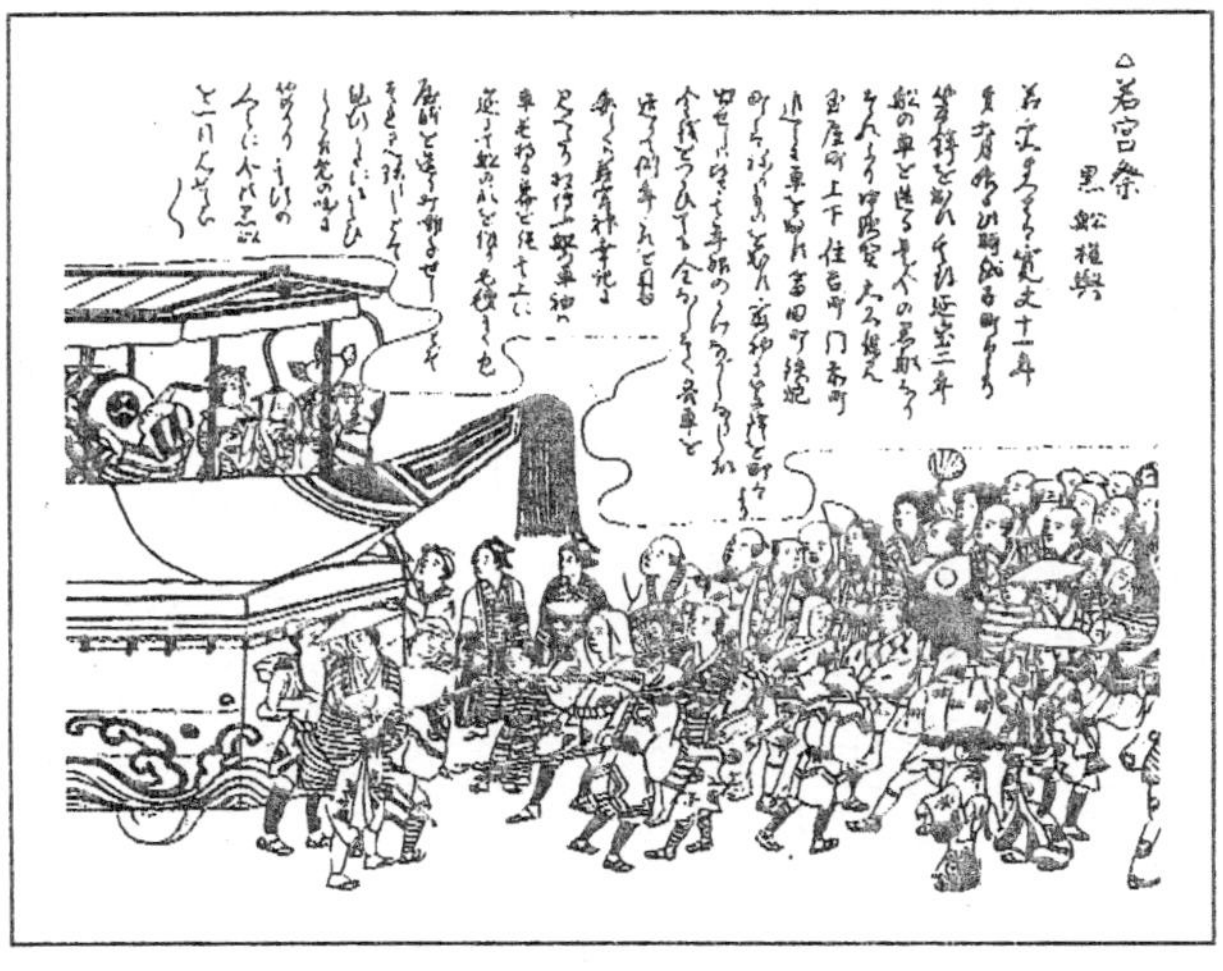

高力猿猴庵の描く若宮八幡宮の祭り（「尾張名陽図会」より）

六月に入ると一日から二十八日まで、広小路脇にある柳薬師のご開帳。熱田では天王祭りが始まり、高さ二十㍍を超す大山車も出た。津島でも祭りが行われ、清須の花火は名物にまでなっている。

この月の下旬、熱田の東本陣（脇本陣）で事件が起きた。日記には「藤堂和泉守家中乱心にて、自分家老・足軽を手討ちに被致（致され）候」とある。ここに泊まっていて犯行に及んだのは伊勢は津藩の殿様だったのであろうか。

熱田の町はこれがもとで大騒ぎとなり、奉行所の役人や足軽らが駆け付けた。「外へも切って出んかと思ひし所、座敷内計（ばか）り、静居たり」。幸い、大事には至らずにすんだ。

これより約三カ月後、熱田の宿は大騒動となった。江戸北町奉行の曲渕甲斐守が百人ほどの手下を連れて乗り込んできたのだ。手に手に十手や突棒・刺股などを持ち、中には鉄砲や弓矢を手にした者もいる。

文兆らの企てが発覚してしまったのだ。好奇心旺盛な猿猴庵にとっても、こればかりは寝耳に水であった。その動きにくぎ付けになってしまうが、何が起きたのかさっぱり分からない。

（第2部・当世名古屋元結）

将軍毒殺

実録・名古屋騒動

◆225◆

終わりの始まり ⑥

毒盛る貞助…倒れる毒味役

舟橋　武志

題字　冨永　奇洞

早くも秋に入っていた。猿猴庵は秋は秋でまた忙しい。「旱魃（かんばつ）」の影響か九月四日に「年貢等無滞（とどこおりなく）相納」める触状が出たことを記しているが、本人はいつもと変わらずあちこちへ出かけている。

このころ江戸では源吾と貞助がいい頃合いと読んでいた。すでに職に就いて以来、二年近くが経っている。手紙で文兆らからも「好機来たりなば、秘術を尽くして事に当たれ」との命を請けている。

源吾と貞助は密かに城外で会った。これまでの苦労もその日のためにあったのだ。二人は疑いをかけられないように真面目に働き、仕事場での評判もすこぶるよかった。

「いよいよ決行の時でござる。仕事場の事情をよく知る貞助殿の判断にお任せした。あんばいよく成し遂げられよ」

「承知致してござる。台所に居る身なれば、必ず隙を見付け出してみせる。その後の騒動などにはわれらはまったく関知せずとの立場を貫こうぞ」

貞助は御膳奉行に取り入り、料理方の一人となっている。その日、文兆から預かった毒薬を懐へしのばせて出た。何気なく装ってはいるが、職場の雰囲気がいつもとは違って見えた。

台所では人々が慌ただしく働いている。いつものように将軍向けの料理が作られ、いくつもの膳の上に並べられた。貞助は人の目の離れる隙をねらっており、心臓が高鳴るのを抑え切れない。

料理の皿が置かれ、ご飯も汁も並んだ。その後のわずかな隙を突き、懐中から取り出した毒薬を汁の中に入れた。そそくさと立ち去ったが、だれ一人として気付かない様子だ。

魚をさばく包丁師（「江戸時代風俗さしえ集」より）

「公方様のお食事、整いましてございまする」

賄頭（まかないがしら）がそう言うと、やがて毒味役が出てきた。毒味といえども必ずしも毎回するわけではなかった。ところが、この日に限ってご飯ばかりか、汁まで口にしたのである。

それを横目で見ていた貞助は（しまった！）と胸の内で叫んだ。心せくままに後先を考えずに実行したが、そこまで律儀にするとは思ってもいなかった。毒味のすんだ後ではいよいよ難しく、このときを選んだのだった。

毒味役はその後立ち上がったものの、崩れるようにしてその場に座り込み、そして、血をはくと同時に前のめりに倒れ込んだ。これを見て台所は騒然となった。御殿医たちが駆け付けてきた。

「これは毒殺に相違ない。一大事でござる。何ぞ心当たりはないか」

「曲者はこの中にいる。公方様をお怨み申し上げる者の仕業に相違あるまい」

医師らは一目見て毒殺と判断した。その食事が犬に与えられた。すると犬は即座に狂い死にしてしまった。

やがて諸役人も駆け付け、老中・若年寄らも来た。ここに居合わせた者はすべて入牢を申し付けられた。貞助はあまりの威力に驚きながらも、そのそぶりさえ見せずに引っ張られていった。

（第2部・当世名古屋元結）

将軍毒殺

実録・名古屋騒動

◆226◆

終わりの始まり ⑦

想像絶する拷問に貞助自白

居合わせた者は全員、牢獄に入れられた。この日、台所に出入りした者も同様である。厳しい詮議が待ち受けていた。

その中には源吾も貞助もいた。日ごろの働きぶりからまさかとは思われていたが、事が事だけに彼らに対しても取り調べは厳重だった。拷問が遠慮会釈もなく加えられた。

むろん二人とも「知らぬ」「存ぜぬ」を繰り返した。しかし、それが通用するほど甘いものではない。早くも獄中で死ぬ者も出ていた。

手元に『政刑秘鑑』と題した和本がある。嘉永三年（一八五〇）に書き写されたものだが、この題名では『国書総目録』にも載っていない。当時の拷問の様子や刑罰などが豊富な絵とともに紹介されていて興味深い。

おそらくここに書かれているような拷問の数々が獄舎などでは日常的に行われていたのだろう。そして、今回もそれが容赦なく続けられた。未遂で終わったとはいえ、将軍の命をねらった大罪である。

「く、くっ、く、苦しい。やめてくれ、わっ、わ、わしがやった」

十数日後、あまりの厳しさに耐えかね、ついに貞助が白状した。後ろ手にしばられた上につるされたり、座った膝の上に十三貫（約四十八キロ）もある石が置かれた。すでに全身が血とあざで染められており、遠のく意識も打たれて戻るような有り様だった。

必死に耐えてきた源吾も、その我慢が無駄になった。貞助が包み隠さず、しゃべってしまったのである。源吾は文兆らを思い、死んでも自白しない覚悟でいた。

まさかと思われていた者が犯人であった。その後、二人がどうなったかは明らかでない。その罪の重さから極刑に処せられ、この世の人でなくなったことは容易に想像される。

拷問などの様子を記す「政刑秘鑑」の一場面

舟橋　武志　題字　冨永　奇洞

二人の自白に驚いたのは幕府側であった。この背後に尾張藩がいると見た。中には幕府転覆をねらった由比正雪事件を思い浮かべる者までもいた。

「これは一体何たることぞ。御三家の筆頭にありながら、公方様の命をねらうとは」

「尾張殿が仕組んだ謀反ではござらぬか。かような陰謀を未然に防げたのは不幸中の幸いであった」

「して、向後われわれはいかに出るべきか、でござる」

館林藩主で老中首座の松平武元は他の老中たちと評議していた。捕まえたのは下っ端で、真犯人は本国に潜んでいる。へたに動けば蜂起するかもしれないし、そうでなくても取り逃がしかねない。

鳩首凝議（きゅうしゅぎょうぎ）の結果、まずは内々に尾張藩の江戸屋敷へ伝えることにした。その一方で江戸北町奉行の曲渕甲斐守を召し出した。安永六年（一七七七）九月下旬のことであった。

（第2部・当世名古屋元結）

将軍暴殺

実録・名古屋騒動

◆227◆

終わりの始まり ⑧

尾張へ乗り込む世紀の大捕物

舟橋 武志

題字 冨永 奇洞

江戸詰めの竹腰山城守があわてて登城した。年寄の石河伊賀守も同道している。二人とも青ざめた顔で、老中の前に平伏していた。

首座を務める松平武元の左右に、老中の面々が並んでいる。武元が事件の顛末を詳しく述べたが、二人にとっては寝耳に水、驚天動地の出来事だった。武元は話し終わると、将軍家治の命として、その書状を読み上げた。

「このたび、その方の御家中、安西文兆・蘇森長秋・同倅子桂・河村復太郎・同倅鍬太郎、右五人の者、謀反を相企て、徒党を語らいける由、もっての他の儀なり。召し捕る間、粗忽（そこつ）なきよう取り計らい、国元へ通達あるべし。甲斐守も明日、出立（しゅったつ）仰せ付けられたれば、手違いなきよう心付けてしかるべし」

二人はかしこまってお請けし、大急ぎで市ケ谷の藩邸に駆け込んだ。早速、松井小十郎に厳命を伝えたうえ、早馬として国元へ送り出した。小十郎は馬にむち打ち、昼夜を分かたず、名古屋目指して急ぐのだった。

一方、江戸城では北町奉行の曲渕甲斐守が召し出されていた。明日、直ちに出発せよ、との命令である。奉行所に帰ると与力十騎・同心五十人、それに自分の家来も含め、合わせて百人ほどの捕り方を選び出し、旅支度をせかすのだった。

「いざ者ども、準備はよいか。これから尾州家の御家人五人を召し捕りに参る。恐れ多くも公方様の命をねらい、謀反を企てた極悪人である。一人たりとも逃すではないぞ」

翌朝、出発を前に檄（げき）を飛ばした。手に十手や突棒・刺股など握り、中には弓矢や鉄砲を持つ者もいる。一行は東海道を名古屋へと急ぐのであった。

こんな場面も見られたか（「刑罰風俗細見」）

十月四日夕方、熱田に到着、「赤本陣」と旅籠の「東梅」「銭屋」に分宿した。宿場ではウワサがウワサを呼び、上を下への大騒ぎである。甲斐守は直ちに名古屋七口——熱田口・祢宜町口・枇杷島口・大曽根口・志水口・出来町口・川名口を固めさせた。

文兆・子桂らは熱田の宿場でこのような騒ぎになっているなどとは思ってもいない。二人が捕まったことすら知らないでいた。それどころか、いまによい返事が来るのではないか、と首を長くして待っていたのである。

尾張藩も御公儀のことと、うかつに動けない。家中に共犯者がいることを思えば、これを口にすることすらはばかられた。重役らを密かに集め、城下の出入口を警戒させるのだった。

六日夕方、甲斐守は三手に分け、犯人逮捕に向かった。その後の経緯は冒頭「おわりではじめて」で紹介した通りである。その後、復太郎の子鍬太郎は無関係として釈放され、十月十日、四人は軍鶏籠（とうまるかご）に入れられて江戸へと連行されていったのである。

（第2部・当世名古屋元結）

将軍毒殺

◆228◆

実録・名古屋騒動

終わりの始まり ⑨

文兆は拷問死、子桂獄門さらし首

この騒動は高力猿猴庵の耳にも入った。が、何が何だかさっぱり分からない。あちこちで聞いて回り、十月六日の項で次のように書いている。

「夜、大津町河村又（復）太郎・同息庄九郎（鍬太郎の別名）・安西文調（兆）・同子息・京町蘇森長秋・伝馬町福沢屋平兵衛、右御不審之儀有之、召捕に夫々御出、町方同心・御足軽、其外下役の者、宅へ罷越。誠珍事也」

猿猴庵は御園町下町に住んでいた。現在で言うと納屋橋の南東、栄一丁目十番あたりの道路西側になる。同家は代々ここに住み、明治を迎えている。

好奇心旺盛な彼がこの「珍事」に無関心でいられるはずがない。十月からは芝居や祭り、寺社への参拝などにまじり、この事件に関した記述が目立つようになる。そう言えば、にぎわう大須の近くに住んでいたことが彼をこのような男に育てたのだろうか。

「十日 江戸表へ蘇森父子・安西文調・河村復太郎、各、板乗り物にて参り候」

別のところでは「板乗り物」とあるが実見していなかったのか、「板乗物か桶がわに乗せ参る由」とも書いている。十一月に入ると、江戸へ送られた四人の動向が伝わってきた。「中旬」「此比（このころ）」として次のようにある。

「兼而（て）江戸へ行ける蘇森長秋（八日）・安西文調（九日）病死せり。河村又太郎、何の御かまひなし」

二人は「病死」とあるが「拷問死」であった。連日にわたる拷問で死に、死体は千住の小塚原に捨てられた。復太郎は調べの役人も舌を巻くほどの弁舌で無実を訴え、ついにこれを認めさせたのであった。

さらし首とその演出（「政刑秘鑑」より）

猿猴庵がこの件について再び書くのは翌安永七年（一七七八）の三月のこと。唯一の生き残り、子桂が獄門にかけられることになった。これを知らせる高札が藩内のあちこちに立てられ、普段は人気（ひとけ）のない刑場もまるで芝居や見世物などを見るようなつもりで、多くの人々が押し掛けることになった。

「去年、江府へ下りし蘇森長秋倅子桂、江戸市中引廻し、当地土器野（清須市土器野）で獄門に行わる。但し、公儀の科人故、江戸表より獄門台参り、科の次第、高札、海道に建、御仕置物より手前の方、畑に小屋を立て、江戸表よりの役人、ぶつさき羽織を着し、高桃燈・幕を打、夜番をなす。大分の見物なり」

幕府の扱う事件だから獄門台も尾張藩のものではなく、わざわざ持ってこられたとある。首は三日間さらされた後、本来は江戸へ持ち帰るべきものだが遠路につき、一説に、天領であった美濃・笠松に埋められたとも伝えられている。「誠、前代未聞の次第、御国初て此のかたの大珍事也」――猿猴庵の一大関心事もこうして幕を閉じたのであった。

（第2部・当世名古屋元結）

舟橋 武志

題字 冨永奇洞

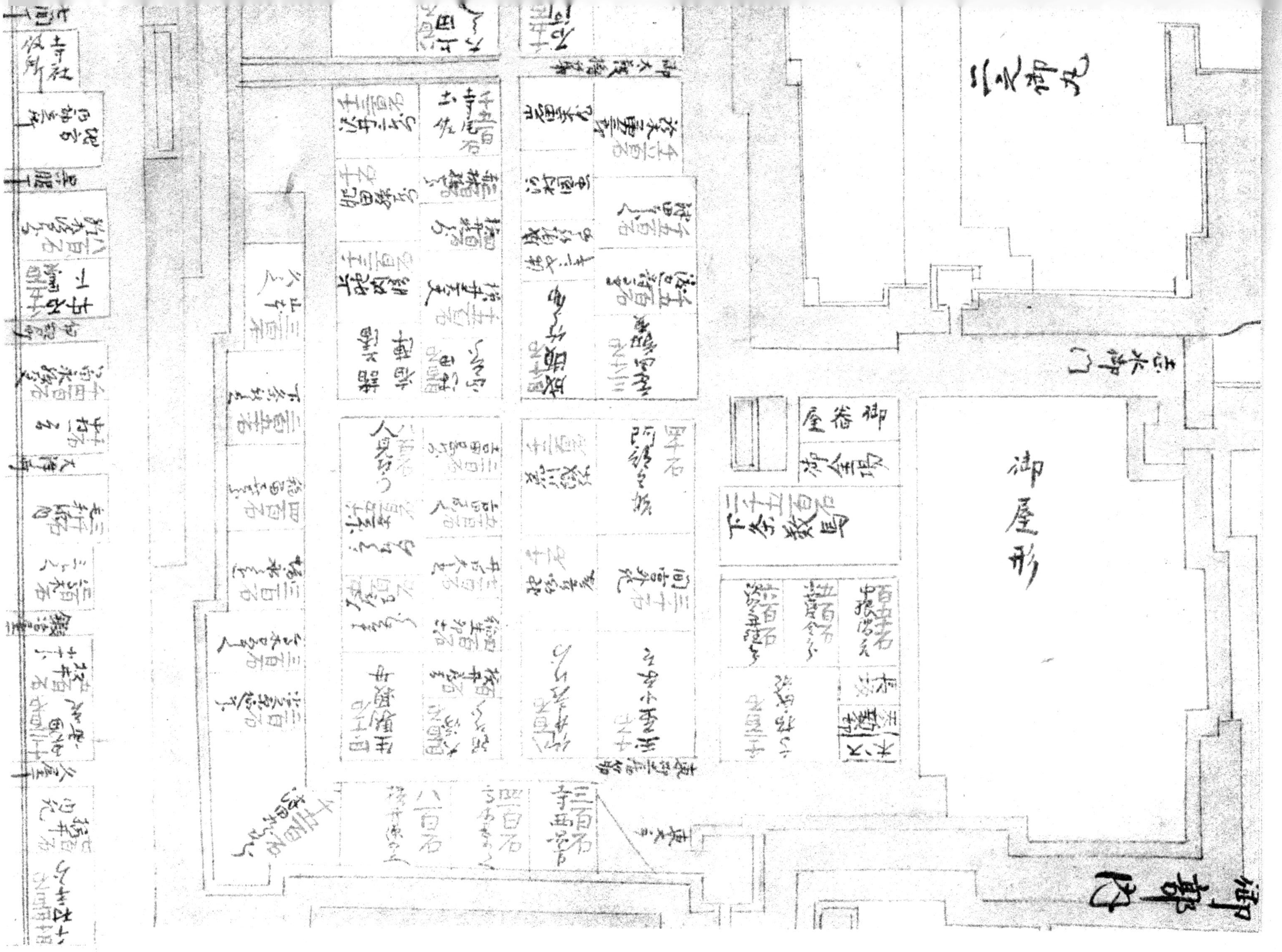

二之御丸
御屋形
御郭内
御番屋
御金場
二千五百石
下条数馬

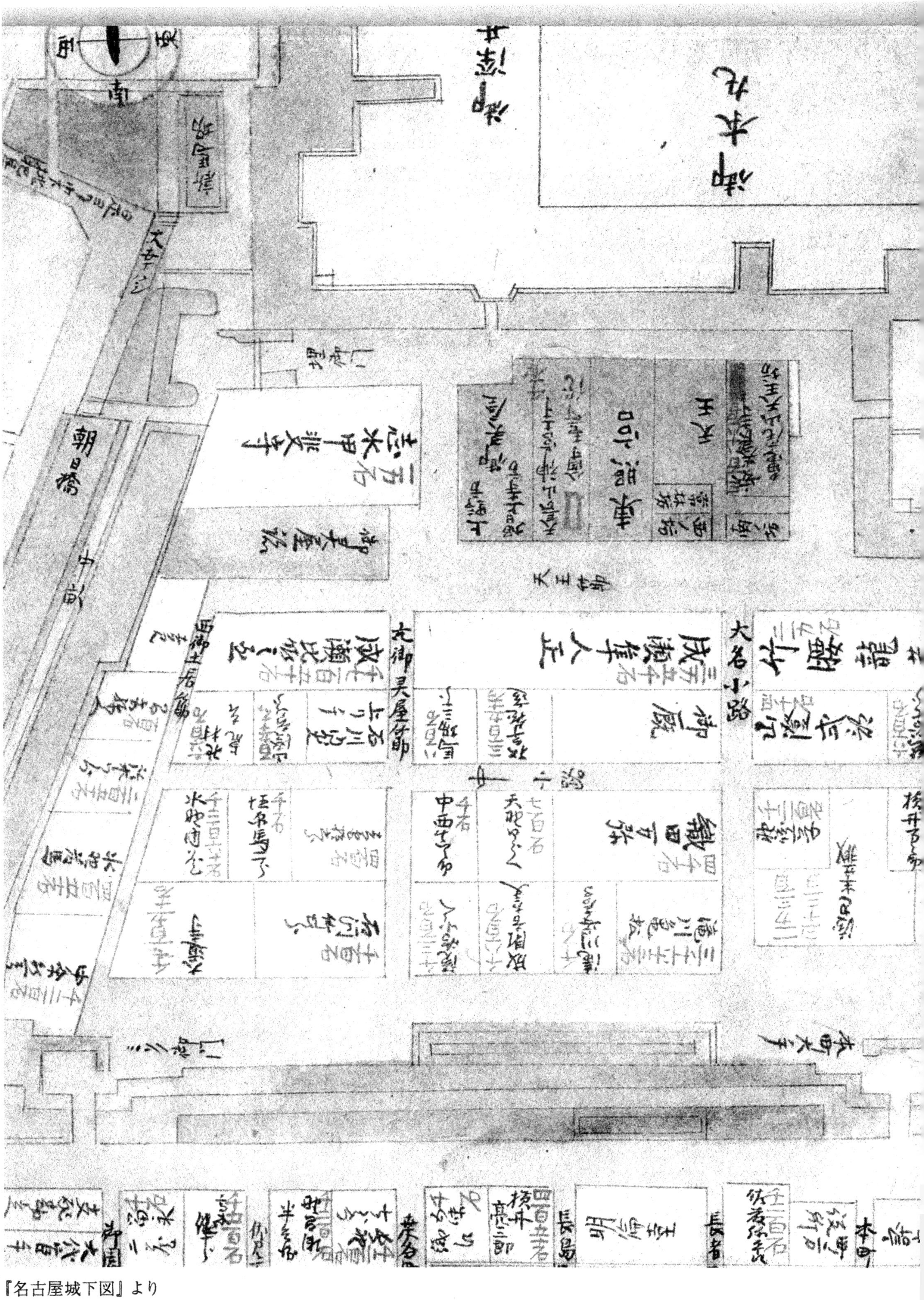

『名古屋城下図』より

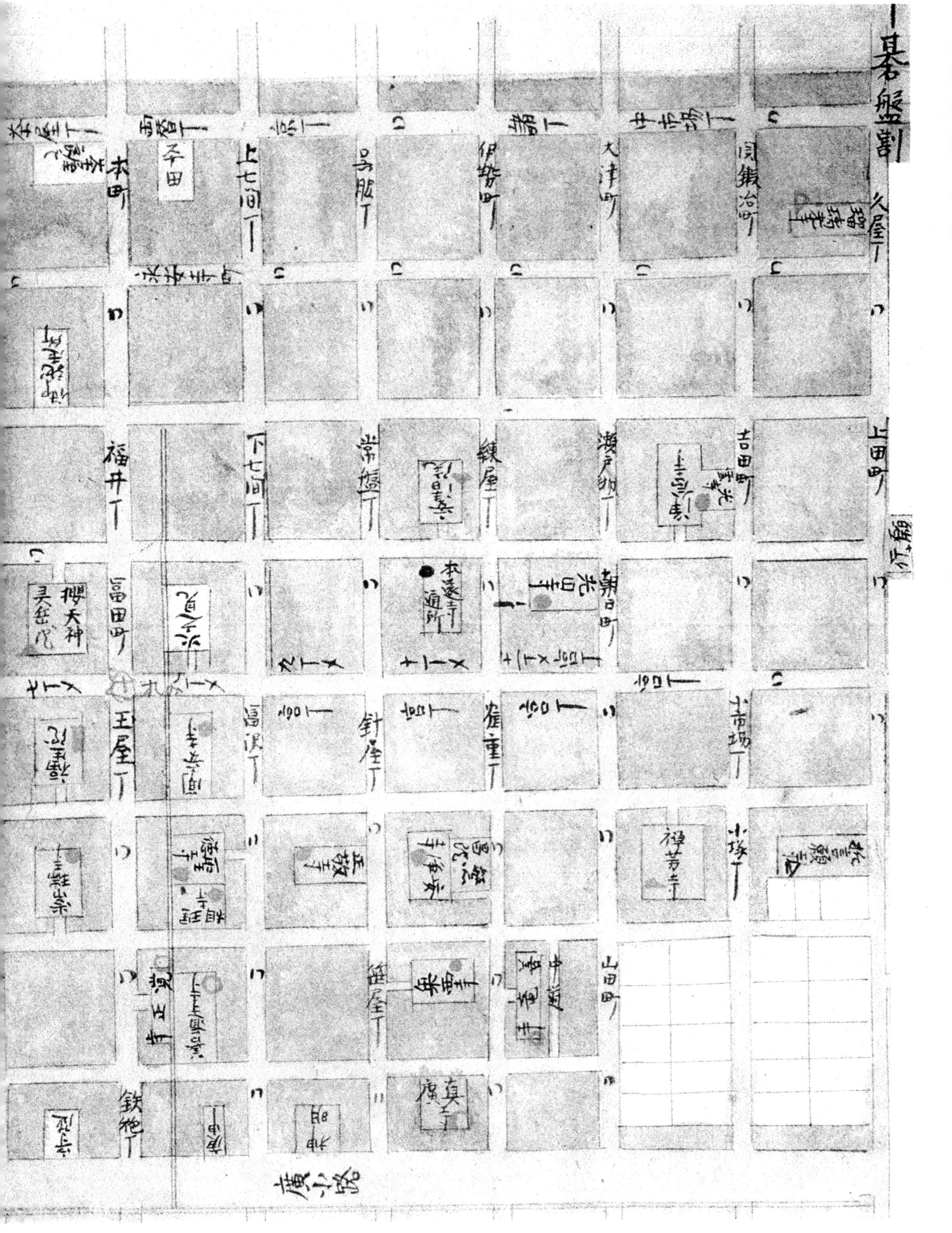

碁盤割
本町
上七間丁
伊勢町
大津町
福井丁
下七間丁
瀬戸物丁
吉田町
上田町
冨田町
玉屋丁
針屋丁
小市場丁
小桜丁
山田町
鉄砲丁
廣小路
神明
禅芳寺
光明寺
火之見
桜天神

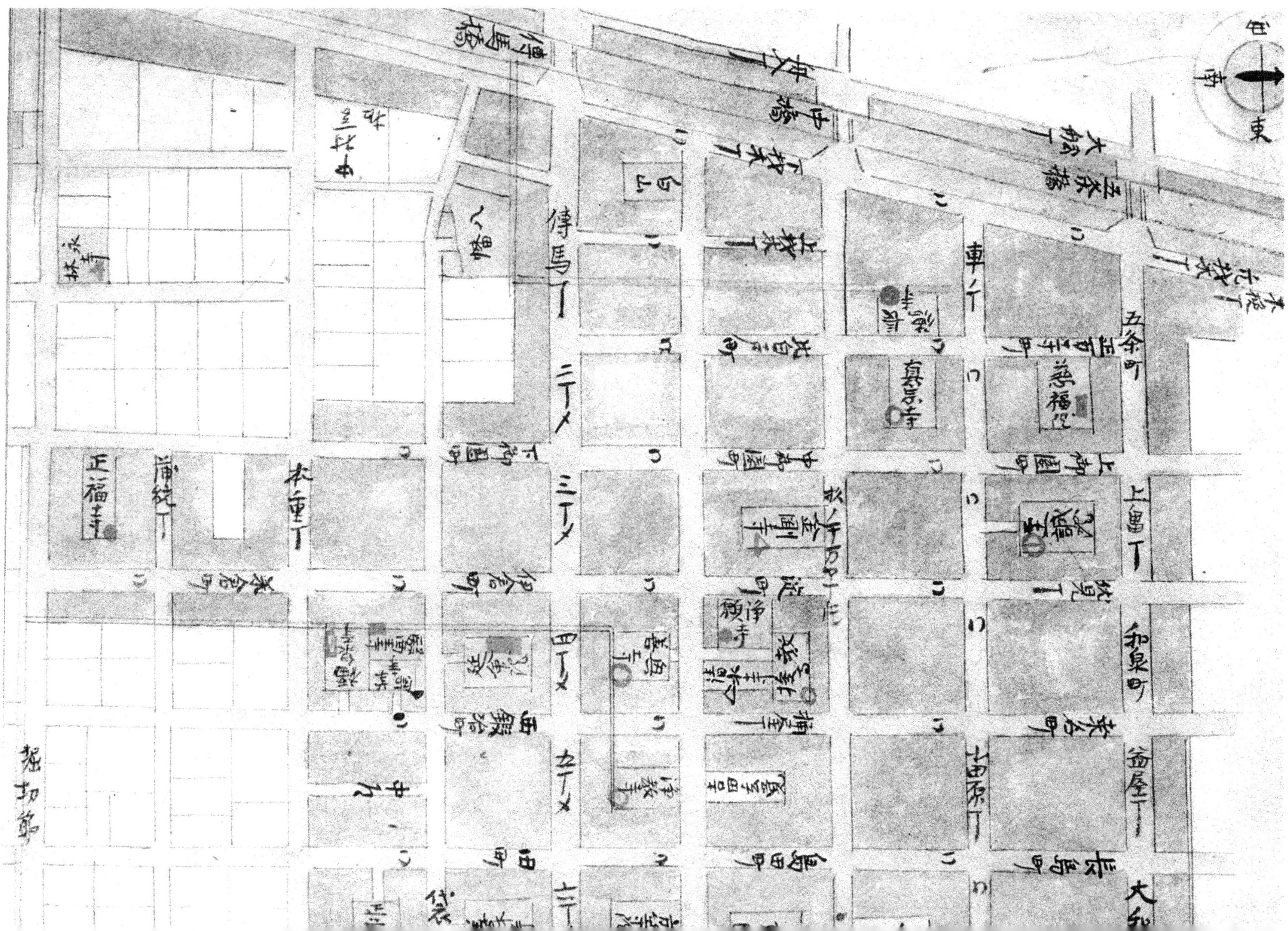
傳馬橋
中橋
大輪橋
五条橋
傳馬丁
二丁メ
三丁メ
四丁メ
五丁メ
車丁
五条町
上御園町
中御園町
下御園町
上亀丁
伏見丁
和泉町
東倉町
長島町
正福寺
本重丁
伊倉町
白山
八幡
大和
堀切筋
東
西
南

将軍毒殺

実録・名古屋騒動

◆229◆

舞台を歩く ①

事件なぞり名古屋城下ツアー

第二部を終わるに当たり、舞台となった城下を見ておこう。さる二十日「将軍毒殺ツアー」と称して、関心ある人たちと実際に歩いてみた。コースは名古屋城の正門前から牢獄のあった広小路まで。これを読まれたら、一度、散策なさってみてはいかが。

名古屋の中心部は家康が造った当時の町割がそのままと言ってよいほど生きている。ただ、道路の幅が広くなった程度だ。築城当時はまだ大坂に豊臣方が健在であったが、家康は将来を見越していかに大胆な発想で取り組んだかが分かる。

集まったのは名古屋城の正門前。城内の本丸・二之丸は省略して、三之丸から碁盤割りの城下を歩く。城内に興味のある方は拙著『歴史探索・徳川宗春―名古屋城編』をご覧いただけたらありがたい。

いまいる正門脇には「下馬」と書かれた駒形の札が西向きに立てられていた。登城する藩士らは馬から下り、供の者はここで待つことになる。彼らが暇つぶしにする世間話が「下馬評」というわけだが、早くも「○○さんはござるきゃあなあ」「何だしゃん、せわしいらしいよ」などと、その人のことが下馬評に上がっていた。

正門はどっしりした構えの風格ある建物である。江戸時代は榎多御門と呼ばれるものだったが、明治四十三年（一九一〇）、旧江戸城の蓮池御門を移築して正門とされた（戦災で消失、現在は再建されたもの）。このとき枡形を造る石垣も組み替えられている。

さて、そろったところで橋台を渡って南へ向かおう。正面から左（東）へかけて御霊屋（みたまや）・東照宮・亀尾天王社が並んでいた。右手側は志水甲斐守の屋敷になる。現在、東の農林総合庁舎や水資源開発公団のあるところから、広いスペースの駐車場を経て、西の能楽堂の背後に至るまでの一角に当たる。

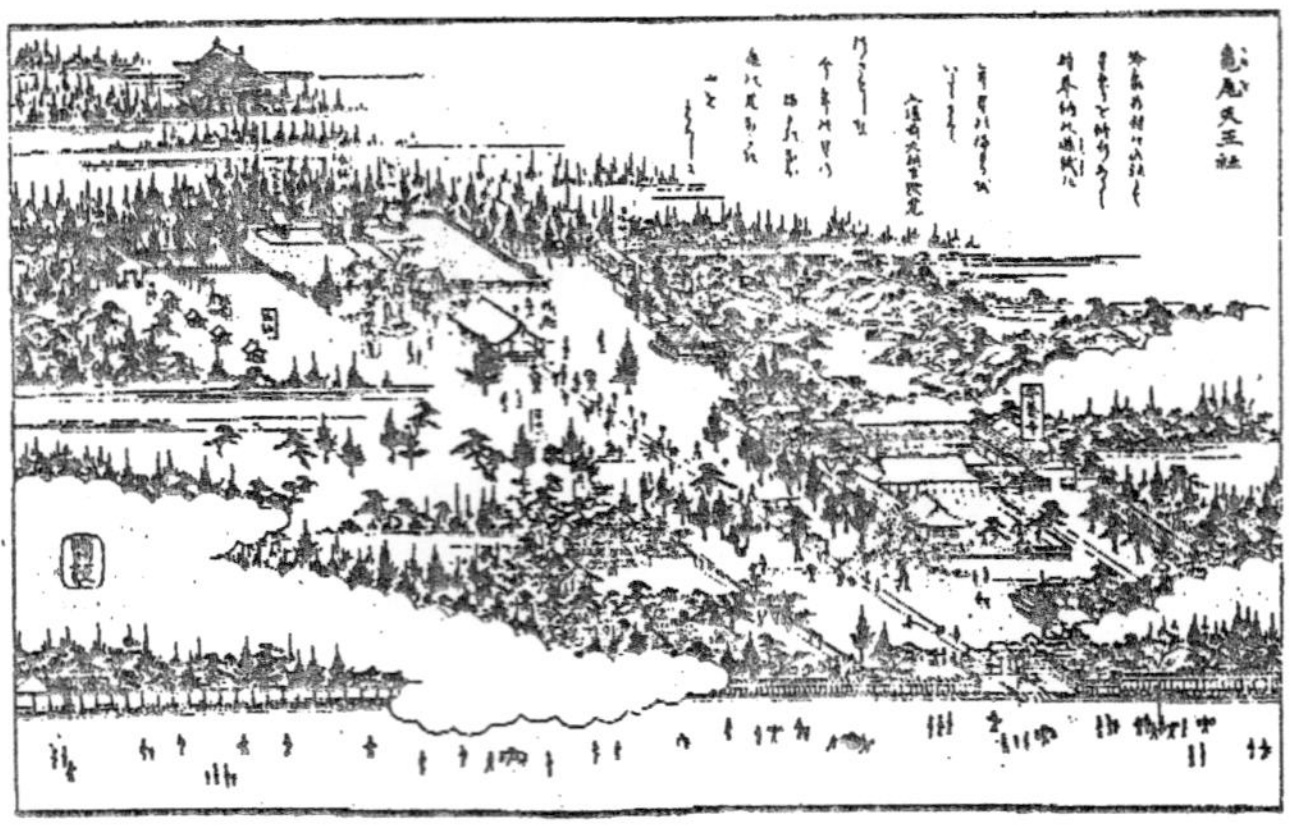

亀尾天王社　手前の道は「天王筋」と呼ばれ、現在の幅下から市役所北側へ抜ける道になっている（「尾張名所図会」より）

舟橋　武志

題字　冨永　奇洞

御霊屋は歴代将軍の霊を祭る御廟である。上野（寛永寺）方と増上寺方の二棟が並び、日ごろのお供えや法要などは上野方を東照宮の別当（神宮寺）尊寿院が、増上寺方を建中寺が取り持った。五代綱吉を祭る御霊屋は志水家の南側に設けられていたが、後の天明五年（一七八五）に上野方に合祀して廃されている。

東照宮と天王社は明治になって現在の丸の内一丁目に移された。そこは藩主宗睦が開設した藩校「明倫堂」のあったところだ。三之丸当時は東照宮が天長山尊寿院神宮寺を、天王社が亀尾山安養寺をそれぞれ別当として持っていた。

尊寿院は〝黒衣の宰相〟天海を開基とし、野田村（春日井市熊野町）の医王山密蔵院が兼務した。事件当時の住職は十二世最観である。初瀬が浅路を呪殺しようとしたとき、最観が「不動の法」を修して除去したとされる。

明治になって二つの神宮寺は廃された。こうした関係で密蔵院には歴代将軍の位牌や宝物類が多く残されている。この寺も一度は訪ねてみたい名刹である。

（第2部・当世名古屋元結）

将軍毒殺

実録・名古屋騒動

◆230◆

舞台を歩く ②

事件目撃か当時をしのぶ古木

天王社前を東西に貫く通りは「天王筋」と呼ばれていた。現在、幅下方面から市役所の北側へ抜ける大通りがそれ。そして、この道は農林総合庁舎東側から南へ延びてきた道と交差する。

その交差点南東角に愛知県警本部が、対する南西角には名城病院がある。三之丸の道路は少し位置を変えているが、おおむね県警本部からその東にある小公園までの北側部分が竹腰山城守の屋敷があったところだ。これに対して名城病院から弁護士会館のある北側部分には成瀬隼人正が屋敷を構えていた。両家は「大名小路」を挟むようにしてあり、この道は南へ延びて本町へと繋がっていた。

「大名小路」をさらに南へ進むと、「中小路」と呼ばれる東西に走る道と交差する。この道はいま中日新聞本社から東へ延び、県庁前に至る道路となっている。両者の交差する南東角には春になると美しい花を咲かせる枝垂れ桜の木があるが、それと対をなすような形で南西角に柳の古木があるのには気付かないでいた。

「これは相当の樹齢だねえ。江戸時代からあったのではないか」

「桜は目立つけど、柳はおしとやか。私みたいだわ」

「うば桜はいかんけど、柳腰の美人と言いたいんかね」

一行は冗談も交えながら、しげしげと眺めたものだ。やはり歩かなくてはいけない。この道は車でよく通ってはいるが、こんな巨木に気付かないでいたとは。

「大名小路」の由来は成瀬・竹腰、次に行く渡辺の大身三家がこの道路に面していたことによるものか。いずれも一万石以上で、大名にも匹敵する家柄である。「中小路」は東西に走る道が三之丸に三本あり、その中間にある細い道であったからだ。

交差点を過ぎて左手に名古屋貯金事務センターがある。護国神社の向かい側に当たる。ここには渡辺半蔵が大きな屋敷を構え、城内への出入りににらみをきかす格好だ。

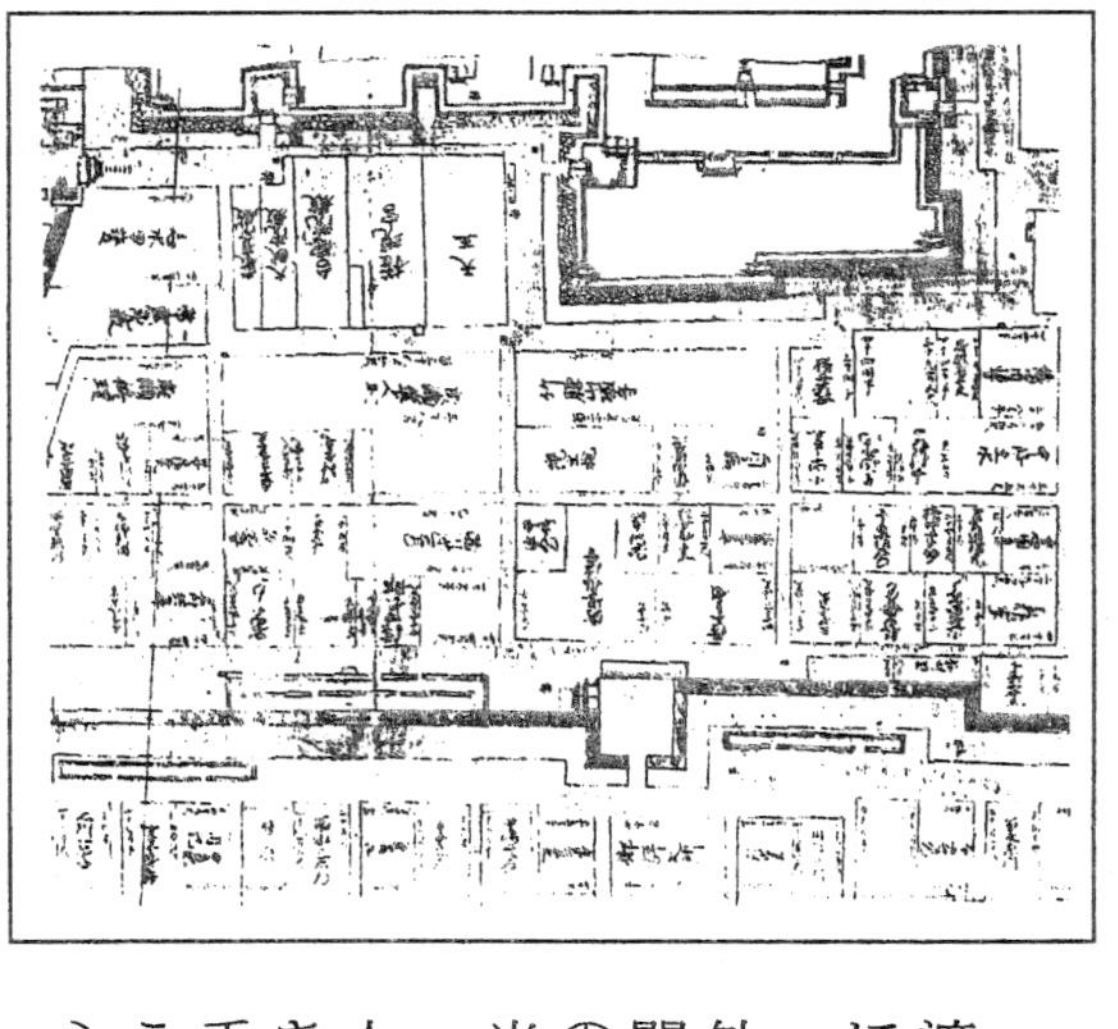

三之丸の中心部（「尾府名古屋図」より）

そして、この南に大手門（本町御門）があり、外堀で城下と隔てられていた。この門も東西二十間（約三十六㍍）、南北十七・五間（約三十二㍍）の枡形で構成され、番所では門番がたえず監視に当たっていた。

江戸時代に書かれた本の中に、熱田から来た旅人が美濃や春日井方面へ行くのに本町を直進してきてしまい、門番にしかられる場面が出ていた。手前で曲がらなければならないが、なるほど、知らぬ人たちは直進しかねない。ここでは御門番同心七人が配されていたとのことである。

三之丸は重臣たちの住宅街である。しかし、代々が同じ場所に住むというわけではなく、長い目でみればそれなりに入れ替わりもあった。尾張藩で一万石以上をもらう者は五人いたが、当初、成瀬・竹腰は二之丸に、志水は西之丸に住んだ時期もある（もう一人の石河は東大手の外、明和高校の北方に住んだ）。

（第2部・当世名古屋元結）

舟橋 武志

題字 冨永 奇洞

将軍毒殺

◆231◆

実録・名古屋騒動

舞台を歩く ③

家康の配慮うかがえる外堀通

「この堀にも昔は水があったんですかねぇ」

外堀に架かる橋を渡るとき、こんな質問を受けた。もちろん、水は満々とたたえられていた。いまは空堀となり、雑草が生い茂るばかりだ。

名鉄瀬戸線が栄へ乗り入れる前までは、堀の中を通って堀川まで来ていた。これが開通したころはまだ水運が頼りとされていたのだ。電車も堀の中を走れば安全だし、他の邪魔にもならないというわけである。

前回、三之丸が重臣たちの住宅街だった、と書いた。実は、その一部が外堀通（旧片端筋）に沿うように、南側の碁盤割りにまで広がっていた。これには面白いエピソードがある。

家康は城下の建設ぶりを視察したとき、片端筋があまりにも広く取られているのに驚いた。広すぎては不届き者のたまり場にされやすいし、よからぬ使い方をする者も出てくる。道幅を狭くさせようと南側にも武家屋敷を造らせることにしたというのだ。

外堀通は江戸時代、片端筋と呼ばれていた。その東には東片端がある。これは道路の北側が堀になっており、片側（南側）にしか屋敷が造れないことによるものだ。東片端はその東端の地に当たるという意味である。

しばしば片町という町名も見られる。川や堤防などに沿ったような道に、片側しか町ができないと名付けられやすい。

いま言われている東片端は本来の意味から言うと東へ少しずれている。外堀のあるのは南北に走る武平通までで、堀はそこから北へ折れていっている。東へ延びる片端筋には北側にも町ができるはずで（事実、できていた）、本来の片端ではなくなるというわけだ。

外堀を走り、「お堀電車」の名で親しまれた、かつての瀬戸電（昭和51年1月）

ついでながら、武平通はかつてあった武平町（東区泉一、東桜一丁目）から来ている。この町は名古屋遷府の折、普請奉行となった松井武兵衛がここに屋敷を構え、町割りや屋敷割りをしていたことによる。

「へーだからぶーというわけで命名されたのではありませんよ。もっとも、名古屋ではこれに似た地名がありました。へーろくとおり（平六通）にへーでんちょう（平田町）なんてのもねえ」

この武兵衛、尾張藩士の系譜を書いた『士林泝洄（しりんそかい）』によると、遠州を流浪した後、忍（おし、埼玉県行田市）の松平忠吉に拾われ、その転封に伴って清須へ来た。忠吉は普請奉行として四百石で召し抱えているから、そうした面での才能が高く評価されていたのだろう。その後、義直に仕えて名古屋へ来ていた。

この祖父が何と今川義元に重臣として仕えた遠州二股（浜松市二俣町）の城主で、桶狭間合戦で義元とともに討ち死にした松井宗信だとある。尾張への仕官は武兵衛にとって皮肉な巡り合わせだったのかもしれない。ひょっとすると道幅を広く取って家康にしかられたのはこの人だったのだろうか。

（第2部・当世名古屋元結）

舟橋 武志
題字 冨永 奇洞

将軍毒殺

実録・名古屋騒動

◆232◆

舞台を歩く ④

上級武士の住まい並ぶ片端筋

本町を南に向かおう。左手に愛知県産業貿易館、右手に愛知県社会福祉会館がある。事件当時は前者の地に町奉行所が、後者の地に評定所があった。

評定所は最高裁判所とも言うべきもので、この前には尾張の民意を聞く「目安箱」が置かれていた。捕らえられた河村復太郎は武士としてここに収監されている。しかし、子供の鍬太郎はまだ御目見得前だったため、他の者と同様、広小路脇の牢獄に入れられた。

碁盤割りのブロックは江戸時代のものがいまもそっくり生きている。本町から東へ七間町筋・呉服町筋・伊勢町筋・大津町筋・関鍛冶屋町筋・久屋町筋と続く。時代が少し下ると評定所の東側、いま郵政局のあるところに寺社奉行所と国奉行所(勘定奉行所)が入ってくる。普通、三奉行と称されるのはこの国奉行・町奉行・寺社奉行である。

事件では寺社奉行も登場してきたが、安永六年(一七七七)当時は三之丸地内にあった。場所は中小路と御霊屋筋の交差する北西角。三奉行の中では寺社奉行の格が一番高く、評定所の構成員も兼ねていた。

一方、本町から西は長者町筋・長島町筋・桑名町筋・伏見町筋・御園町筋で区切られていた。こちら側も現在とまったく同じ区画である。伏見町筋は大幅に拡幅され、現在の国道22号となっている。

愛知県社会福祉会館の地にあった町奉行所は名古屋城下の民政を中心に預かっていた。これに対して郡部には清須・小牧・鳴海など主要な八カ所に代官所が置かれた。ここに町奉行所が設けられたのは享保十一年(一七二六)のことで、事件当時にはすでにあったわけである。

その西に那古野神社と東照宮がある。ここは以前、宗睦の創設した藩校「明倫堂」のあったところ。明倫堂の創設は天明三年(一七八三)で、事件当時はまだ武家屋敷であった。

このころ、道を一本隔てた西側に俳人としても名高い横井也有が住んでいた。也有は宗春が藩主になって江戸城へあいさつに行ったとき同行するが、宗春とはどうも馬が合わなかったようである。その治世には意識的に遠ざかっていたようにも見え、宗勝が八代藩主に就任すると親密な関係になっていく。

その西のブロック、桑名町に住むのが長野五郎右衛門である。いま大日本製薬と農業共済会館、ガソリンスタンドのある一帯。江戸初期、同家の先祖五郎右衛門は尾張家指南役、柳生兵庫助の高弟として知られていた。

来名した武蔵は兵庫助に仕合を申し込むが、相手は"お止め流"と称して応じようとしない。それならばと五郎右衛門の屋敷を訪ねた。座敷に通されて歓談するうち、五郎右衛門から「貴殿の書かれた『兵法三十五箇条』は書き損ないではないか」と指摘され、武蔵はすごすご引き揚げる一幕もあったという。

このように片端筋に沿う南側は三之丸の延長線に当たっていた。ここは官庁街であり、上級武士の住まいだった。その南側には小さな用水があり、町人らの住む碁盤割りとはかろうじて区画されていたのである。

舟橋 武志
題字 冨永奇洞

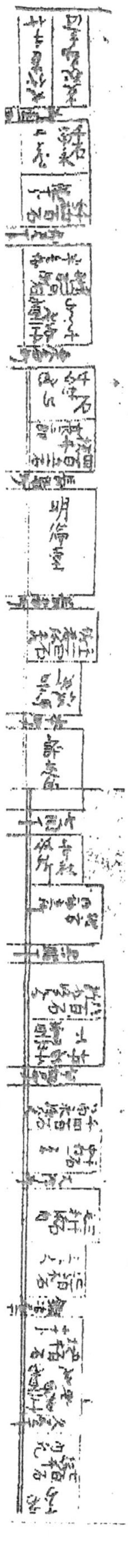

幕末当時の片端筋南側(「名古屋城下図」)

(第2部・当世名古屋元結)

舞台を歩く ⑤

名城おひざ元にぎわう本町通

将軍毒殺 実録・名古屋騒動 ◆233◆

舟橋 武志　題字 冨永 奇洞

本町通は当時のメインストリートだった。城から熱田まで通じており、このころは南北軸が基本である。現代は名古屋駅—栄—今池と東西軸に変わっており、中心軸が90度回転した格好だ。

県産業貿易館と社会福祉会館の間を通り、最初に出会う十字路の西側（右手側）が茶屋町、東側が両替町となる。このあたりは城下の一等地で、大きな店が軒を並べていた。名古屋城のおひざ元、町はにぎわっていたはずだ。

その十字路北西角に松坂屋の前身、伊藤呉服店があった。いまその地に自治研修施設「アイリス愛知」が建つが、角地にあった伊藤銀行の古風な建物はまだ記憶に残っている方も多いことだろう。明治十四年（一八八一）、名古屋最初の私立本店銀行として設立され、後に他行と合併して東海銀行へと発展していく。

名古屋経済は同店がリードしてきたと言っても過言ではない。明治四十三年（一九一〇）に栄へ移転して百貨店へ脱皮し、大正十四年（一九二五）には現在地へ移って松坂屋と改めている。同店の行くところが商業の中心地となっていった形である。

伊藤呉服店の向かい側、十字路南西角には「士にあらず、商にあらず」と言われた呉服商の茶屋家があった。先祖茶屋四郎次郎清延は朱印船貿易などでのし上がった京都の豪商で、早くから家康に見込まれて御用商人となった。彼はまた軍事物資の調達や諜報活動なども引き受け、本能寺の変の起きたときには堺にいた家康を安全に帰国させる手助けもしている。

尾張茶屋家の先祖は清延の三男、新四郎長以（長吉）で、本姓を中島と称した。家は大名屋敷をも思わせるほどで、藩主の江戸登城に随行したり、あるいはまた、大名の接待などにも当たった。港区の茶屋新田や茶屋後新田は同家の開発したものであり、東区の情妙寺に伝わる「茶屋新六交趾（こうち）渡航図巻」（県指定文化財）には貿易に用いた朱印船が描かれている。現在、跡地に学校法人茶屋四郎次郎記念学園が建つ。

この茶屋町を西へ行くのが美濃路で、堀川に架かる五条橋へ出る。逆に、東へ行くのが飯田街道や善光寺街道（下街道）へ通ずる道である。これが東西の幹線道路であり、現在、十字路の南東側にそれを示す道標が立てられている。

十字路の南東側ブロックではいま中日病院の建設が急ピッチで進められている（中日新聞本社跡）。十字路の北東角、すなわち茶屋の向かい側に芭蕉も立ち寄った風月堂という本屋があった。京都の風月堂で修行した後に名古屋で開業、やがて出版にも乗り出した名古屋では草分け的な本屋と言える。

さて、ここから東へ歩いていこう。いまいる本町の十字路から次の七間町筋までが両替町、その次が京町である。現在は道路が区切りとなって向かい側とは町名が違ってしまうが、本来は道路を挟んで両側が同じ町内に属していた。

（第2部・当世名古屋完結）

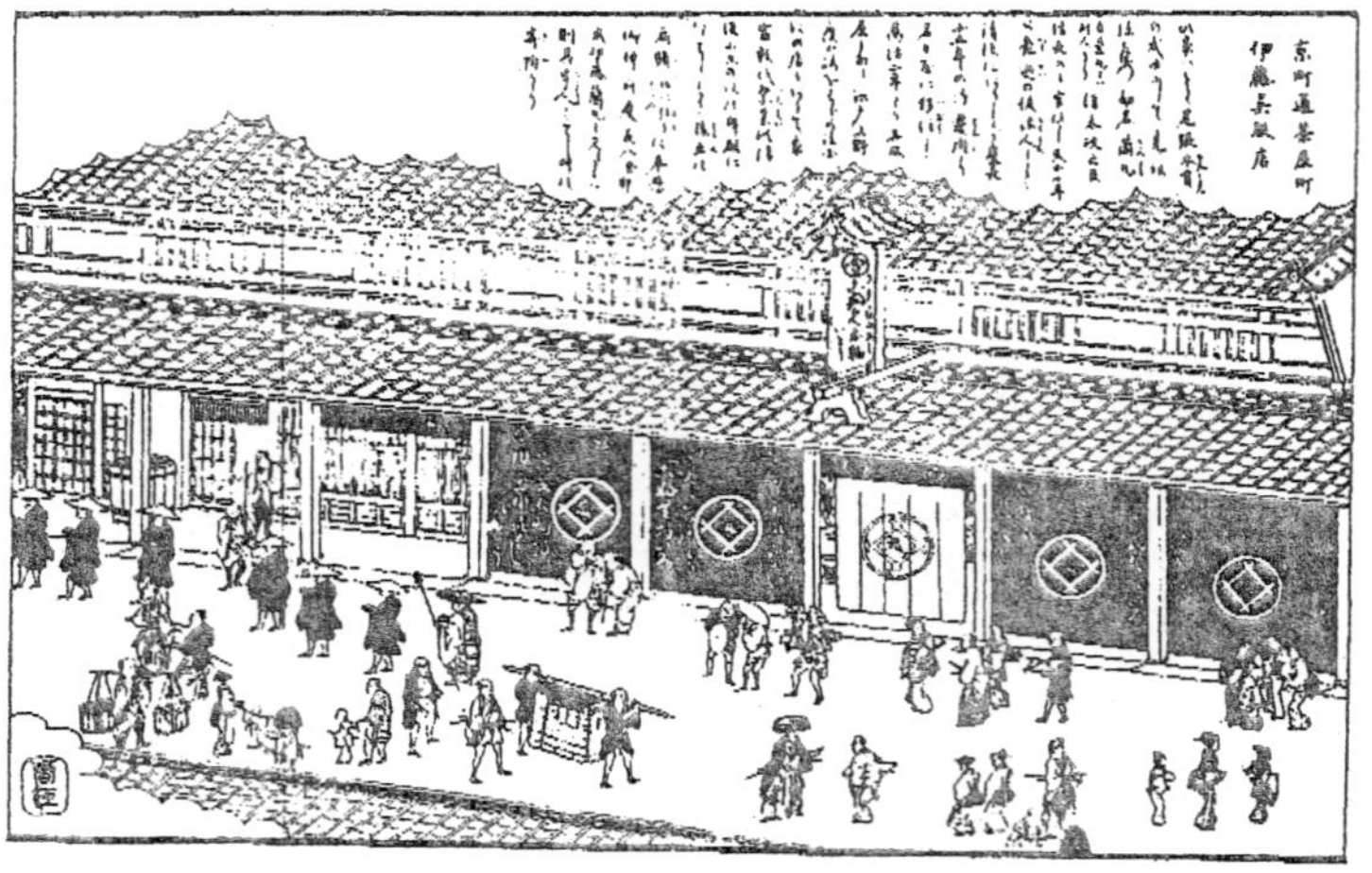

茶屋町にあった伊藤呉服店（「尾張名所図会」より）

将軍毒殺
実録・名古屋騒動

◆234◆

舞台を歩く ⑥

文兆らも歩いた京町かいわい

両替町の名は清須越しの両替商が九軒移り住んだことによる。慶長十八年（一六一三）、ここに〝江戸の日本銀行〟とも言える後藤庄三郎の通所（支店）が置かれた。その関係で自然に集まってきた。

後藤家は大判・小判の鋳造権と貨幣を量る分銅の製造管理権を世襲する家柄。戦国時代の後奈良天皇のときに公認され、この時代にも独占し続けていた。幕府は大判に押す花押を桐から葵にするようしばしば働きかけるが、同家は「政治と経済は別物」として拒絶し続けたほどである。

『尾張志』は「今は平田と称するもの二軒あり」と書いている。幕末の『名古屋城下図』は道の南側に「平田」と書き、その場所を示している。伊藤呉服店を書いていないのに、これと「茶屋」を特記しているのは、それらが公的な店と見なされていたからか。

両替町の東が京町。清須越し当時、京都から来た呉服太物商が集まってできた町名である。彼らはここに移り住み、町の名前も持ってこられた。

事件の関係者、蘇森長秋・子桂親子の住む家もここにあった。父親の長秋は江戸で獄死、子桂は市中引き回しのうえ、土器野（清須市土器野）で獄門に懸けられた。しかし、その家がこの町のどこにあったかは特定できない。

江戸時代の住宅地図は武士について記していても、町人などはまったく眼中にない。それらの多くは町方の史料に求めざるを得ないが、名古屋の城下は大火にしばしば見舞われ、しかも戦災でとどめをさされて無いにも等しい。当時の碁盤割り内の詳しい家並みは分かっていないのが実情である。

京町近辺には薬品の製造・販売業者が集中している。大阪の道修町（どしょまち）にも匹敵する〝薬屋の町〟だ。一説に、集まり出したのは安政二年（一八五五）の大火以降からだとされている。

「毒殺ツアー」参加の一行

蘇森親子も、近くの瀬戸物町に住む安西親子も、ともに医者である。本町には医学館直伝の三臓円店や秘薬「烏屋円（うさいえん）」で知られた小宮山宗法店もあった。付近に医者や薬屋などがあったことがそうした下地にでもなっていったのだろうか。

「いまいるこの道を子桂親子や文兆らも歩いていたわけですよ。そう思うとより一層、歴史に親しみがわくでしょ」

「二人とものーならっせて、気の毒だったねえ」

「幕府は事件の背後に尾張藩がいると見ていましたからねえ。江戸の北町奉行曲渕甲斐守は捕り手を三組に分け、約四十人ほどでここにあった屋敷を取り囲んだわけです」

道の北側には少彦名（すくなひこな）神社がある。祭神は少彦名命と大国主命（おおくにぬしのみこと）で、ともに医業・健康を司る神様とされている。薬業関係者らによって大正四年（一九一五）に創建されている。

伊勢町筋を通り越すと、今度は大津町筋。現在は市役所・県庁前から三越・松坂屋前へ抜ける大通りとなっている。この町には河村復太郎が住んでいた。

（第2部・当世名古屋元結）

舟橋　武志
題字　冨永　奇洞

将軍毒殺

実録・名古屋騒動

◆235◆

舞台を歩く ⑦

河村復太郎逮捕の舞台、伝馬町

大津町もその南の瀬戸物町も、もとは清須にあった町名である。前者は大津の人四郎左衛門が引っ越してきて町名となり、後者は瀬戸物を扱う業者が多く住んだことによる。清須から持ってこられた地名は結構あった。

この町には名のある人が多く住んでいた。明倫堂督学の岡田新川・宝生流能楽家の高橋専左衛門・医者の名倉道伯・大工棟梁の伊藤平左衛門、そして〝尾張の由比正雪〟河村復太郎など。復太郎は宗春の小姓を務めた身ながら、碁盤割りの中に住んでいたわけだ。

復太郎の家も特定できないが「大津町一丁目東側」とある。同家の経歴を書いた「河村氏仕籍」を見ると、復太郎について「御切米六拾石」「拝領屋敷無御座候」とあり、この下に「町宅大津町一丁目」と小さく朱書きされている。いまで言うと中日病院か、その北方あたりになろうか。

復太郎は河村秀世の二男だったが、宗春にかわいがられて一家を立てた。宗春亡き後、ちまたでは「謀反を起こすなら復太郎をおいて他にない」とささやかれ、捕まった子桂が「京都からもらった菊桐紋の箱の中に綸旨を隠し持っている」と自白させられていた。逮捕後、曲渕甲斐守の一行は復太郎宅を捜査したが、箱の中にあったのは和歌の秘事を記した巻物だったという。

これより先、復太郎宅を急襲した一行は留守と知り、行き先である伝馬町の飛脚屋「福沢屋」へ駆け付けた。復太郎は歌道の師である京都の冷泉家と文通をしており、この日も手紙を出そうと訪れていたのだった。大勢の捕り手に囲まれ、その場で御用となっている。

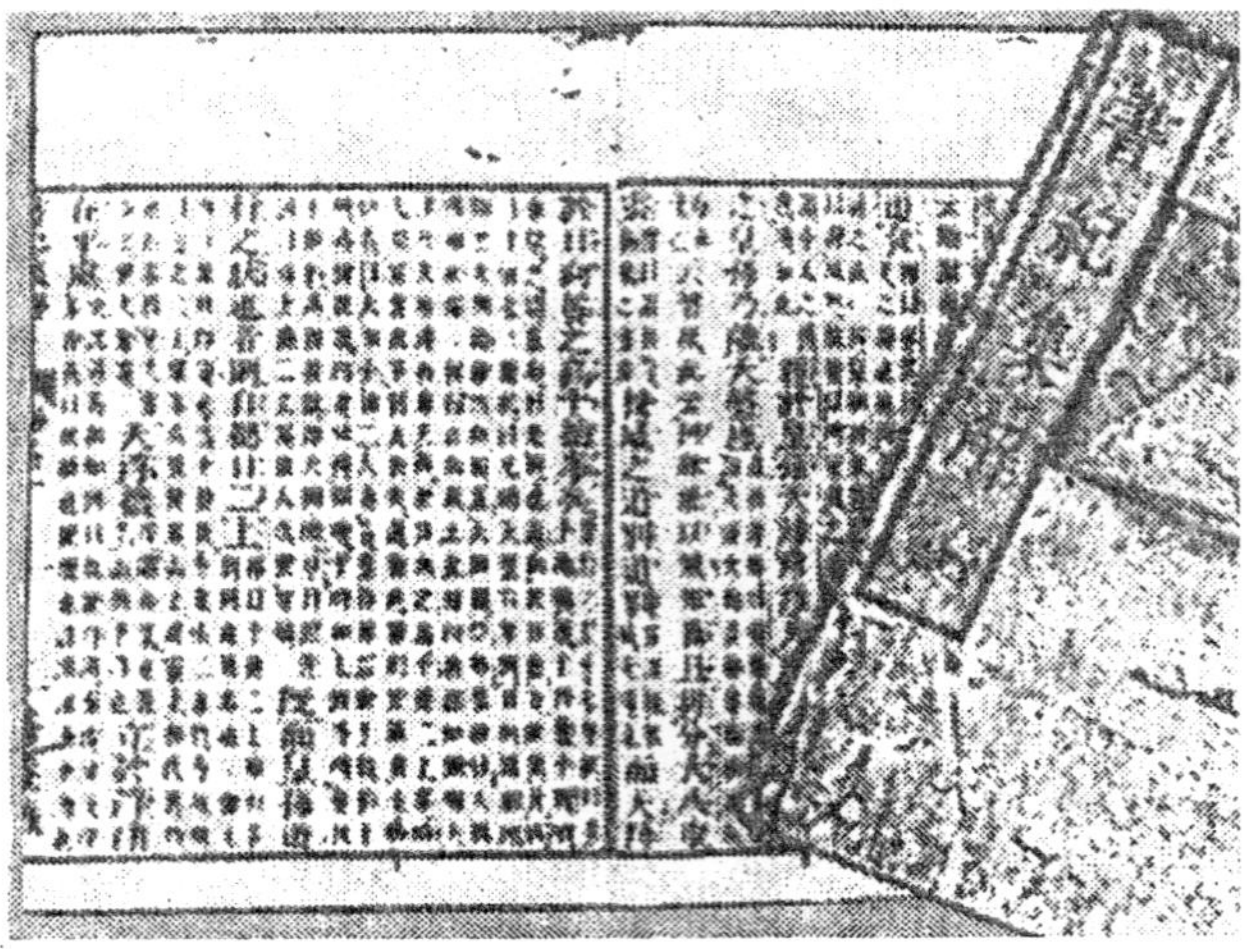

復太郎親子が完成させた「書紀集解」（名古屋市鶴舞中央図書館蔵）

逮捕するとき、捕り手の一人が「勅諚（ちょくじょう＝勅命）なり！」と叫んだ。朝廷を敬う復太郎には「勅諚」と言った方が効果的と思ったのだろう。復太郎から「勅諚のあるべき理由なし！」と言い返され、あわてて「御用なり！」と言い換えたと伝えられている。

福沢屋に踏み込んだとき、同家の女房は出産の真っ最中だった。危うく命を落とすところだったが、向かい側の家へ戸板に乗せて運び出され、どうにか無事に出産できた。その一軒おいた隣家の吉田屋甚兵衛は合戦が起きたと勘違いし、あわてて外へ逃げ出す一幕もあったとか。

事件後、尾張藩は処分らしい処分はしなかった。すでに関係者らは居なくなり、復太郎の無罪も確定した。根さえ断たれておれば、同調者も自然といなくなるという、非常に寛大な処置であった。

かつての大津町は広い通りとなり、両側にはビルが林立している。当時の面影などはどこにも見られない。事件後、復太郎は家の門を固く閉ざし、懸案であった日本書紀の研究に没頭することになる。

（第2部・当世名古屋元結）

舟橋 武志

題字 冨永 奇洞

将軍毒殺

実録・名古屋騒動

◆236◆

舞台を歩く ⑧

文兆に破滅をささやいた天狗

舟橋 武志

題字 冨永 奇洞

大津町のすぐ南が安西文兆の住んだ瀬戸物町だ。広告代理店の三晃社や県営東桜住宅のある一帯。狭い小さな町だったが、文兆の家は道路のどちら側にあったかも特定できない。

文兆の親、文良は苦しい家計の中で医学を学び、御殿医に選ばれるほどの名医となった。医業は大いに栄え、立派な屋敷を構えた。文兆はそんな裕福な家に生まれ、何不自由なく育てられた。

曲渕甲斐守の一行がその文兆宅を急襲した。家にいた彼はあっさり御用となった。傍らでは母が倒れ伏し、泣き叫ぶばかりだった。

「それで事件の主犯はだれになるの。文兆かね、子桂かね」

「幕府は子桂を首謀者として見せしめにしました。復太郎は無罪、あとの二人はすでに死に、この世の人ではありませんでしたからねえ」

第二部は『当世名古屋元結』（名古屋市鶴舞中央図書館蔵）という〝秘本〟をもとにして書いてきた。書かれた時期も、その筆者も不明だ。同書は事件の発覚した約三十年後、文化年間（一八〇四―一八）に書き写されており、原本がそれ以前に成立していたことは間違いない。

文兆は妹の浅路が九代藩主宗睦の側室になったことから出世してゆく。子桂は文兆の姉を妻としていた。二人は医者でありながら禄をもらう身分となり、次第に野望をふくらませていったのだった。

文兆は捕まる三年前、この日の来ることを暗に知らされていた。診察を終えての帰り、大須の万松寺前を駕籠で通りかかったとき、後ろから「文兆、文兆」「災難、災難」と呪いの言葉を浴びせられていたというのだ。以前、屋敷にあった大木を木こりに切らせたが、声の主はそこに住む天狗だったとか。

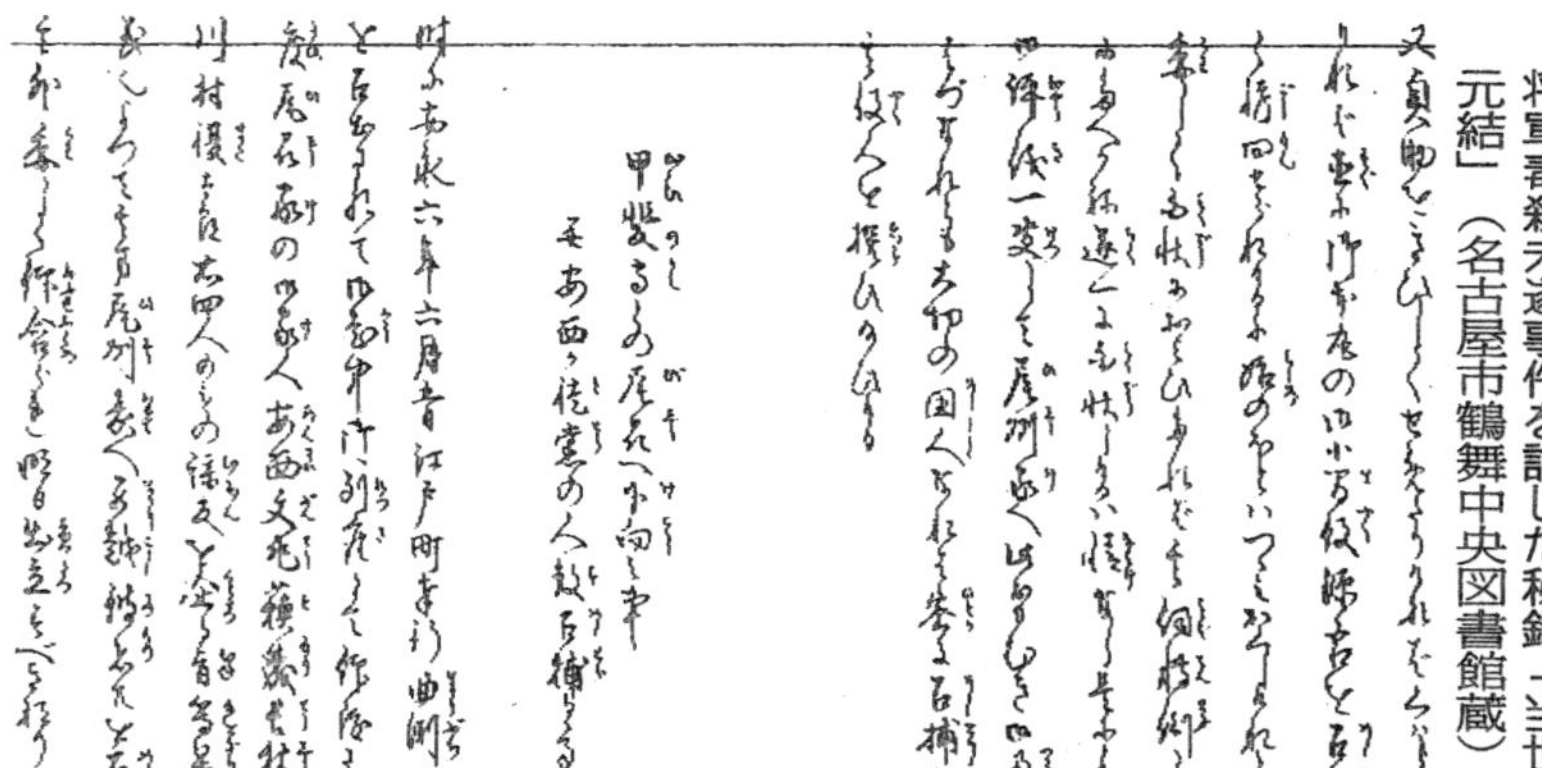

将軍毒殺未遂事件を記した秘録「当世名古屋元結」（名古屋市鶴舞中央図書館蔵）

江戸へ送られた文兆は拷問で死に、遺骸は千住の小塚原に捨てられた。子桂の父長秋のものもいっしょだった。これを哀れんだ江戸詰めの尾張藩士芦沢六郎右衛門が銭百疋（ぴき）で買い受け、懇ろに葬っている。

その夜、二人は六郎右衛門の夢枕に現れた。危うく白骨になるところだったと礼を述べ、秘法の丸薬の作り方を授けて消えたという。しかし、それが何と呼ばれ、どういう効果があったかなどは伝えられていない。

芦沢六郎右衛門なる人物も、またはっきりしない。嘉永五年（一八五二）時点の藩士名などを記した『尾張藩士録』を見ると、芦沢姓では二百石取りと百五十石取りの二人がいる（同一家紋）。おそらく六郎右衛門は彼らの先祖に当たる者と思われ、当時、市ケ谷にあった尾張藩邸の要職に就いていた一人のようだ。

瀬戸物町で長話となってしまった。これで事件関係者らの住んでいたところを見終わったことになる。これからは本町に戻り、彼らが収監された広小路脇の牢獄跡まで歩こう。

（第2部・当世名古屋元結）

将軍毒殺

実録・名古屋騒動

◆237◆

舞台を歩く ⑨

東西のメーンルート伝馬町筋

瀬戸物町の南側、東西に走る小桜町筋が現在の桜通である。桜通大津交差点の北東側にある浄念寺（浄土真宗、東桜住宅東側）は清須越し以来、場所を替えていない。対する交差点南東角には光円寺（浄土真宗）という寺があったが、その地には現在、ＵＦＪ銀行の入る第一生命ビルが建てられている。

江戸時代の幹線道路はいまの桜通ではなく、もう一本南側を平行して走る伝馬町筋である。桜通大津の交差点を南進し、最初の信号を右折しよう。これが先ほど通ってきた茶屋町・京町筋と並ぶ、名古屋城下を東西に貫くメーンルートだった。

交差点あたりはかつて宮町と呼ばれていた。宮町は清須にあった町名を移したものと言われている。異説に、この町に小祠が祭られていたことから名付けられたと言い、現在の久屋大通東にあったエノキの老木が社頭の木とされていたとか。

ついでながら、久屋大通は関鍛治町筋とその東側の久屋町筋との間をつぶして造られた大通りである。ここの各ブロックにも、商人などが住んでいた。その一人が宮町東、久屋町西を入った南側に住んだ傘屋久兵衛で、貞享元年（一六八四）、芭蕉はこの家で門人らとともに七部集の一つ「冬の日」の興行をした。場所はテレビ塔の北東に当たり、そこには「蕉風発祥の地」碑が建てられている。

さて、先ほどの交差点を右折して、すぐ左手のブロックに円輪寺（浄土宗）という寺がある。門は南側にあり、一筋南（袋町筋）へ回ってみよう。この寺が再興される以前の真言宗当時、本尊の薬師如来は金でできており、黄金薬師の名で親しまれていた。

宗春の全盛期、宮古路豊後掾がその黄金薬師で浄瑠璃「睦月連理㮶（むつまじづきれんりのたまつばき）」を初めて演じた。これが空前の大ヒットとなり、さすがの広小路も狭小路になったと言われたほど。豊後掾は勢いに乗り、江戸へ下ることになる。

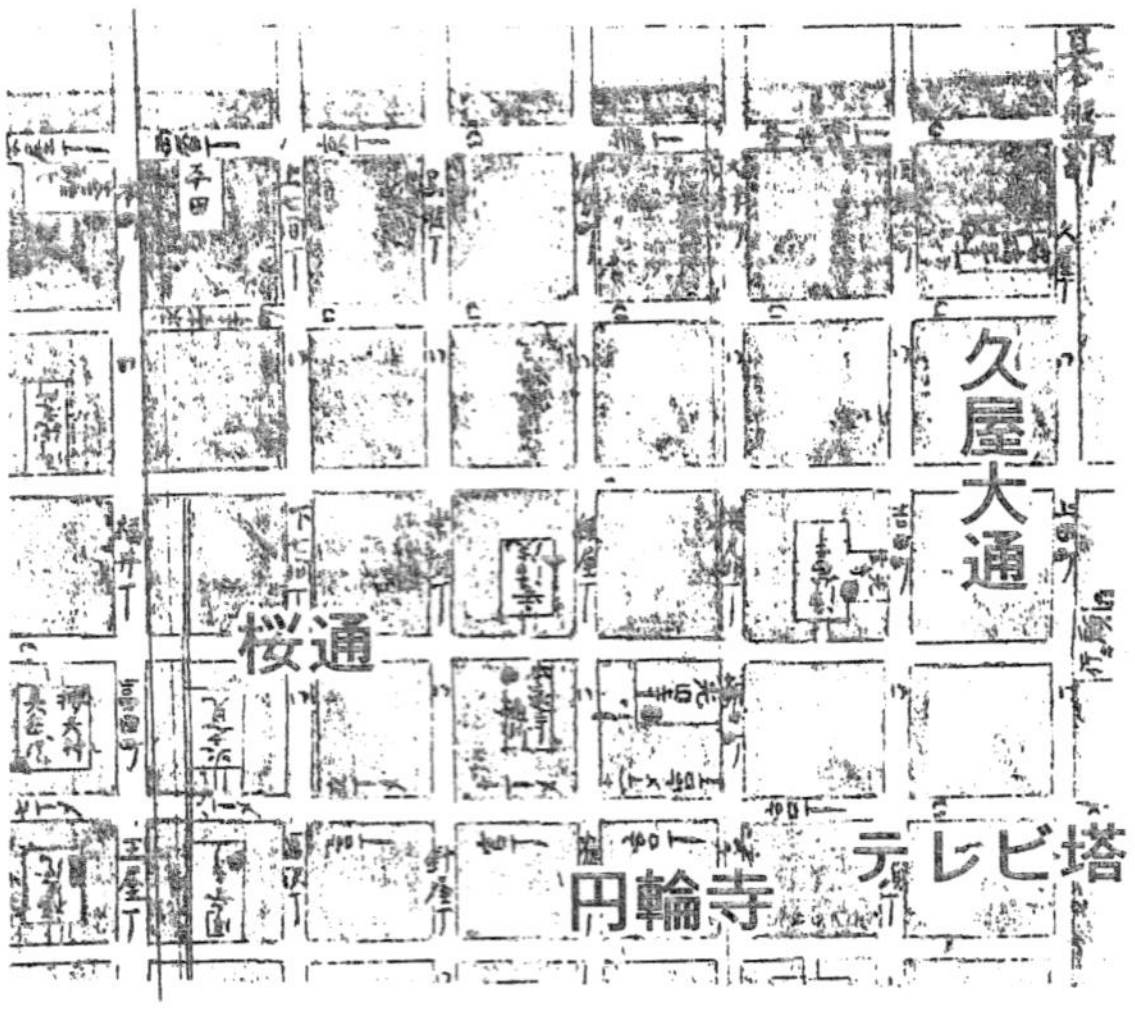

幕末当時の碁盤割り（「名古屋城下図」より）

舟橋　武志

題字　冨永奇洞

宮町はちょっと変わった町だった。下七間町筋までは道路の南側だけで、北側は伝馬町九丁目から十二丁目となる。これも一種の片町と言える。

その両側はビル街だが、当時はいま以上のにぎわいだった。右手前方、本町筋へ出る手前に火の見櫓が見えたはずである。高さ七間（約一二・六㍍）あり、城下が一望できた。見張り台では足軽二人が夜間も目を光らせ、出火の遠近は板木や半鐘・太鼓など、その種類と打ち方を変えて知らせた。

当時は火の見櫓のすぐ西を小川が流れていた。南へ流れて広小路を横切り、そこから右へ折れて堀川に注いだ。溝のように細い川ではあったが、紫川の名で親しまれていた。

ここまで来れば、本町筋はもう目の前。一角に高札が立てられていたことから、この十字路は「札の辻」と呼ばれた。そしてまた、ここは名古屋から各地への距離を測る起点とされたところでもあった。

（第2部・当世名古屋完結）

将軍毒殺

実録・名古屋騒動

◆238◆

舞台を歩く ⑩

繁盛した丸栄、大丸の前身呉服店

本町筋と伝馬町筋との十字路が「札の辻」だった。現在、北西角に『尾張名所図会』の絵を描いた銘板が置かれている。同書には「東西南北の岐（ちまた）なれば、京大坂より吾妻（あづま）へ下る官人も、伊勢路より信濃のかたへ通る旅客（たびびと）も、公私を論ぜず、みなこの所を往来せずといふ事なく」と書かれている。

絵を見ると高札場のあるのは十字路の南東角に当たる。堅固な石組みの土台に、瓦葺きの屋根付き。ここに各地への運送料を示した駄賃札や毒薬・似せ薬などを禁止する毒薬札、あるいは切支丹や火付けを禁ずるものなど、様々な制札が掲げられていた。

考えてみればこの時代、法令などがこうして国内の隅々にまで行き渡ったのは、すごいことである。多くの者が文字を読め、それを理解できたわけだ。世界にはいまでも識字率が国民の五〇％に満たないところも多くある。

南東角に官営の「伝馬会所」、向かいの北西角に「飛脚問屋」があった。高札場の南に「呉服店」とあるが、これが丸栄の前身十一屋である。絵からははみ出す格好になるが、この辻から十数メートル北へ行った本町の西側には大丸の前身大丸屋呉服店があり、店先の看板には「御城下第一」と誇らしげに書かれていた。

在任当時の宗春は白い牛の背に乗り、ここ本町をぶらついたはずである。両脇に付き従う者の半纏の背にはそれぞれ「慈」と「忍」の文字が染め抜かれていたことだろう。駕籠で行き来するときには駕籠かきの背中に慈忍の根本である「仁」の字が加えられたりもした。

おそらく大丸屋呉服店へもしばしば立ち寄ったにちがいない。同店は京都から品物を取り寄せており、装束にこだわった宗春には目が離せなかったはず。同店は藩の御用達商人にもなっている。

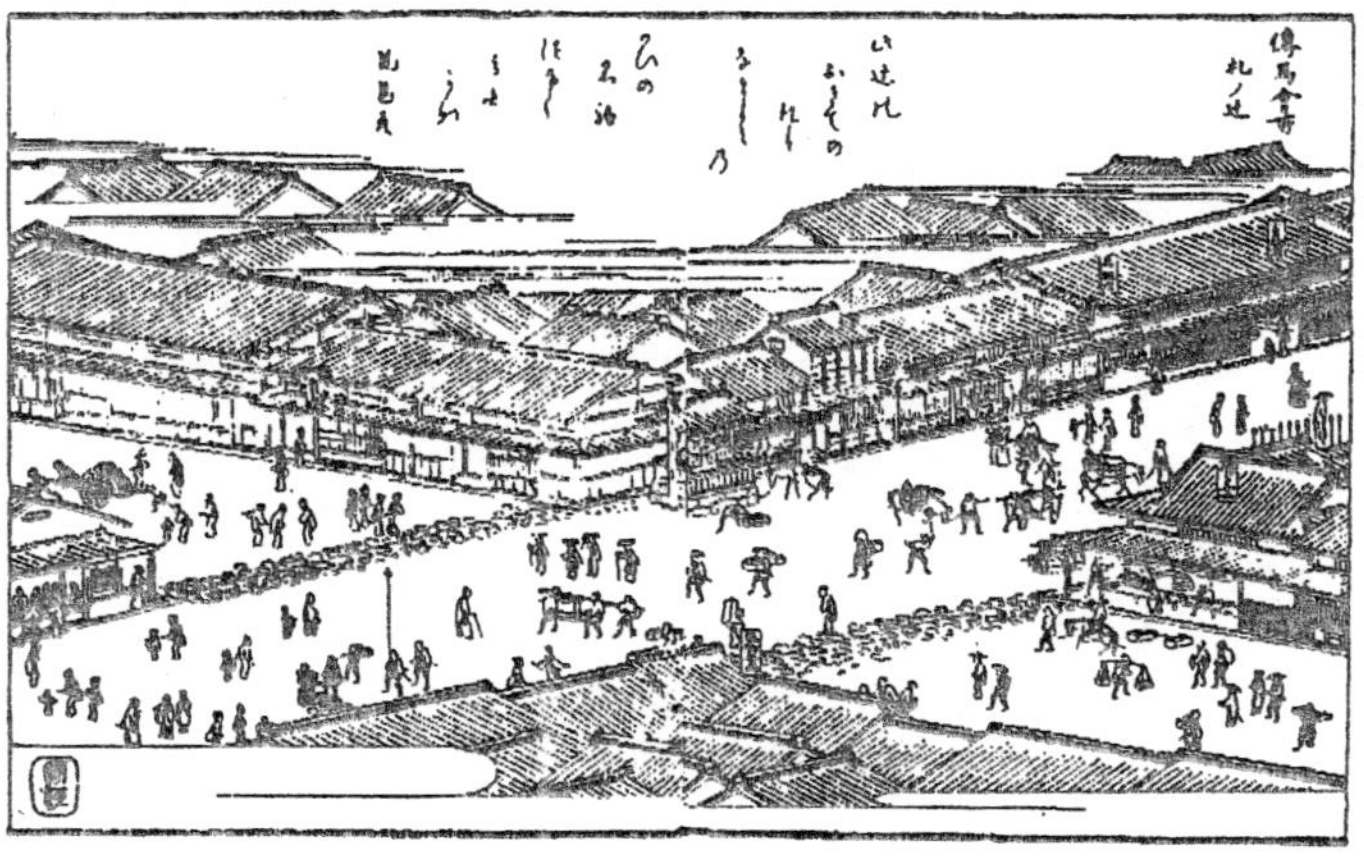

「札の辻」本町通伝馬町のにぎわい
（「尾張名所図会」より）

この店の裏（西）にあったのが桜天神だ。いまは狭くなり、ビルの谷底に沈んだよう。築城当時はここに万松寺があり、加藤清正の普請場とされた。同寺は後に大須へ移されたが、付属の桜天神だけはここに残された。

開府以前、この辻のあたりは那古野山と呼ばれる高地だった。それをならして町が造られた。そのため後々まで「音に聞こえし名古屋の山を　踏みやならした肥後の衆」と歌われている。

伝馬町の町名も清須にあったもので、そこでも伝馬役が置かれていた。ここは以前、天守閣の瓦などを焼いた関係から瓦町と呼ばれた。その瓦師らがやがて東の町はずれへ移り、伝馬町の名が付けられたというわけである。

ところで、復太郎が捕まった飛脚屋「福沢屋」についてだ。逮捕当時、彼は京都へ手紙を出そうと来ていたが、「伝馬町」とあるだけでどこに位置したのか、いまだに確認できないでいる。当時は民間の飛脚も発達しており、そうしたものの一つと思われるのだが……。

（第2部・当世名古屋元結）

舟橋武志

題字　冨永奇洞

将軍毒殺

実録・名古屋騒動

◆239◆

舞台を歩く ⑪

"寺院団地" 家康の町づくり

本町筋と伝馬町筋の十字路「札の辻」から、さらに南へ向かって歩こう。最初の十字路が東西に走る袋町筋だ。そこを右（西）に折れると、すぐ右手に福生院がある。本尊の大聖歓喜自在天から"お聖天さま"の愛称で親しまれている真言宗の寺だ。

反対に左に折れると、左側に聞安寺がある。その向かいの名古屋ガーデンパレスは近年、聖徳寺の跡地に建てられたもの。戦前までは同寺の南に理相寺も隣接してあった。これらはいずれも浄土真宗の寺である。

家康は名古屋城下を碁盤の目のように区切った。一つのブロックの四辺には家が建ち、背後の真ん中に空間ができる。この広場が「会所」とか「閑所」などと言われ、公共的なスペースともなるところだ。

「閑所」へ通ずる路地そのものも、やがて「かんしょ」と呼ばれるようになる。この名称は本来、「閑所」のある碁盤割りならではのものだ。それが後には郡部にまで広がるようになり、家と家との間の細い道は「かんしょ」として尾張弁になってゆく。

家康は町づくりに当たって、寺院をひとまとめにした"団地"を造った。大須方面の南寺町と東桜一帯の東寺町はその最大のもの。これには防衛上の意味もあったが、それともう一つ、宗派別に集めることにより寺院を統制下に置くねらいも秘められていた。

一向宗と呼ばれた浄土真宗はこれらの"団地"に入れられていない。家康は若いころ三河で一向一揆に悩まされ、つい先ごろは信長を苦しめた長島や石山の合戦も見てきた。それを恐れて浄土真宗の寺をひとまとめにするのではなく、碁盤割りの閑所に入れてゆくことにしたのである。

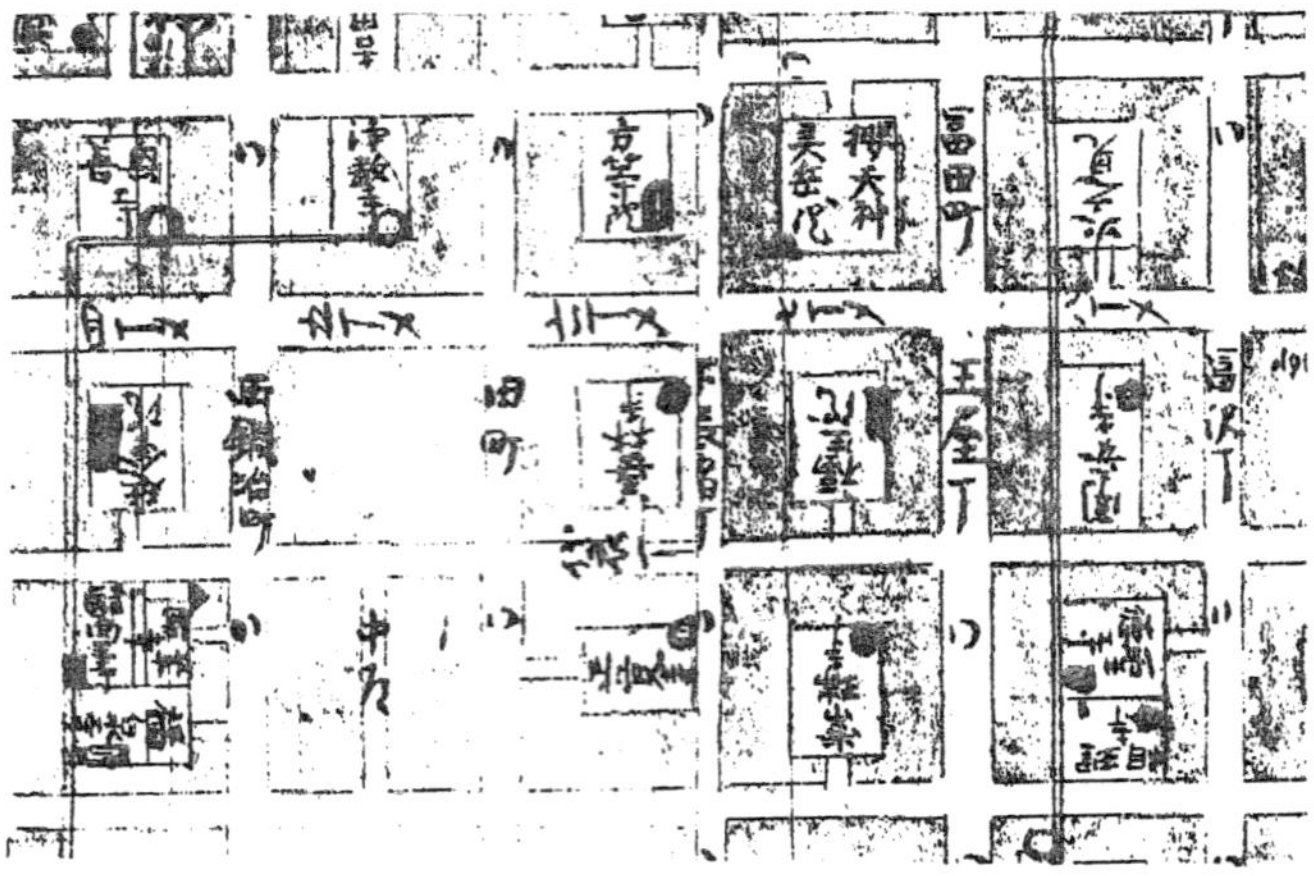

各ブロックに入った寺院（「名古屋城下図」より）

これより先、家康は同宗を東西の本願寺に分立させ、その勢力の分散をも図っている。ここへ入った寺の中には長島一揆でともに戦った寺も数多くあった。錦三丁目一番のブロック内にあった興善寺（現、中区新栄一丁目）もその一つだったが、後に東派の触頭（ふれがしら）の座を巡って聖徳寺と争い、西派へ転ずる一幕も起きている。ちなみに、この聖徳寺は富田（一宮市）にあったとき、信長と斎藤道三とが会見した寺としても名高い。

幕末当時の『名古屋城下図』を見ると、ブロックの中に多くの寺がある。これでも大火などで減ってきており、当初はもっとたくさんあった。そのほとんどが浄土真宗（とりわけ東派）の寺で、福生院などのように他宗の寺はごくわずかしかない。

碁盤割りは商人らの住む"経済特区"だったが、姿を変えた浄土真宗寺院の"団地"でもあった。これらの寺々は力を付けてきた碁盤割り商人らに支えられ、後には名古屋東別院の創立へと動き出していくのだった。

（第2部・当世名古屋 完結）

舟橋 武志

題字 冨永 奇洞

将軍毒殺

実録・名古屋騒動

◆240◆

舞台を歩く ⑫

三十六歌仙の和歌に由来の錦通

「みなさん、どうして錦通と言うか、知ってますか」

錦通本町交差点に来た。目の前の錦通はそれぞれ東西に平行して走る桜通と広小路通に挟まれている。三本の中では一番新しく、戦後の復興事業でできた道路だ。

名古屋の地下鉄（東山線）はすでに戦前から構想されていた。しかし、実際に動き出したのは戦後のこと。錦通は掘り下げて軌道を敷いた後、埋め戻してできた道路である。このため当初の名称は「市道高速一号」、堀川に架かる橋は上流の伝馬橋にちなみ「新伝馬橋」と呼ばれていた。

昭和三十二年、名古屋―栄間で地下鉄が開通（二・四キロ、料金十五円）、その後も東へ東へと延び続けてゆく。これに伴って地上の道路もどんどん延長されていった。こうした中で都心の幹線道路にふさわしい名称が求められてきたのである。

「これをご覧下さい。錦通の由来が書かれています」

「ええっ、ここはよく通るけど、これには全然気が付かなかったなあ」

錦通交差点北西側、瀧定前の道路脇に石碑がある。錦通は平成六年から二年がかりで大改修されたが、その完成を祝ってこの記念碑が設置された。同様のものは堀川の東、道路南側のNEC中部ビル前にもある。

見渡せば柳桜をこきまぜて
　都ぞ春の錦なりける

この和歌は『古今和歌集』に納められている。三十六歌仙の一人、素性法師の詠んだこれが錦通の生みの親だ。歌の詞書きに「花ざかりに京を見やりてよめる」とある。

素性法師は嵐山かどこかの高台から、京都の町を見下ろしていたのであろう。春はいまが盛りであり、柳の緑や桜の薄紅色に彩られている。この美しさこそが「春の錦」と感じられたのだった。

錦通の生みの親、素性法師

舟橋　武志　題字 冨永奇洞

この北を戦前にできた桜通が走る。南には柳薬師にぎわった古くからの広小路通がある。その「桜」と「柳」から素性法師の歌が連想され、新しい道路名として「錦」の名が付けられたのである。

「そんな優雅なこと、だれが言い出しゃーたの。話を聞いたら、この道に愛着がわいてきたがね」

「でしょ、ぼくもこの碑ができて初めて知りましたよ」

命名は最近見られるような公募ではなく、この発案者は分かっていないとか。一説には地元の古老が言い出したと伝えられている。別の説では当時の市の建設局長が部課長会議の席で発言したとも。しかし、その部長が自分の意志で言ったのか、あるいは周りの人の意見を採ったのかは分かっていない。

昔の人は古典などを教養として身に付けていた。とりわけ、この歌は戦前の国定教科書にも取り上げられていたそうだ。ケータイやパソコンは巧みに操作できても、情けないことに、こうした面での知識はわれわれの方が遥かに劣ってしまっている。

（第2部・当世名古屋元結）

将軍暗殺

実録・名古屋騒動

◆241◆

舞台を歩く ⑬

遊興の広小路を挟み尾張藩牢獄

錦通は広小路通の一本北、かつての蒲焼町（かばやきちょう）筋を拡幅する形で造られた。南へ百㍍ほど歩けば広小路へ出る。交差点手前の左側はUFJ銀行の本店、右側は大和生命ビルが壊されて駐車場になっている。

広小路は万治三年（一六六〇）の大火後、防火道路として道幅三間（約五・四㍍）だったのを十五間（約二十七㍍）に拡幅された。碁盤割りのほとんどを焼くほどの大火で、『金鱗九十九之塵（こんりんつくものちり）』によると、この火事で民家二千二百四十七軒・侍屋敷百二十軒・寺院三十軒を灰にした、とある。しかし、このころの広小路は現在とは違い、東は百㍍道路の久屋筋まで、西はここよりわずか一筋西の長者町筋までであった。

この広小路が上町（うわまち）と呼ばれた碁盤割りの南限である。その南は急に松原や田畑の残るうら寂しいところとなっていたが、ここがにぎわいを見せるようになるのは宗春の都市化政策以降のことだ。宗春が出るまでは熱田の方がはるかに繁盛していたのである。

しかし、この広い道路がにぎわいの舞台を提供するきっかけになった。茶屋や見世物・あやつり・芝居などの小屋が並ぶようになり、行楽を兼ねてここを訪れる人が増えてきた。とりわけ南西側にあった〝柳薬師〟古松山新福院（臨済宗）が人気の中心だった。

同寺の境内には柳の木が植えられ、本尊の薬師如来も柳でできていた。明治になって寺は廃されてしまったが、この本尊だけは緑区大高の長寿寺にいまもある。毎年五月から七月までは夜も開帳され、夕涼みを兼ねて一段とにぎわいを見せた。

北東側には庚申堂があり、一本道を隔てた東に神明社（現・朝日神社）もあった。これらの前にも茶屋が並び、見世物などが小屋掛けした。『風流夢の跡』は神明社前のにぎわいぶりを次のように書いている。

「社内に明石が森太夫が偶人（あやつり）芝居、六百の半左衛門といふもの座敷とす。九月十五日の夜、西は本町より東は久屋迄、南北に垣をゆひ、懸行燈（かけあんどん）すきまなく、龍の作り物など火をともして夥（おびただ）し。門前に住吉屋、伊せやとて茶屋あり。酒、でんがく、なら（奈良）茶、芝居弁当、人知らぬことのみ多く、梅屋、社より暫（しばら）く西、饂飩（うどん）にて、獄屋へ飯焼てやると聞はうるさし」

庚申堂の向かい側、にぎわう広小路を挟み、尾張藩の牢獄があった。まるで天国と地獄が同居したような感じだが、善心を起こして食事の差し入れでもしてやろうというのだろうか。江戸北町奉行の甲斐守一行に逮捕された文兆や子桂らも、江戸へ護送される前、しばらくはこの牢獄で取り調べを受けていたのである。

（第2部・当世名古屋元結）

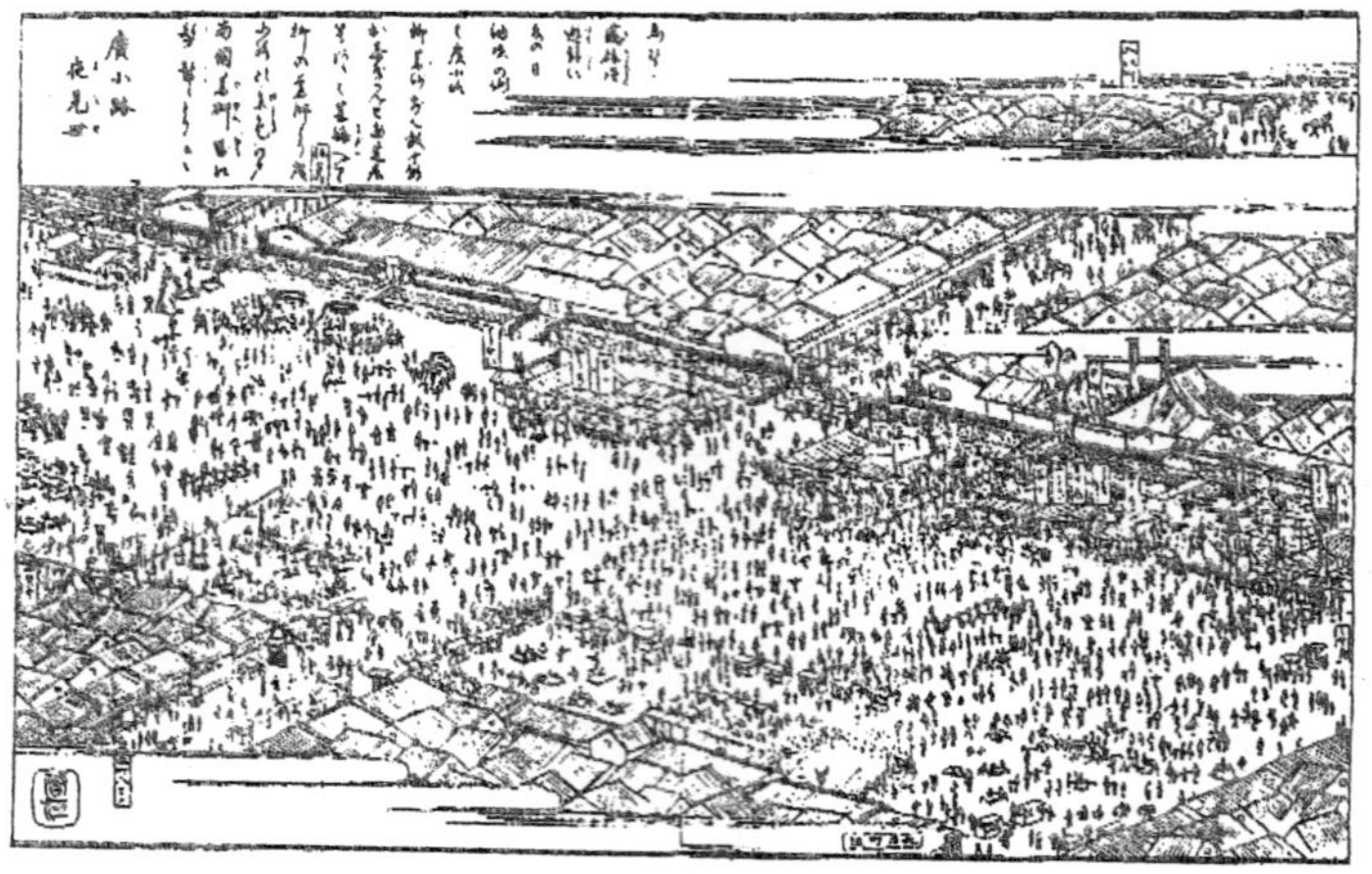

にぎわう広小路（「尾張名所図会」より）

舟橋 武志

題字 冨永奇洞

将軍毒殺

実録・名古屋騒動

◆242◆

舞台を歩く ⑭

牢獄の斜め向かいは朝日神社

では、朝日神社まで歩こう。UFJ銀行本店前を通り、その東に隣合う中央広小路ビル前へ。庚申堂は二つのビルの建つ地にかかるような形であり、この向かい側に牢獄があった。

七間通を渡った次のブロックに朝日神社がある。ビルの建ち並ぶ都心にあって、狭いながらも安らぎを感じさせてくれる。まずは参拝させていただこう。

ここの祭神は天照大神（あまてらすおおかみ）と天児屋根命（あめのこやねのみこと）。江戸時代は神明社とか朝日神明宮などと呼ばれていた。清須越しの神社で、慶長十六年（一六一一）、朝日村（清須市朝日）から移されている。

境内に入ってすぐのところに、人をさえぎる古びた垣根があった。板と板との間が少しずつ空けられ、透かし見できるようになっている。一般には「透垣」と呼ばれているものだ。

これは神社斜め向かいに牢獄があり、そこから見えるのを避けるためと言われてきた。市教委編『名古屋の史跡と文化財』（旧版）はこのいわれを次のように書いている。

「向かえに牢屋敷があったころの遺物で、向かいの牢屋敷へ出入りする罪人どもが、神様のお目に入るからと、昔、わざと造ったものだとの事。この物、藩塀（はんぺい）、俗に不浄よけという」

しかし、そうとは決め付けられないのではないか。当地の神社にはむしろ透垣があるのが普通だ。中には木造ではなく、石造のものもあったりする。

これは同書にもあった「不浄よけ」とか「藩塀」と言われ、またの名を「しきり」「みきり」あるいは「らち」「だち」などと呼ぶところもある。「らち（埒）」は「埒が明く、明かない」の「らち」で、そのもとは「柵」の意味だ。「だち」は「らち」のなまったものと言える。余談だが名古屋弁の「だちかん」「だちゃかん」はこの「埒が明かない」から来たものだ。

江戸後期の朝日神社
（「尾張名所図会」より）

神社にこうした付属施設があるのは尾張地方の特徴と見てよい。ここの垣根を牢獄と結び付けて考えるのはどうか。それに牢獄は正面ではなく、斜め向かい側となる。

ちょっと疑問を呈してしまったが、さて、次は文兆らの入れられた牢獄跡へ行こう。神社の東に大型書店マナハウスがあり、その前の横断歩道を南へ渡る。交差点北東角に名古屋国際ホテルの入る丸栄ビル（北館）、向かいの南東角に丸栄百貨店（南館）がある。

伝馬町そば（玉屋町）にあった十一屋は大正四年（一九一五）北館の建つ針屋町へ移って百貨店となった。同店は後に南館の地にあった同業の三星と合併する。こうして広小路をはさんで二つの丸栄ビルが並ぶことになったのである。

（第2部・当世名古屋　完結）

舟橋　武志

題字　冨永　奇洞

将軍毒殺

実録・名古屋騒動

◆243◆

舞台を歩く ⑮

心中に吉宗厳罰 宗春は温情

「みなさん、このあたりが闇森（くらがりのもり）八幡社で心中しそこなった遊女小三と畳屋喜八がさらされたところですよ。先ほど宮古路豊後掾の『睦月連理𢢫（むつまじづきれんりのたまつばき）』初演の地だった円輪寺を見てきましたが、その主人公にされた二人です」

ＵＦＪ銀行の向かい側、広小路に面した名古屋栄東急インと第一生命ビルの前。尾張藩の牢獄はこの二つのビルにかかるようにして設けられていた。二人は三日間、牢獄前でさらされたが、宗春は「心中」を「相対死」と改めさせ、厳罰で臨んだ吉宗に対し、短時間の形だけの刑で許した。それればかりか二人はその後結婚し、子供まで設けている。

若い二人は後ろ手にしばられ、後ろに「相対死し損ひ晒し置く」旨の捨て札。芝居の〝主役〟に会えるとあって、この〝見世物〟は大評判になった。城下の人たちは言うに及ばず、近郷からも一目見ようと多くの人が押し寄せたとのことである。

当時の牢獄は拘置所に当たるもので、いまのような刑務所とは違う。判決が出れば、すぐに執行された。取り調べに当たり、拷問などは日常茶飯事だった。

刑の軽い者は入れ墨を入れられ、門前払いや所払いなどとなった。重い者は市中引き回しのうえ、はりつけ・獄門などが待っていた。市中引き回しには大引き回しと小引き回しの二つのコースがあった。

紙面の都合で詳しくは書けないが、大引き回しのコースを現在地で示せば、まず獄舎を出て東へ進み、久屋大通（百㍍道路）で左折・北進した。オアシス21の前を通り、テレビ塔あたりで右折して飯田街道へ入り、富士中学校前を通って広小路葵交差点の手前へ。そこからは国道19号を北へ向かい、代官町交差点（平田交差点の一つ手前）を左折する（両替町・京町などのある、当時の東西を貫く幹線道路）。この道を真っ直ぐ西へ進み、堀川に架かる五条橋を渡り、美濃路で刑場のある土器野（清須市土器野）へと向かった。

「政刑秘鑑」にある市中引き回しの様子

一方、小引き回しは久屋大通から飯田街道へは入らず、そのまま北進し、大引き回しのコースが西進してきた当時の幹線道路に合流した。両替町・京町を通り、五条橋二筋手前で左に折れた。ここから獄舎へ戻ることになるが、そこへ至るコースの説明は煩雑になるので割愛させていただく。

現在の都心部を〝パレード〟していたことになる。「引かれ者の小唄」ということわざがあるところを見ると、この期に及んでも強がりを見せる罪人もいたということか。ただ一人生き残った子桂は江戸市中を引き回されたうえ、その日のうちに牢獄内の斬首場で刑を執行され、首はわざわざ土器野でさらされた。むろん、小唄を唄う心境などにはなく、馬上でうなだれていたと伝えられている。

舟橋 武志

題字 冨永 奇洞

（第2部・当世名古屋元結）

将軍毒殺

実録・名古屋騒動

◆244◆

舞台を歩く⑯

収監四日後に江戸送り文兆一行

舟橋　武志

題字　冨永　奇洞

広小路脇の牢獄に入れられたのは文兆と長秋・子桂親子、それに復太郎の倅鍬太郎の四人。復太郎は御目見得の武士だったことから、先に見てきた評定所に入れられている。安永六年（一七七七）十月六日のことだった。

このうち、鍬太郎は事件に無関係として、後に釈放されている。残る三人はこの牢獄に四日間収監され、十日、復太郎とともに江戸へ連行されていった。一行は本町から熱田へ向かったが、百人を超す異様な行列に、居合わせた人たちは目を丸くするのだった。

「昔のことだで、あらけない拷問にかけられたんだろうねえ」

「でしょうねえ。『政刑秘鑑』という本を見ると、いろいろなお仕置きが絵で紹介されてますよ。人権なんてない時代でしたからね」

「こんなこと聞いてえーきゃあ。わし不思議に思うけど、はりつけにされた人はどうしてちゃんと『大』の字になっとれるのかね」

「体がだらーんと下がってこんかってことですか。それははりつけ台（罪木）の股間の位置に短い板があり、そこへ腰掛けるというか、そこで受けとめるような形になってるんですわ。そうしてかんとおっしゃるように、ずり落ちてきますからねえ」

広小路は人でごった返している。立ち止まって約二百三十年前に思いを馳せるわれわれを、いぶかしく思いながら通り過ぎていく人たちもいた。あのころもここは結構にぎわっていたはずである。

宗春は『温知政要』の中で「たとひ千金を延べた物にても、かろき人間壱人の命にはかへがたし」と書いたように、当時では類を見ない死刑廃止論者だった。事実、その治世中に一人の刑死者も出していない。そのため牢獄は罪人であふれ、皮肉にも伝染病にかかって死ぬ者も出たほどだ。

そう言えば、心中を図った遊女小三と畳屋喜八も、宗春が厳罰で臨まないと読んでの偽装心中だったかも。ともに傷は浅く、命に別状はなかった。そうなると、試されていたのはむしろ宗春の方だったのかもしれない。

ここに牢獄ができたのは万治三年（一六六〇）正月十四日の大火後のこと。それまでは宝林寺という曹洞宗（後に臨済宗）の寺があった。この火事で寺も焼け出されて本重町（中区錦）へ移り、宝永七年（一七一〇）、現在の新栄三丁目へ移転している。

牢獄のすぐ西側を紫川が流れ、二百㍍ほど南にあった伝光院（浄土宗、現・名東区名東本通二〇）のところで西へ折れて堀川へ注いでいた。紫川の由来には諸説あるが、その一つに、牢獄から流れる血で紫色がかっていたから、とするものもある。紫川の名からいつしか伝光院に紫式部の墓が建てられ、それは移転先の同寺にいまもある。

（第2部・当世名古屋　完結）

吉宗の時代から始まった「たたき刑」の様子（「政刑秘鑑」より）

将軍毒殺

実録・名古屋騒動

◆245◆

舞台を歩く ⑰

ツアーの終わりはコメダで一服

舟橋　武志

題字　冨永　奇洞

「これで今日の見学会を終わります。みなさん、お疲れさまでした」

牢獄跡で説明を終え、この日の終了を告げた。しかし、なかなか立ち去ろうとはしない。参加者の中から「ちょっと喫茶店へでも行きましょうよ」との意見が出される。

果たしてこれだけ座れる店があるのか。躊躇していたら「少し南の本町脇にコメダがあるがね」「ほんと、あそこならえーかも」との声。広小路を左折して本町を南（大須方面）へ行くことになった。

別れたら独り、お茶でも飲もうかと思っていた。が、向こうへ行くなら、説明したいこともある。また、みんなでぞろぞろ歩き始めた。

「なんでコメダというか知っとりゃーすか。聞いた話だけど、社長が中川区の供米田（くまいでん）のご出身だそうで、『供』を取って『コメダ』にされたとか。供米田はお供えする米を作る田んぼのことで、その奉納先は熱田さんだったらしいですよ」

同店は当地で急増中の大型喫茶店だ。それでいてモーニングサービスはあるし、新聞や雑誌も置くなど、名古屋流喫茶店の作法を守っている。外来種のただ飲むだけというのでは味気なく、名古屋人ならついつい入りたくなってしまう店だ。

いま歩き出した左手（東側）を紫川が流れていた。最初の交差点が入江町本町交差点。その手前右側に鉄鋼商社の岡谷鋼機があるが、これは寛文九年（一六六九）、初代岡谷總助がここで金物商「笹屋」を始めたことによる。

このあたりはかつて鉄砲町と呼ばれたところ。開府当初、清須から数人の鉄砲師が移り住んだ。入江町はその東側、牢獄の南にあった。同所で仕事をしていた入江宗内という人物から名付けられたもので、町内には彼とその配下の者たちが住んでいた。

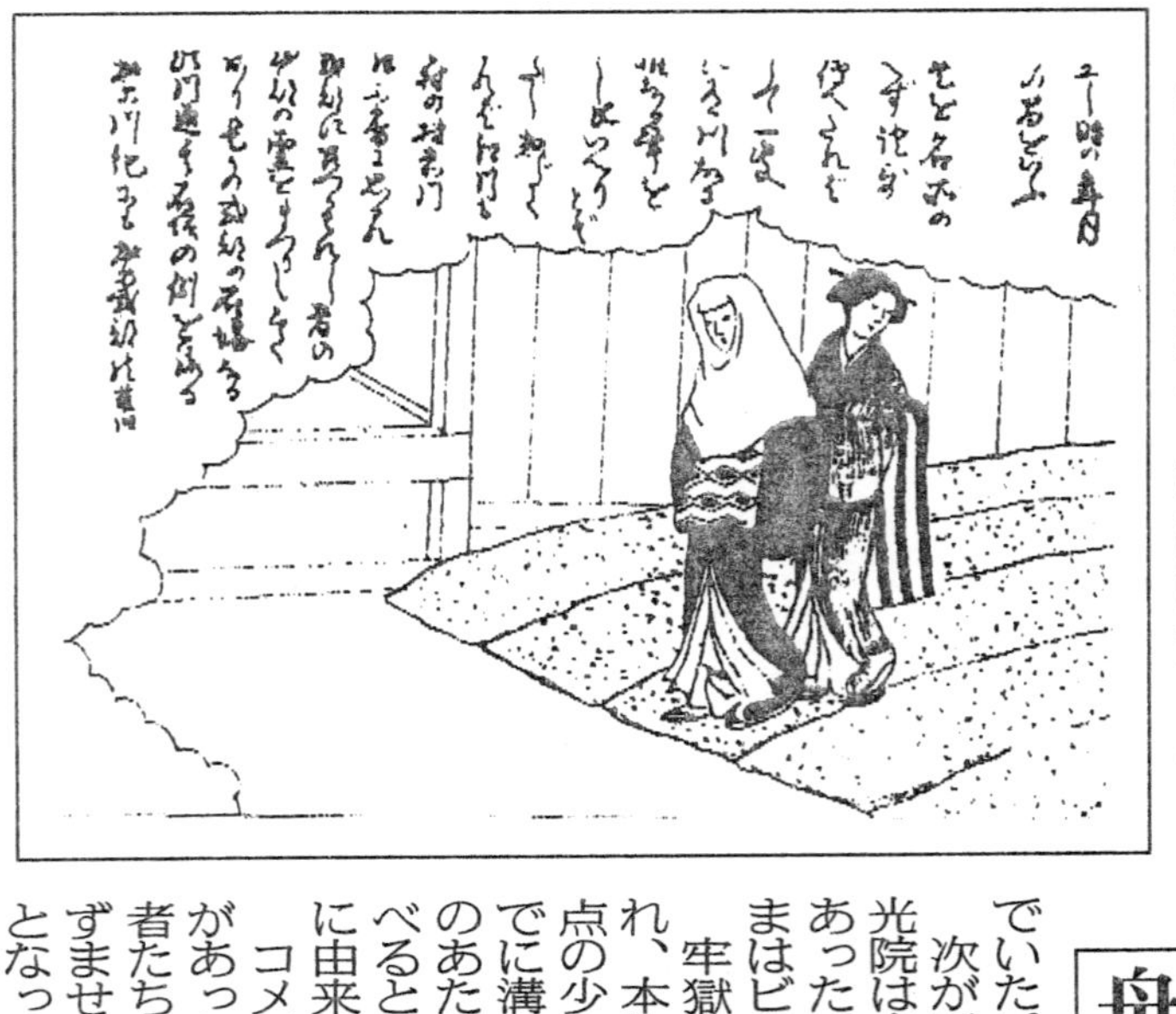

紫川に架かる石橋（「尾張名陽図会」より）

次が三ツ蔵通本町交差点。紫式部の墓の建つ伝光院は交差点の南東側、少し東へ入ったところにあった。寺は伊勢湾台風後に名東区へ移転し、いまはビルが建てられている。

牢獄西を流れてきた紫川はこの寺の西側で折れ、本町を横切って堀川へと向かっていた。交差点の少し南に石橋が架けられていたが、当時、すでに溝のようにやせ細った川でしかなかった。そのあたりは大久保見町と呼ばれており、周りと比べるとかなり低く、町名はこのくぼんだ「窪み」に由来する。

コメダは三ツ蔵本町交差点を超えた西側、石橋があった場所より少し手前に位置している。参加者たちは店内に入ってからも、依然として話をはずませていた。名古屋城正門前から逮捕劇の舞台となった町々を訪ね歩いてきたわけだが、今回の見学会で当時の場所や町の様子などをそれなりにしのんでいただけたろうか。

（第2部・当世名古屋元結＝終わり）

おわびと訂正、そして追跡取材

コメダの店名は米屋の太郎さんから

偉そうにコメダの由来を「中川区供米田《くまいでん》の供を取って名付けられた」と話し、そして原稿にしてしまった。そう聞かされていたが、これは大間違いだった。コメダの名前は「米屋の太郎さん」から来ていた。

その後、おわびと反省の意も込め、改めて取材したことがある。それは以前に出していた小生のミニコミ「名古屋なんでか情報」104号（平成25年1月）および107号（同4月）に書いており、ここに転載しておくこととする。コメダをはじめ名古屋の喫茶店の現状などを含めてレポートしている。

旅のこぼれ話（ブログより）

●11月30日　静岡で見たコメダのだじゃれ

先日、静岡へ行って来た。軽のポンコツで往きは国道1号をヨタヨタ走り、帰りは名古屋での用事があって東名を使った。それはいいのだが、旅に出ても喫茶店のコメダの看板を見ると寄ってみたくなる。

高速に乗る前、静岡インター店に入った。木調の広い店内ではモーニングのトーストをほおばったり、おばちゃんらがペチャクチャしゃべり合い、名古屋的な雰囲気にあふれていた。異国の地へ来ても、妙に落ち着く。

新聞各紙に一通り目を通し、店を出る前にトイレへ――。立った正面の壁に張り紙がある。そう言えば、テーブルにも無料でケータイの充電器を貸すとか、残ったものは持ち帰りできるようにするなどと書いたものもあった。

「空調には十分気を付けていますが、店長のジョークが寒いときには『ブランケットを』と言って下さい」

ほかにもまだいくつかあった。コメダでこんな張り紙を見たのは初めて。チェーン店ではあっても、かなりの裁量が認められているのか。

米屋の太郎さんが始めたコメダも、いまは大きくなりすぎて人手に渡った。店の数は増えても、各店の個性を認めているということか。そう言えば、事前に自販機で食券を買う店も多くなったのに、吉野家が食後に代金を手で受け取っているのも、商売の原点としての触れ合いにこだわろうとしているからなのかもしれない。

●12月1日　いいことがあれば悪いことも

静岡で泊まったのは駅前のビジネスホテル。今日は空いているからと言って、追加料金なしでビップルームに替えてくれた。ラッキイー！って感じで手続きをすませ、その部屋に入らせてもらった。

高い階にあるし、部屋は広いし（とは言っても、他の部屋よりは、という程度）、見晴らしもいい。備え付けのアンケート用紙にはすべて「よい」として二重丸を付けておいた。今度来るときも、また利用したい。

翌朝、気分よくチェックアウトし、車を止めたコイン駐車場へ――。ところが、もらったコインを入れてもロック板が下りない。コインも戻ってこないし、ボタンを押し直しても何ともならない。

あいにく雨が降っていた。ぬれながらフロントへ駆け込むと、若い女性がマニュアルにでもあるように慌てもせず、管理会社に電話したうえ「しばらく下でお待ち下さい」と言っただけ。来るまでにだいぶ待たされた。

係員氏は車の下をのぞき込んで、「（ロック板が）つかえているから、バックしてみて下さい」と言った。車高が低いからだろうが、こんなことがあるとは。もっとも2人乗りの軽い小さい車（スズキのツイン）で、止めたのにロック板が作動せず、ただで駐車できてしまうこともときにはあったりする。

それにしても、あのときの対応は冷たかったなあ。ビップルームの極楽から、宿を出たとたんによそよそしい地獄へ。アンケートを出すのがちょっと早過ぎた。

●茶飲み話―思わず入ってしまう喫茶店「コメダ」の話

ご来店のお客さんが「出張の帰りにコメダの静岡インター店へ行って来た」とおっしゃった。同店については「なんでか」1月号で書いたが、それを読まれていたとか。読者でもないのに……と思っていると、先取りするかのように「鶴舞図書館で読み、いっぺん店へも来てみたかった」

と言われた。

あの店はテーブルの脇に「残ったものは持ち帰りできるようにする」とか「無料でケータイの充電器を貸す」などの案内があり、トイレに入ったらまた別の張り紙がしてあった。笑ってしまったのは用足しに立った目の前に「空調には十分気をつけていますが、店長のジョークが寒いときには『ブラッケットを』と言って下さい」とあったことだ。「コメダ」（店名は「コメダ珈琲店」だが、以下「コメダ」と略称）はチェーン店でも独自性が許されているのに感心し、あのとき「なんでか」に駄文を書いたのだった。

「コメダ」はぼくの好きな喫茶店の一つである。独特の書体で書かれた看板を見ると、ついふらふらと寄ってみたくなってしまう。県外などへ出ればよけい親しみも湧き、数あるコンビニの中から「サークルK」を選んでしまうのにも似ている。

「コメダ」にひかれるのはこれだけ大きくなっても、名古屋的な喫茶店の作法をしっかり守っているからだ。トーストにタマゴのモーニングサービスがあり、その時間を過ぎても豆菓子が付いてくる。ちゃんとしたおしぼりが出てくるのもうれしい。

それよりも一層重要なのは店内に新聞や雑誌が豊富に置かれていること。名古屋人にとって喫茶店はわが家の居間や応接間であり、さらには何でもある図書館にも等しい。ただ飲むだけのセルフサービスの店へ入るくらいなら、もっと安い缶コーヒーを自販機で買っていた方がましである。

「コメダ」を初めて知ったのは20代の後半だった。雑誌の夢破れ、かと言っていまさら会社勤めをする気にもなれず、東区の高岳にあった共同事務所に席を置かせてもらっていた。そこは自分で事務所も持てないライターやデザイナー、カメラマン、印刷のブローカーなど、若いフリーランサー（と言うと格好いいが、実態はフリーター）たちの溜まり場になっていた。

これを取り仕切っていたのが聡明な女性で、みんなが彼女にどれほど助けられたか分からない。事務所に行くとまずトーストとコーヒーが出され、それを楽しみに食えない仲間が集まってきていた。そして「電話帳」と言ってページをめくり、オイチョカブなどに興じていたものだ。

暇はあっても金がなかった。用もないのにここへ出てくる日々だったが、やがてこの近くにオープンしたのが「コメダ」の高岳店だった。それからは独りで、あるいはみんなといっしょに行って、よく時間をつぶしたものである。

店名「コメダ」は米屋の太郎さんが北区で喫茶店をやり始めたことによる。調べてみると、それが昭和43年（1968）のことだったそうで、高岳店のできたのはその4年後、昭和47年とある。いま思うと「コメダ」とはかなり早く出会っていたわけだ。

米屋の太郎さんは店を始めて2年後に、フランチャイズで店舗展開に乗り出した。その1号店とされるのが円頓寺商店街（西区）の北にある菊井町店である。ここにも何度か立ち寄っているが、すぐそばの飲み屋「菊井かつ」はその比ではなかった。

看板には黒地に独特の書体で「珈琲所 コメダ珈琲店」と書かれている。これは書家の樽本樹邨という人の手になるものだそうで、米屋の太郎さんはその教え子だったとか。店名の脇にあるコーヒーを飲むヨーロッパ風の紳士は常連だったデザイン学校の生徒さんによる作品。まだどうなるかも分からなかったのか、案外、身近なところにいた人たちによって作られている。

「コメダ」と言うと、いまではログハウス調の大きな造りと広い駐車場のある店をイメージしがち。しかし、当初はこぢんまりとした店で駐車場もなく、どこの街角にもある純喫茶をちょっと格調高くしたようなものだった。こんな「コメダ」が名古屋市内にぽつぽつ見られるようになり、自転車で名古屋の南部を回っているときなどに立ち寄る内田橋店もそんな歴史のある店の一つである。

そう言えば、カレーハウス「CoCo壱番屋」も、街の喫茶店からスタートしていた。発祥の店が清須市の枇杷島町にいまもあるが、通勤時にいつもその前を横目にしながら通っている。店は当時の雰囲気を漂わせていて、遠方からわざわざ訪ねてくるファンもいるそうだ。

これも「コメダ」？若い人には驚きも出そう（菊井町店）

名古屋からチェーン展開していった店は多い。いま挙げた「コメダ」「CoCo壱番屋」「サークルK」、それに「山ちゃん」や「かに本家」「ベントマン」などもある。最初の店を訪ねる「1号店の旅」でも企画し、当初の店の様子や苦労話、成長の秘密などを紹介するというのも面白いか。

「コメダ」が伸びた最大の秘密は、加盟店に対するロイヤリティが売り上げに対してではなく、店の席数に応じた定額制になっていることにある。この点、売り上げに比例して取られるコンビニをはじめとしたフランチャンズチェーンとは違っている。店内のゆったりとした雰囲気にも似て、このゆるい契約がオーナーのやる気を引き出しているのだろう。

しかし、それでも抜けるところはあるみたい。ちょくちょく行っていた店がある日突然、別の看板になっていてびっくりしたことがある。外観や内部はもちろん、メニューもカップも以前とそっくりで、女性に大人気のシロワールも名前こそ変わっていたが、ちゃんとあった。

しかし、大きく違っていたのは以前と比べて客が少ないことだった。ブランドの持つ力は大したもので、それを育て上げるのが本部の仕事でもある。あえて“自立”したのなら頑張ってほしいと思いながら、いまもやっぱり「コメダ」のつもりで前を通ると寄ってみたりもしている。

これで思い出したのは30年ほど前になろうか、ある人がコンビニに加盟してオーナーになったものの、3年後に「やり方は分かった」と言って“自立”したときのことだ。本部のしていることは空気みたいなもので、提供されるノウハウをなくしてしまったのでは、荒海に出て羅針盤を失った船のようなものだ。次第に商品の魅力をなくしたのか客足は減り、1年そこそこで廃業することになってしまった。

近年の「コメダ」は大きくなりすぎてしまったのか、2008年にファンドの「アドバンテッジパートナー」に身売りをした。そして今年、さらに「MBKパートナーズ」に移っている。お値打ちな名古屋的喫茶店の商法ならどこへ行っても通用し、さらなる飛躍のためには家業的な米屋の太郎さんでは手に負えないほどになってしまったのだろう。

名古屋で生まれた「コメダ」は日本国内どころか、将来は海外でも立派に通用するのではないか。出店地域も関東・関西・北陸・四国と広がっており、その数は500店舗に近づきつつあるとのことだ

ところが、この独走に待ったをかけようとしているところも、足元の名古屋にはないわけでも

ない。「コメダ」の牙城に挑戦しようする喫茶店がいくつも出てきており、名古屋に本部を置く「支留比亜（しるびあ）」や「元町珈琲」などはその代表的な店と言えよう。いずれも名古屋の喫茶店らしさを踏襲しながら、独自色を打ち出して店舗数を増やしつつある。

「支留比亜」は身近なところにまだないが、「元町珈琲」は近くにできた。これが「コメダ」以上にゆったりとした店内で、雰囲気も落ち着いている。このところすっかり気に入っており、こちらへ足を向けることも多くなってきた。

お気に入りの看板に出会うと、ついふらふらと入りたくなってくる。トーストをほおばり、コーヒーカップを手にしながら、新聞各紙をタダでゆったりと読める幸せ。なに、また株が上がっている？「コメダ」の株はないのか。

●本屋のジッサ通信―夢に生きるも大変だけど……

自分で言うのもナンだが、一冊の本を作るのは大変である。いくら機械化されてきたとはいえ、編集は人の手に頼るしかない。編集者の目で全体の構成を検討し、文章を整理し、誤字・脱字などを直す――こうした一連の作業は機械まかせにはできず、逆に言えば、編集者の腕の見せどころでもある。

印刷するところまで持っていくには目に見えない編集者の努力がある。以前、自費出版を引き受けたとき、編集にかかる時間を記録してみたことがあった。そのときに出た時給は300円を切っており、改めて「これではもうからない」と思ったものだ。

しかし、本作りには「無」から「有」を生み出す、何物にも替えがたい喜びがある。出来上がってきた本を手にすると、たとえそれに多少のミスがあろうとも、こんなにうれしいことはない。これまで出版を続けてこられたのも、本という形にするのが好きだったからなのか。

専門学校で教えているカメラマンに会った。手が足りないと教え子に助手のバイトを頼むこともあるそうだが、時給800円ではだれも来てくれないとか。こちらが生徒だったら先生の技術が盗め、その上お金までもらえると考えるのだが、いまはカメラマン志望の生徒ですら、時給800円ではやってくれないそうだ。

いまどき出版社を始めようとする若い人はいない。地方出版社が1社もない県がいくつか出てきており、これはその県にとって損失でもあるはずだ。同業の知人の話によると、筆者が現役出版者の最年長になるそうだが（誤解されるといけないので付記しておくと、「自ら先頭に立って継続的に出版している」との形容詞が付く）、悪いけどこれからもまだまだやっていくつもりだよ（彼はその次くらいだとか）。

将軍毒殺

◆246◆

実録・名古屋騒動

血統断絶 ①

事件の傷深くお世継ぎ深刻

舟橋　武志

題字　冨永奇洞

安永六年（一七七七）十月六日、名古屋城下は江戸北町奉行曲渕甲斐守一行に急襲された。彼らは文兆ら四人を召し捕り、十日、江戸へ引き揚げていった。この事件を記した『当世名古屋元結』は宗睦の鷹狩りで書き始めたが、最後も「甲斐守どの御出立より三日目に、宗睦卿わざと御鷹野あらせられけるとなり」で結んでいる。

「わざと」とあるのが面白い。尾張藩は面目丸つぶれだったが、格好をつけなくてはならない。何事もなかったかのように、供の者を率いて悠然と出かけるのだった。

鷹狩りは藩主に許された特権でもある。宗睦はとりわけこれを好んだ。そのころは一種の遊びとなっており、われわれにとってのゴルフみたいなものだ。

宗睦は後世「尾張藩中興の祖」と讃えられた人である。水野千之右衛門や津金文左衛門らを起用して河川改修や新田開発などに努める一方、細井平洲を江戸から呼び戻して藩校「明倫堂」を創設するなどもしている。寛政十一年（一七九九）六十七歳で没するが、その明君ぶりから「明公」と諡（おくりな）されたほどだ。

しかし、この事件では無様なところをさらけ出してしまった。鷹狩りの帰りに落馬して輿（こし）に乗せられたり、側室の色香に迷って殿中を右往左往し、ある時は前後の見境もなく激高してみたり。それも生きた人間である証明とも言えようか。

善人と言われているような人でも、よいことばかりをしているわけではない。悪人と評される人でも、目の前におぼれる子供がいれば、思わず救いの手を差し伸べるだろう。明君とて完全無欠の人間ではない。

安永六年、このとき四十五歳。家督を継いですでに十六年目に当たっていた。これといって目立った業績とてなかったが、この事件で目が覚めたのか、後に明君と呼ばれるにふさわしい活躍を見せる。

水野千之右衛門の指揮で開削された人工の大河川、新川の上流部

前年、尾張藩は事件の後遺症で深刻な悩みに直面していた。長子治休（はるよし）は三年前に文兆らによって毒殺されている。この年の七月十日、彼らが推し、後継と認められた治興（はるおき）も病気で亡くなってしまった。

あとにはだれもいない。成瀬・竹腰をはじめとする重臣らはあわてた。これでは藩祖義直以来、連綿と続いてきた尾張徳川家の血統が途絶えてしまう。

こんなときこそ“御連枝”高須松平家が頼りだ。このときすでに大久保松平家と川田久保松平家は廃絶してしまっている。養子として迎えられたのは高須五代藩主義柄（よしとも）で、同六年正月二十五日、将軍家治から「治」の一字を頂戴して治行（はるゆき）と名乗ることになる。このとき十八歳だった。

高須三万石は弟の柄常（後の義裕）が継いだ。その高須藩も男子はあと一人、富之丞しかいない。血統を受け継ぐのは決して容易ではなかったのである。

（第3部・宗春の逆襲）

将軍毒殺

実録・名古屋騒動

◆247◆

血統断絶 ②

綱誠の頑張りあっても綱渡り

舟橋　武志

題字　冨永　奇洞

九代宗睦まで続いてくるには幾たびもの危機に直面していた。藩祖義直からして、早くも危ぶまれた。義直は儒教を尊んだ超真面目人間で、この時代にはめずらしく側室を置いていない。

正室春姫（高原院・浅野幸長の娘）との間に子がなく、心配した幕府が側室を持つよう、わざわざ〝勧告〟してきたほど。それでしぶしぶ娶ったのが二之丸殿と呼ばれたおさいで、二人の間に鶴姫が生まれている。

その律儀者の義直が大森村（守山区大森）の農家の娘お尉を目にとめ、生まれたのが五郎八、後の二代藩主光友である。義直は「一生の失策」と恥じ入ったが、もし光友が生まれていなかったら、早くもここで後継が途絶えるところだった。出会った経緯などは第一部でのべた通りである。

その後、三代綱誠（つなり）・四代吉通へと続いていく。光友は父とは違って十一男十女（養子女を含む）の子だくさんであった。跡を継いだ綱誠はそれをも上回る二十一男十七女(同)に恵まれたが、父光友より一年早くこの世を去っている。

その子吉通が十一歳で藩主の座に就いた。吉通は六代将軍家宣の信頼厚く、晩年、「わが子はいまだ幼い」として将軍後継ないしは摂政役を望まれていた。しかし、政治顧問の新井白石の反対にあって実現せず、そればかりか二十五歳で急死してしまったのである。

五代を三歳になる子の五郎太が継いだ。しかし、就任三カ月にも満たないうちに亡くなり、その跡を吉通の弟継友、さらには宗春が継いだ。大混乱したこの時期は多くの子を残していった綱誠の頑張りに助けられた格好である。

当時は尾張と紀州とが将軍の座を巡り、暗闘を繰り広げていたときでもあった。家宣の子家継が七代将軍に推されたが、八歳で病死してしまった。そのとき尾張の江戸詰めは先代家宣の言葉を信じ切って何もせず、巻き返しをねらう紀州の吉宗にその座を奪われてしまったのである。

ここで注目しておきたい人物がいる。四代吉通・五代五郎太が急死したこの混乱期、藩政を陰で支えたのが初代高須藩主となった松平義行である。彼は文武両道に優れ、父光友・兄綱誠の信頼も厚かった。

吉通は十一歳で父綱誠を失った。義行は兄に代わってこれを訓育、藩政面でも後ろ盾となって支えた。義行は江戸の尾張藩邸で過ごすことも多く、継友が藩主になった二年後、継承を確かめるようにして隠退、その年に亡くなっている。

こうしてどうにか乗り切ってきたが、その最大の危機がやってきた。ご存じ七代宗春が蟄居謹慎を命じられ、男子のいないのを幸い、吉宗がわが子を送り込もうとしたのだ。実に危ないところだった。

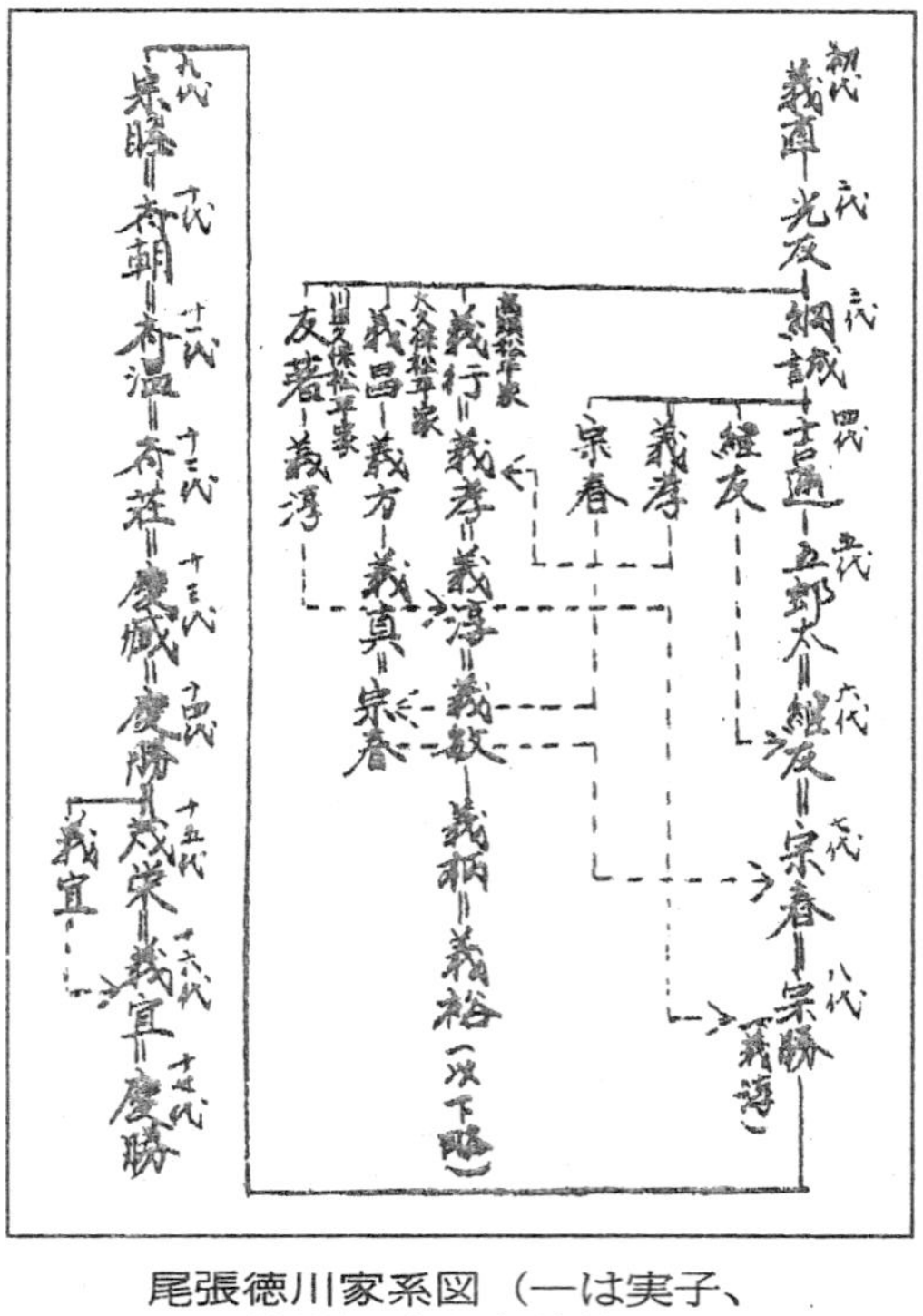

尾張徳川家系図（一は実子、＝は養子）片山久代筆

（第3部・宗春の逆襲）

将軍毒殺

実録・名古屋騒動

◆248◆

血統断絶 ③

尾張徳川の血筋九代で絶える

舟橋 武志

題字 冨永 奇洞

吉宗は宗春を蟄居謹慎させた後、わが子を尾張へ送り込む腹づもりでいた。宗春のような人物がまた出てこないとも限らない。悪いことに、長男家重（後の九代将軍）は幼いころから病弱で、出来もあまりよくなかった。

これに対して弟の宗武（田安家）・宗尹（むねただ、一橋家）はともに優れていた。特に、家重より四歳年下の宗武は秀才として周りの評判も高かった。老中筆頭の松平乗邑（のりむら）が失脚したのも、吉宗の意に反し、宗武を後継に推したからとの見方もあるほどだ。

吉宗は宗春に蟄居謹慎を命じる直前、竹腰志摩守を江戸城中に呼び出していた。わが子宗武か宗尹を尾張藩主にしようとの考えだ。これを聞かされた志摩守は平伏しながらも、必死に熱弁を振るって抵抗するのだった。

「四谷殿（高須藩主）を差し置いて外からのご相続とあっては、わが家中は治まりますまい。それがしが鎮める役目ではありまするが、至って不器用で果たして務まりますかどうか」

竹腰ら尾張の重臣たちは乗邑と手を結び、〝宗春はずし〟を画策してきた。幕府公認のクーデターと見てもよいほどのものだ。これがようやく成功したというのに、吉宗の子を迎えたのでは何のためのものだったのか。

うわさは早くも名古屋に伝わっていた。若い藩士らを中心に「そんな押しつけ藩主なら、城に立て籠もって一戦挑もうではないか」「いや、その前にお迎えしたうえ駕籠越しに刺し殺してしまおう」などといきり立っている。さすがの吉宗もあきらめざるを得なかった。

もしここで押し切られていたら、藩祖義直以来の血統は七代宗春で断絶していた。宗春は志摩守から蟄居謹慎を伝えられ、「よもや田安殿ではあるまいな」と声を荒らげた。「いえ、四谷殿にご登城するようにとの仰せでございました」と聞かされ、ほっとした表情を浮かべるのだった。

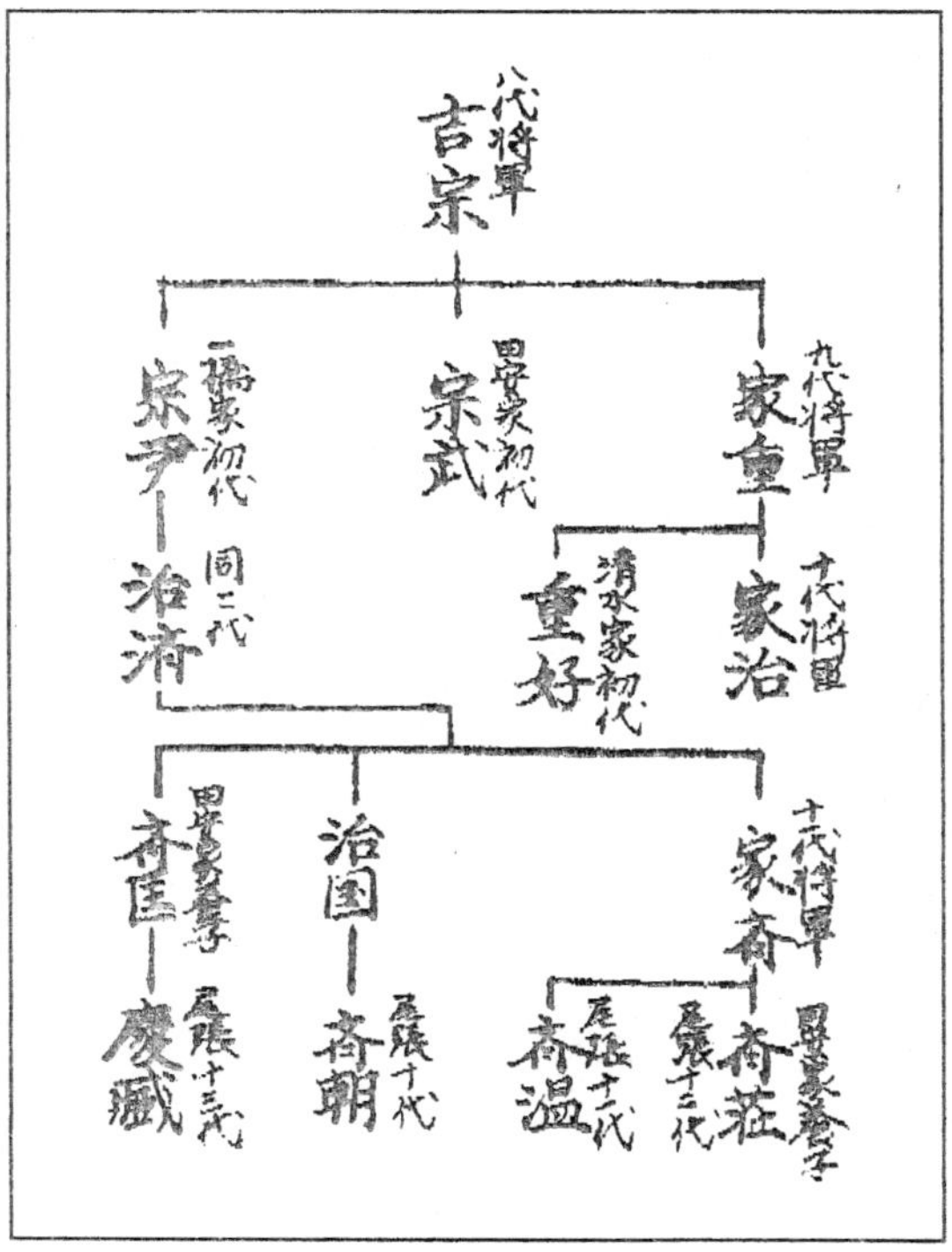

〝天下り〟藩主の系図（片山久代筆）

尾張徳川家の血統は八代宗勝、その子宗睦へと続いた。しかし、宗睦の後ついに断絶、十代に斉朝（なりとも、一橋家）が就任することになる。以降、斉温（なりはる、将軍家）・斉荘（なりたか、田安家、実は将軍家斉の子）・慶臧（よしつぐ、田安家）と四代・約半世紀にわたって〝天下り〟藩主を迎えることになるのである。

以前、尾張藩は必死になって吉宗の構想をはねのけた。それがここへ来て現実のものとなってしまったのである。義直以来続いてきた血統は断ち切られ、紀州吉宗の血に取って代わられてしまったのだ。

宗春の心配が現実のものとなった。宗春があの世からこれを見ていたら、歯ぎしりして悔しがったにちがいない。向こうでも吉宗と宗春の新たな〝空中対決〟が始まっていたのではなかろうか。

（第3部・宗春の逆襲）

将軍毒殺
実録・名古屋騒動

◆249◆

血統断絶 ④

お世継ぎ予備軍　高須藩の不幸

尾張藩と高須藩とは持ちつ持たれつの関係だ。尾張に後継者がいないときは高須から迎え、高須にないときは尾張から送り出した。以前は大久保・川田久保両家とも助け合うことはできたが、これらは廃絶してしまっていていまはない。

これまで本家を見てきたが、高須ではどうだったのか。こちらがしっかりしてさえいれば、本家の予備軍となり得るはずである。

ところが、高須の継承も危ない綱渡りだった。尾張では九代宗睦後、吉宗の血に塗り替えられたが、高須でもその二年後、七代勝當（かつまさ）で断絶してしまった。その跡を継いだのは一橋家二代治済の七男義居（よしすえ）であった。

ここへ来るまでの高須の流れを記せば次のようになる。すなわち、初代義行＝二代義孝＝三代義淳（よしあつ）＝四代義敏－五代義柄（よしもと）＝六代義裕（よしひろ）＝七代勝当＝八代義居（以下略、＝は養子縁組）。四代から七代までを義淳、義敏親子が助け合って繋いでいる。

二代義孝は尾張三代藩主綱誠（つなり）の十四男、三代義淳は川田久保初代友著（ともあき）の嫡男。この義淳が宗春の失脚に伴い、本家の八代となった宗勝である。養子となって跡を継いだ四代義敏は義淳の二男であった。

この義敏には二人の男子があり、長男の義柄が五代に就任した。ところが、このとき本家では義淳の子、宗睦が二人いた男子を例の事件で失っていた。安永六年（一七七七）正月、義柄は養子して治行と名を改め、後継に備えることになる。

このとき治行十八歳。世継ぎとして迎えられた希望の星だった。尾張藩では不幸が続いてきたが、これで藩祖以来の血統を受け継ぐことができたかに見えた。

高須松平家代々の墓（岐阜県海津市の行基寺）

高須の六代は義敏の二男（義柄の弟）義裕が継いだ。次の勝当も養子で、義淳の第七子である。彼には一男一女あったが男子は早世、跡を継ぐことになったのが一橋家出身の義居であり、本家と同様、ここでも吉宗の血に塗り替えられてしまった。

同時代を生きた本家の斉朝（なりとも）は義居の兄治国の子供である。二人は叔父甥の関係になる。尾張の反対にあって引き下がった吉宗ではあったが、当初のねらいは高須でも現実のものとなっていたのである。

高須藩の不幸はさらに続く。義居の跡を継いだ義和（よしより）は水戸家六代治保（はるもり）の二男。ここで〝御連枝〟高須藩までもが義直以来の血統から遠ざけられてしまったのである。

ちなみに、水戸の治保は「江戸仕掛け」と称して宗春のしたような都市化政策を〝実験〟した人でもある。いくら緊縮政策を実施しても、事態は一向に好転しない。失敗に帰したとはいえ後世、〝宗春マジック〟に思いを寄せる藩主もそれなりにいたのである。

舟橋　武志

題字　冨永　奇洞

（第3部・宗春の逆襲）

将軍毒殺

実録・名古屋騒動

◆250◆

血統断絶 ⑤

希望の星・治行も34歳で逝く

宗睦は治休・治興と相次いで失い、子供がいなくなってしまった。安永六年（一七七七）正月、高須五代藩主義柄を、翌月には姉の純姫（すみひめ）を迎えた。二人は十七と十八、一つ違いであった。

義柄は「よしもと」と読む。多くの本が「よしえ」とルビを振っているが、名古屋叢書三編『尾張徳川系譜』には「柄」を「モト」とした個所がある。弟の義裕が一時、柄常を名乗っていたが、これから考えても「え」ではおかしかろう。

信長の二男に織田信雄がいた。河出書房新社刊『日本歴史大辞典』などは「のぶお」としているが、これも「のぶかつ」と読むべきだ。信雄の「雄」は有力家臣に与えられており、家老の滝川三郎兵衛（雄利）や『武功夜話』の著者でもあった前野孫四郎（雄翟）などもそれをもらっている。「のぶお」としている史料でもあれば別だが、あの時代に「のぶお」では現代的すぎるのではないか。

この雄翟もなかなか読めなかった。雄が「かつ」であるのは分かるが、次の「翟」を何と読めばよいのか。同書を世に出した地元の郷土史家、滝喜義さんが「カネ」とかなの振られた個所を見付け出し、喜んでおられたのが懐かしい。

話が横にそれてしまった。義柄は明和八年（一七七一）に高須五代藩主となり、その名は本家の宗睦からもらったものだ。このときまだ十二歳になったばかりで、家督のお礼も代理ですませたほど。安永四年（一七七五）に紀州七代藩主宗将（むねのぶ）の娘従姫（ともひめ）をめとっている。

ところが、尾張藩に後継がなく、宗睦に養子して治行と称した。尾張徳川家の血を引く希望の星である。十八歳になったばかりの〝若殿〟は早速、尾張の戸山邸に移り住んだ。

〝若殿〟治行が住んだ江戸・戸山の尾張藩邸（「分間江戸大絵図」より）

この三年後に俊姫、天明元年（一七八一）には五郎太が生まれた。俊姫の生母は側室だが、五郎太のそれは従姫だ。藩内は男子誕生に沸き返り、尾張藩の世継ぎの証である五郎太と名付けられた。

治行はなかなかの人物だった。それは御家流とされていた新陰流兵法の第十四世となり、免許皆伝の腕前だったことからも分かる。新陰流の正統は江戸の柳生家ではなく、ここ尾張の柳生家に引き継がれていた。

尾張ではその道統を藩主と柳生家で交互に受け継いできた。ところが、五代五郎太は三歳で亡くなり、その後は柳生家だけに頼っていた。ここに政治的混乱の一端を垣間見ることもできるが、治行は四代吉通以来、絶えて久しかった道統を柳生家から引き継いだのである。

ところが、この治行は多くの期待を集めながらも、三十四歳の若さで亡くなってしまう。だれもがこれで尾張藩も安泰と見ていた矢先の寛政四年（一七九二）、夏を過ぎたあたりから体調を崩し、翌年九月五日、ついに帰らぬ人となってしまったのである。そればかりか父の後を追うように翌年、十四歳になっていた五郎太までが他界してしまうのだった。

（第3部・宗春の逆襲）

舟橋 武志

題字 冨永奇洞

将軍毒殺

実録・名古屋騒動

◆251◆

血統断絶 ⑥

宗睦再登場　もう一度後継者選び

舟橋　武志　　題字　冨永　奇洞

子供にも恵まれた、剣の腕も立つ。治行が立派な大人になりながら亡くなり、尾張藩はまたもや大きな痛手をこうむることになった。

この年になれば藩主に就任していたとしてもおかしくない。死んだ子の五郎太にしても、すでに十四歳になっていた。まさに〝幻の〟十代、十一代尾張藩主とも言える。

治行の亡くなった寛政五年（一七九三）、養父の九代宗睦は六十一歳になっていた。この前年、将軍家治は老中の松平和泉守を通じて参勤交代を免除し、藩政を治行に任せるように伝えていた。宗睦は期待の治行を失い、もう一頑張りしなければならなくなった。名君と言われるには何よりも長生きしなくてはならない。宗春もその著『温知政要』で「人間、貴賤（せん）に限らず、命長からずしては何事も成就する事なし」と書いている。宗睦は六十七歳で没するが、これは歴代藩主の中で光友、宗春に次ぐ長寿であった。

りりしく見えた治行だったが、その一方で、こんな一面も伝えられていた。後世、それを記録したのは細野要斎の『諸家雑談』という本だ。新陰流の師範とはおよそほど遠いイメージである。

「源白様（治行）冬（の）朝、火燵（こたつ）に居給ふ所へ或人朝す。其人、今朝はことの外の厳寒なるよしを申上しかば、御意に、今朝の寒、さほどにはなきと思ふ、との御事也。

璣邑（きゆう）翁、御側にありしが、申上らるゝは、君は火燵に居給ふて寒気御存あるまじ。彼等も私共も未明より起て沐浴して、寒風を衝て朝すれば、寒く存ずる也と申上らる。平素の直言、すべて如此（かくのごとし）」

諫言した璣邑とは通称を弥右衛門と称し、宗睦の藩政改革を押し進めた一人。宗睦の若いころ、その侍読（じどく）を勧めた人見貞安の養子となり、後に宗睦から国奉行に抜擢された。宗睦は実力ある者は軽い身分でも取り立てたが（彼らは「地方巧者＝ぢかたこうじゃ」と呼ばれる）、その推進役の一人でもあった。

彼もまた河川改修や明倫堂の開設などにも力を尽くした。「平素の直言、すべて如此」とあり、若殿にも遠慮なく注意する信念の人だったにちがいない。苦労人の目にはいい年をした坊ちゃんに見えたのだろうか。

彼は他人のよいことを聞くと喜び、悪いことを知ると戒めたと伝えられている。また、自らは粗衣粗食に甘んじ、職務に当たっては果断を旨とした。その住んだ場所が三之丸の一角、現在の大津橋北の東側、東海財務局のあるあたりだ。

その治行が死んでしまい、また後継者選びを迫られた。宗睦は翌年、弟勝長の子勇丸を養子に迎えることにした。勇ましい人になれとの願いで名付けられたこの子は治行の死んだ直後に誕生しており、その生まれ変わりのようにも思えるのだった。

人見《ひとみ》璣邑《きゆう》宅跡
人見弥右衛門（号璣邑）は、享保十四年（一七二九）幕府の儒官人見家の次男として生まれ、尾張藩士であった叔父の養子となった。九代藩主徳川宗睦に用いられ、世子治休の教育を担当し、治休の死後は、国用人、国奉行に抜擢されて改革の推進者となった。庄内川分水、日光川潮入り工事などの治水や明倫堂の開設など幾多の重要な施政に貢献し、寛政九年（一七九七）この地で没した。
墓は昭和区石仏町一の八〇番昌寺にある。
名古屋市教育委員会
人見弥右衛門（円内）とその屋敷跡（現在の東海財務局前）

（第3部・宗春の逆襲）

将軍寿殿 実録・名古屋騒動

◆252◆

血統断絶 ⑦

期待の勇丸も二歳で逝く

舟橋 武志

題字 冨永 奇洞

亡くしてはもらい、もらってはまた亡くす。血統の危ないバトンリレーが続けられている。このころ、宗睦の表情にも次第に衰えが目立つようになってきていた。

寛政六年（一七九四）十一月九日、甥の勇丸を新たに養子として迎え入れた。昨年の秋、生まれたばかりで、あどけない盛りだった。この月の十五日、幕府は上使を遣わし、この縁組を祝福している。

正月が来た。今度は端午の節句だと、喜びに沸いた。先に旅立っていった治行のように、早く大きくなれの願いがこもる。そうした期待に応えてすくすくと育っていたが、同七年九月十六日に病で倒れ、その四日後に息を引き取ってしまった。

打ち続く不幸に藩内は沈み切っていた。十月十日に建中寺でしめやかに葬儀が営まれ、悲しみのうちに裏手の墓地へ埋葬された。法号・教令院殿、わずか三年の命だった。

立派な御殿に暮らし、きれいな衣服を身にまとい、美食にも恵まれながら、どうしてかくも育たないのか。家臣らの嘆きが聞こえてくるようでもある。そうした理由の一つに大藩ならではの〝ぜいたく病〟もあったのかもしれない。

乳母らは乳房にも白粉（おしろい）を付けたりしたが、それが水銀中毒の原因にもつながった。身の回りにある漆塗りの品々はかぶれるもとでもある。もちろん、権力争いから密かに毒を盛ったりすることもないわけではなく、日々の暮らしの中に庶民では見られない危険性もはらんでいた。

十二代斉荘（なりたか）の四女鈞姫（きんひめ）は美濃岩村の松平乗命（のりとし）に嫁いだ。旧制度も色濃く残る、明治四年のこと。先方は花嫁道具の多さに恐縮したそうだが、わずか三カ月で亡くなってしまった。

このとき、鈞姫は二十九歳になっていたが、死因は漆によるかぶれだった。箸や食器、櫛から下駄に至るまで漆塗りの高級品に囲まれ、お姫様の柔肌には耐えられなかったらしい。そこまで成長しながら、哀れな最期となった。

発掘された勇丸の木棺（名古屋市見晴台考古資料館）

勇丸の死を知らされて、実父の勝長も嘆き悲しんだ。『松涛棹筆』に「寛政七卯九月、勇丸様御事、教令院殿御早世ニ付、御実父掃部頭勝長卿御詠歌」がある。苦しい胸の内を記した前文に続き、八首の歌が紹介されている。

いかなれバまたそめいでぬもみぢ葉を
もろくもさそふ夜半のこがらし

平成十三年五月、死んだ勇丸が突然この世に姿を現した。東区筒井一丁目の市営筒井荘工事現場で、その墓が掘り起こされたのだ。そこはかつて建中寺の墓地の一部だったが、住宅があって未発掘のままになっていた。

木棺は周りを厚い漆喰と石槨で密封され、棺桶の表面には漆が塗られていた。それは名古屋市見晴台考古資料館にいまも保管されているが、木目も鮮やかで二百余年を経たものとは思えないほどだ。その勇丸は瀬戸の定光寺で再び深い眠りについた。

（第3部・宗春の逆襲）

将軍毒殺

実録・名古屋騒動

◆253◆

血統断絶 ⑧

華麗な衣装を脱ぎ捨てた純姫

宗睦の養女の一人に純姫（すみひめ）の娘がいた。弟義敏（高須四代藩主）の娘で、天明二年（一七八二）十月、米沢十代藩主上杉治広のもとへ嫁ぐことになった。治広は名君と歌われた九代上杉鷹山（ようざん、治憲）の義弟に当たる。

このころ、尾張と上杉家とは密接な血縁関係にあった。同家との縁組はこれで三度目になる。宗春の養女近姫が七代宗房の、宗勝の娘豊姫が八代重定の正室だった。そして、いままた宗睦の養女純姫の嫁入りである。

宗睦と鷹山とはとりわけ昵懇（じっこん）の仲だった。二人はともに当時、名の知れた細井平洲（出身は現在の東海市）の教えを受けている。

鷹山は平洲を米沢に招いて藩政改革の指揮を執り、平洲はいま同地の松岬（まつがさき）神社に上杉謙信や鷹山らとともに神として祭られているほど。これに対して宗睦も婚礼の翌年、藩校「明倫堂」を創設、その督学（学長）として半ば強引に迎え入れている。

十一月六日、両家の間で結納が交わされ、二十三日、婚礼の儀が執り行われた。治広は儀式を済ませると、木綿に着替えて純姫の前に現れた。彼女は晴れの日に質素な姿でいる夫に驚きを隠せなかった。

いつもは多くの侍女にかしずかれ、ぜいたくな暮らしをしてきた。庶民らが強いられる倹約も、殿中では無縁に等しかった。しかし、自ら範を示す夫を目の前にして、身に着けた華麗な衣装を脱ぎ捨て、以後は下着に至るまで木綿に徹するのだった。

純姫の舅でもあった上杉鷹山

治広は三年後、藩主に就任するが、やや病弱なところがあった。藩政は隠居した鷹山が引き続き行っている。純姫はこの舅にもよく尽くし、家臣らの信望も厚かった。

尾張藩士で学者の深田正韶（まさつぐ）はその著『天保会記』の中で、純姫を「天性御温和にて、御婦徳類（たぐ）ひなかりし」と評している。しかし、その身は夫と同様、病気がちであった。

嫁いで八年ほど経た三十歳のころのこと。ある尼僧から養生のためにも、と念仏を勧められた。念仏を唱えているうちに病気も自然と治り、いよいよ仏法の道に引き付けられていった。純姫は文化十三年（一八一六）五十八歳で亡くなるが、そのとき紫雲がたなびき、天から花が降り、迎えの雲に乗って極楽へ旅立っていったと伝えられている。

尾張藩は家老を通じ、葬儀を簡素にするよう伝えた。ところが、これを受けた上杉家の家老は「平素からどこよりも倹約に努めており、ご心配には及ばぬ。今度の葬式の儀は倹約無用。家格通りに取り図りたい」と答え、藩に尽くした純姫を丁重に送り出すのだった。江戸・白金の興禅寺に葬られる。法号・感有院殿貞室智徳大姉。

（第3部・宗春の逆襲）

舟橋　武志

題字　冨永　奇洞

将軍毒殺

実録・名古屋騒動

◆254◆

斉朝降臨 ①

毒殺説の中　幕府も跡継ぎ危機

舟橋　武志
題字　富永　奇洞

尾張が跡継ぎ問題に困っていたころ、幕府も同じような悩みを抱え込んでいた。十代将軍家治には長男家基（いえもと）、二男貞次郎の男子がいたが、貞次郎はすでに早世している。残るのは家基ただ一人だった。

文兆らはこれにつけ込み、親子の毒殺をねらった。結局、事前に露見して失敗に終わったが、同じことを考える者がいたとしてもおかしくはない。事実、二人の死には多くの謎が付きまとい、毒殺説は死の直後からささやかれていたのである。

文兆らの悪事が発覚した二年後の安永八年（一七七九）二月二十一日のこと。いつものように鷹狩りに出た家基が東海寺（品川）で休息中、にわかに気分を悪くし出した。急きょ江戸城に引き揚げたが、その三日後に死んでしまう。

このとき十八歳になっており、出かけたときも元気そのものだった。家基はとりわけ鷹狩りを好み、月に二回もしていたほど。あまりにも突然の死だっただけに、黒いうわさの立つのも無理はなかった。

家治の落胆ぶりは大きかった。これでついに後継者がいなくなってしまった。天明元年（一七八一）家基の三回忌を終えた後、幕府は養子として一橋家二代治済（はるなり）の嫡子家斉（いえなり）を迎えるのだった。

天明六年（一七八六）八月、今度はその家治が寝込んだ。病名は一説に「水腫」とも伝えられているが、これは体内にリンパ液がたまってむくむ病気とされている。しかし、これとて定かではない。

この月の十五日は朝会惣出仕の日。家治は「風邪」を理由に謁見せず、代わって家斉が受けた。その後、病状は一進一退を続け、夏も終わろうとするころ、薬石の効なく息を引き取っている。

毒殺を疑われた 意次

死後、早くも毒殺説がささやかれ出した。その犯人とされたのが老中として権勢を振るった田沼意次（おきつぐ）である。意次は家基の死に際しても、その名が上がっていた。

家治が床に伏していたとき、心配した意次が町医者の若林敬順と日向陶庵を推した。二人は御殿医に取り立てられて蔵米二百俵ずつを与えられ、他の御殿医らとともに治療に当たることになった。その後、家治の病状は快復するどころか悪化し、帰らぬ人となってしまったというのである。

しかし、この犯人を意次としたのでは動機が見つけ出せない。意次は家基の生母に取り入り、家治のもとで田沼時代を作り上げた。彼にとって二人はなくてはならぬ人物のはずであり、意次犯人説はこれをよく思わない反対派の作り上げたデマではなかったのか。

江戸時代はいま想像する以上に毒殺が横行していた。これがもし事実だったとしたら、これほど哀れな将軍親子もいない。そして、犯人が意次でないならば、だれが真犯人だったのか。

（第3部・宗春の逆襲）

将軍毒殺

実録・名古屋騒動

斉朝降臨 ②

一橋家に塗り変わる尾張の血筋

舟橋武志

題字 冨永奇洞

十代将軍家治とその子家基を毒殺したのが田沼意次でないとすれば、だれを真犯人と考えたらよいのか。推理としては、それによって利益を得た者、となろう。最近では一橋家の二代治済（はるなり、はるさだとも）を容疑者に見立てる説が有力となっている。

血縁から見れば、家治の弟で清水家初代となった重好が最も近い。が、御三卿の一つではあるものの、田安家・一橋家との家格には及ばない。両家は吉宗が宗武（吉宗二男）、宗尹（むねただ、同四男）を立て、いまはそれぞれが二代目となっている。

田安家の二代は治察（はるあき）が継いでいた。弟に定国・定信がいたが、定国は伊予松山藩へ、定信は陸奥白河藩へ養子に出されてしまう。安永三年（一七七四）当主の治察が死に、御家断絶の危機に直面した。

治察は病弱で子供もなく、養子に出すのに反対だった。特に、聡明で知られた定信は将軍の有力候補と見られていたが、「幕命」を理由に追い出されてはやりにくくなると、田沼意次がこれを嫌ったとの説もある。

こうして一橋家優位のお膳立てができた。その黒幕として治済が動いていたのではないかというのだ。これを立証する史料などあるはずもないが、将軍の座を巡って暗闘が繰り広げられたことは容易に想像できる。

天明元年（一七八一）子を亡くした家治は治済の嫡子豊千代を養子に迎えた。同七年、その家治が〝毒殺〟され、豊千代が家斉と改めて将軍職に就いた。この十カ月前には「田沼時代」を築いた意次も失脚している。

断絶の危機に瀕していた田安家もこの年、一橋家から斉匡（なりまさ）を迎えることになる。斉匡は治済の子、十一代将軍家斉の弟だ。田安家は一橋家に乗っ取られてしまった。

家斉の背後には治済が大御所のようにしてひかえている。先の将軍親子の不可解な死に、わが世の春を演出した治済が結び付けられるのも当然か。となると、意次犯人説を流したのはこの一派の仕業だったのかもしれない。

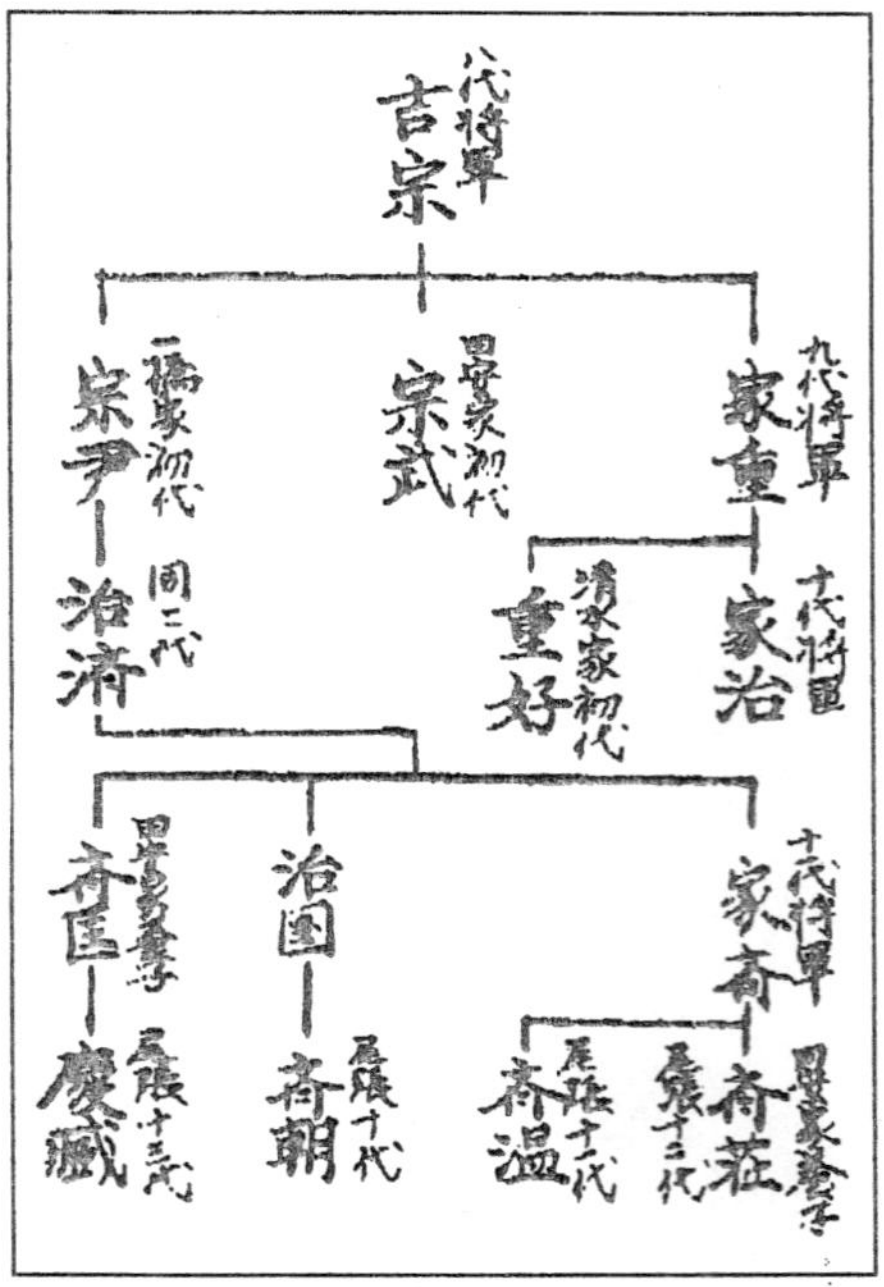

御三卿の系図（片山久代筆）

将軍となった家斉はまれに見る精力家だった。抱えた側室は四十人にも及び、五十六人の子を設けた。江戸城の大奥は豪勢を極め、奥女中を九百人も抱える大所帯となった。

子供の多くは早世するが、何しろ数が並はずれている。老中らは各藩へ押しつけるのに苦労するほど。家斉はその血で支配してしまう勢いだ。

尾張藩では勇丸が死に、後継者がいなかった。寛政八年（一七九六）三月、四男敬之助が送られてくる。このとき藩主の宗睦は六十四歳になっていた。

子のなかった宗春の跡に、吉宗はわが子を送り込もうとした。あのときは必死に抵抗して高須藩から宗勝を迎えたが、いまは向こうにも子がなく、同じ月に治済の七男亀之助（後の義居＝よしすえ）が入ってきている。義直以来続いた尾張徳川家の血は一橋家のそれに塗り替えられてしまう。

（第3部・宗春の逆襲）

将軍毒殺

実録・名古屋騒動

◆256◆

斉朝降臨 ③

押しつけ養子やり切れない思い

舟橋　武志

題字　冨永奇洞

養子の押しつけは紀伊や水戸でも見られた。しかし、その受けとめ方は尾張とはやや異なっていたようだ。紀伊にとっては吉宗の血を引く子供は里帰りとして見られ、水戸にもやむを得ないと受け入れるムードがあった。

ところが、尾張には御三家筆頭のプライドがある。かつては将軍の座を紀伊と争い、敗北した苦い経験もあった。しかし、現実には後継者がおらず、受け入れなければ断絶してしまう。

藩内には縁組の成立に胸をなで下ろす一方、やり切れない思いにかられる者も少なからずいた。父祖らから聞かされてきた吉宗と宗春との対立を思い浮かべた者もいたにちがいない。藩士たちの胸の内に屈折したものを残すことになった。

敬之助が養子とされたのは寛政八年（一七九六）三月で、まだ前年に生まれたばかりである。同四月十五日にお箸初めをし、同じ月の二十八日には端午の節句を祝った。養子したとはいえ、その身は向こうにあるままだ。

しかし、翌九年三月に早くも亡くなってしまった。葬儀は江戸小石川の伝通院で営まれ、名古屋の地を踏むのは遺骨になってからだった。位牌とともに建中寺に安置されている。

寛政十年、今度は一橋治国（家斉の弟）の嫡男愷千代（やすちよ）が送られてくる。このとき六歳だった。十代藩主となる後の斉朝である。

一橋家出身の藩主を迎えることになった名古屋城

愷千代は二年前に一橋斉敦のもとへ養子として出ていた。尾張藩に後継がなくなり、婿入りは二度目となる。翌年九月、愷千代は元服して斉朝と改め、従三位左近権中将に就任、この年の十一月、将軍家斉の長女淑姫を迎えている。

この姫は寛政二年に亡くなった治行の子、五郎太の許嫁（いいなずけ）とされていた。ところが、父治行の後を追うように、五郎太も他界してしまった。家斉は一橋家から出ており、二人とも一橋の血統ということになる。

愷千代がわずか七歳で元服したのは特別のケースだった。少なくとも十歳を超えることを通例とする。これは宗睦の老齢を心配した幕府の特命によるものであった。

皮肉なことに二人の結婚が成立した一カ月後、宗睦が病気で亡くなってしまった。秋ごろから病気で寝込むことが多くなっていた。享年六十七、法号・天祥院鑒誉峻徳源明公。藩主の座にあること実に三十九年、義直、光友に次いで長い。

「藩祖、家を興されしより、茲二殆（殆）二百年、九世にして、血統尽く。敬公（義直）の道徳、明公（宗睦）の慈善、至らさるなし。是家にして此災有り。アヽ天哉」

『尾藩世記』は墓誌を書き写した後にこう書く。墓誌に筆を執ったのは宗春・宗勝・宗睦と三代にわたって担当することになった儒臣の須賀安貞である。尾張藩士らの落胆ぶりが分かるようではないか。

（第3部・宗春の逆襲）

将軍毒殺

実録・名古屋騒動

◆257◆

斉朝降臨 ④

幕府に逆らえぬ尾張の無念

舟橋 武志　題字 冨永 奇洞

初詣の折、神社で「女性天皇はあっても女系天皇はない」旨のポスターをご覧になった方も多かろう。小泉首相の私的諮問機関である「皇室典範に関する有識者会議」が女系天皇を認める報告書を出した。そうなれば皇位の継承者は増えるが、神社庁は「前例がない」と大反対のようである。

今年も多くの年賀状をいただいた。その中の一枚に「女系天皇容認？　冗談じゃない。このままでは日本が中心から腐って朽ちてくる！」と添え書きされたものもあった。

この問題に対する関心はなかなか高いようだ。国民的合意をいかに導き出すかはこれからの大きな課題。祝日法が改正されて今年の「成人の日」は九日だったが、年によって前後するのにいまだ違和感を持つ人も多かろう。

この原稿が今年の書き初めとなった。当時の尾張藩の苦悩がいま論議されている皇位継承問題とダブって見えてくる。こちらはより深刻で、いま途絶えたばかりだ。

新藩主の座に一橋家からきた愷千代（やすちよ）が座っている。当時の人々の無念さは現在のわれわれには想像もできないほどだろう。何よりも血統が重視された系図社会である。

ところが、まったく絶えてしまっていたわけではなかった。まだ二、三人ほど後継者になり得る人はいたのである。それだけによけい悔しさが増幅されるのかもしれない。

多くの兄弟がいながら後継者に恵まれなかった宗勝の墓

名古屋叢書三編『尾張徳川家系譜』を見ると、宗睦の父宗勝には子供が二十六人いた（一人は養女）。内訳は男子が十五人、女子が十一人。歴代藩主の中では四代綱誠（つななり）の三十八人（男子二十一人、女子十七人）に次ぐ子だくさんだった。

このうち、各地の大名や有力家臣の家へ養子していった者の中に、男子のある者が少数ではあるがいた。嫁した女系にまで拡大すれば、その数はもっと増えてこよう。彼らはまぎれもなく血を受け継いではいるが、後継藩主に迎えようとする動きには至らなかった。

これには各藩へ次々と押しつけてくる幕府の圧力が大きかった。尾張藩の幕府に対する遠慮も大きい。また、いったん他家へ出ると、たとえ血はつながっていたとしても、受け入れ難い現実もあった。それらしい候補者を見いだしながら、あきらめるよりより仕方がなかったのである。

こうなってしまったのも〝暴れん坊殿様〟宗春の後遺症とも言える。尾張藩はヘビににらまれたカエルにも等しく、幕府にひたすら恭順せざるを得なかった。藩祖義直以来、幕府とは対等との気概はすでに過去のものとなってしまっていた。

後継者問題は形の上では騒動の一つも起きず、すんなりと決まった。後にはもやもやしたものだけが残った。御三家筆頭の尾張藩もいまや塩をかけられたナメクジにも似ていた。

（第3部・宗春の逆襲）

将軍毒殺

実録・名古屋騒動

◆258◆

斉朝降臨 ⑤

行列整え乗り込む19歳新藩主

時は流れて文化八年（一八一一）四月。斉朝は十九歳になっていた。いよいよお国入りのときである。

四日に江戸を発ち、東海道を上って、池鯉鮒（知立）宿へ。昨日の昼ごろから降り出した雨も未明には上がり、十三日の早朝、境川を渡って尾張の地を初めて踏んだ。途中、阿野・鳴海で一休みし、熱田の東浜御殿へ入った。

ここで昼食をすませると、再び行列を整えた。沿道には一目見ようと大勢の人が集まり、城下へ近付くにつれてその数を増した。斉朝は行列の中ほどで駕籠に揺られているが、この歓迎ぶりに顔をほころばせたにちがいない。

「遠近他邦より拝見に来りて夥（おびただ）し。濃州・三州よりも来り拝見す。昨十二日より笠松の渡し舟六、七艘にて渡すに、其乗合人、盛上たる如くなりしと言。起（おこし）渡しの舟も同様成べし」（高力猿猴庵『金明録』）

城からは広小路や若宮八幡前に迎えの役人が来ていた。沿道は黒山の人だかりで、お堀南沿いを東西に走る片端筋にまであふれている。近ごろ例を見ないほどの人出だ。

「広小路、片端抔（等）にては、東西共壱町余づつはつめ（爪）もたゝぬ程、拝見人つま（詰）り、其群衆中々筆に尽しがたし。誠に未聞の事也」（同）

尾張藩の参勤交代はここ二十年ほど行われていなかった。先代宗睦は老齢として寛政四年（一七九二）に免除されており、その跡を継いだ斉朝も幼少で江戸に留まったままだった。初のお国入りに人々の関心は一段と高まった。

大名行列と言うと、庶民は土下座して迎えるイメージがある。実際はこのようにお祭りのような騒ぎとなった。各種の「名所絵図」などにある行列の絵を見ても、街道で居合わせた通行人は突っ立ったまま、まるでパレードでも見物するような感じで見送っている。

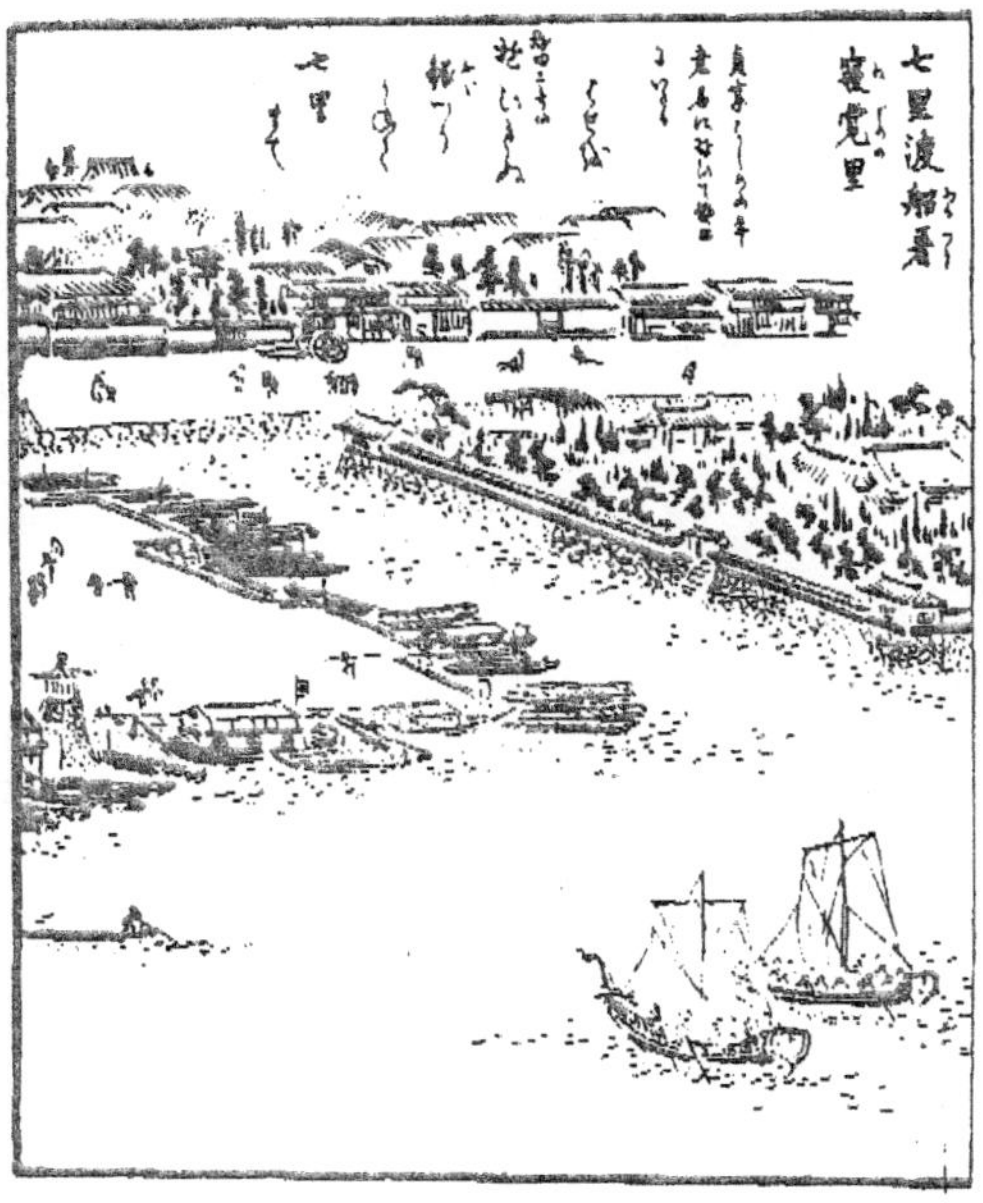

斉朝が一服した熱田の東浜御殿（石手「尾張名所図会」より）

舟橋 武志

題字 冨永奇洞

斉朝が藩主となって十年余。江戸から倹約令を出し、文武を奨励するなど、年寄らに支えられてその政治が進行している。行列には年寄の一人、滝川豊後守も付き従っていた。

斉朝の目に初めて見る金鯱輝く名古屋城はどのように映ったのか。血統の断絶した尾張徳川家の本拠地に乗り込んでのかじ取りとなる。若い藩主の胸に、一抹の不安があったとしてもおかしくはない。

この日の午後二時すぎ、行列と入れ替わるように、数人が城を後にした。年寄の渡辺半蔵とその供の者たちだ。江戸表へ無事の到着とそのお礼を申し述べるためであった。

筆者には猿猴庵が日記に記した一文が天気占いでもしたように読める。「今日未明に雨止み能（よき）天気也。又、昼比（ひるごろ）より雲出て、御着城後、直様（じきさま）しきりに大雨、雷鳴も余程強かりしが、都合よくさわりに不成と、諸人喜びあへり」。その前途に大雨が降ったり雷鳴がとどろくようなことはないのか。

（第3部・宗春の逆襲）

将軍春秋

実録・名古屋騒動

◆259◆

斉朝降臨 ⑥

吉宗の野望かなう十代藩主

舟橋　武志

題字　冨永　奇洞

十代藩主となった斉朝は吉宗の夢を実現させた人と言える。吉宗は宗春を蟄居させた後、わが子を尾張藩主に出そうとした。しかし、あのときは尾張側の強い反対にあい、心ならずも断念せざるを得なかった。

吉宗には三人の子がいたが（一人は早世）、長子相続の建前から、長男の家重を後継とした。家重は愚鈍で酒食におぼれ、言葉も極めて不明瞭だった。言っていることが分かるのは御用取次の大岡忠光ただ一人というありさまであった。

ただ家重の名誉のために一言付け加えておけば、それでも頭の回転はよかったと伝えられている。それが証拠に将棋を好み、その関係の本まで著したほどだ。どうやら言葉の発音が曖昧だっただけで、暗君とされてしまったのはかわいそうでもある。

吉宗の二男宗武（田安家）と四男宗尹（むねただ・一橋家）、それに家重の二男重好（清水家）で御三卿を立てることになるが、この構想はいきなり生まれてきたのではない。吉宗はわが子を大藩、とりわけ尾張藩へ送り込む腹づもりでいた。ところが、出はなをくじかれてしまい、そうした過程の中から生まれてきたものだ。御三卿の制度は御三家に替えるものであり、尾張つぶしと言えなくもない。

御三卿は江戸城内に屋敷を与えられ、それぞれが十万石ずつを領した。しかし、独立した藩を持っているわけではなく、家老をはじめとする役人も幕臣から選ばれている。いわば将軍家の分家か部屋住みのようなものだ。

いまや御三卿はこの将軍職のみならず、各藩主の座をもねらう存在となっている。吉宗の血で染めてしまう勢いだ。そんな折も折、藩祖義直以来の血統が絶え、後継となっていた斉朝が名古屋へ乗り込んできたのである。

名古屋に来るにはかなりの覚悟をしてきたのではないか。初のお国入りは歓迎ムードにあふれていたが、反発する者も少なからずいることを承知していた。それだけに気配りの人でもあった。

すでに江戸にあった享和元年（一八〇一）、藩士たちに対して意見のある者は遠慮なく封書で申し出るように命じている。泰平の世の中で藩士らの風紀も乱れ、賄賂なども横行していたが、これを戒めたりもした。その一方では彼らの借金を無利子で五十年返済にするなど、救済の手を差し伸べてもいる。

名古屋へ来てからは、これまでの藩主と同様、定期的に参勤交代をしている。ほぼ正確に名古屋で一年、江戸で一年の繰り返し。江戸詰めは一種の〝人質〟でもあるわけだが、斉朝には歴代藩主とは違った感慨があったことだろう。

これまでの藩主は国元へ帰るのを楽しみとしていた。斉朝はこれとは逆で、名古屋が針のむしろにも感じられたのではないか。しかし、彼の偉いところは若いながらも、立派な藩主たろうと懸命に努力したことであった。

（第3部・宗春の逆襲）

十代藩主になった斉朝（「名古屋市史」人物編より）

将軍毒殺

実録・名古屋騒動

◆260◆

斉朝降臨 ⑦

7歳からみっちりと帝王学

舟橋　武志

題字　冨永　奇洞

斉朝を養子に迎えた翌年、宗睦は病で倒れてしまった。このときまだ斉朝は七歳だった。約一カ月後に藩主となり、江戸の市ケ谷藩邸で年寄らに支えられて執政に当たる一方、訓育を受ける日々となった。

その指導者の一人が通称を増蔵と称し、香実を号した当代切っての学者、深田正韶（まさつぐ）である。正韶は二十九歳の若さで斉朝の侍読（じどく）となり、四書五経をはじめ様々な学問を授けた。帰国してからは書物奉行となり、その名は地誌『尾張志』六十巻の編纂でも知られている。

「侍読の間々(ひまひま)東照宮（家康）はじめ明君賢侯の嘉言善行を撰びて稽徳編と名づけて、前大納言の君（斉朝）に奉れり」（正韶編『天保会記』）

この『稽徳編』三十一巻は「明君賢侯」の言行録だが、斉朝を教育するために編集したものだった。それが後に水戸藩へもれ、三十部を写して活用されている。これを知った正韶は『天保会記』で「予が杜撰（ずさん）の書なるをかくまで用ひ給へる事、世に有かたき御事こそ」と感想を記している。

正規の学問を教える一方、尾張の歴代藩主やその歴史についても話したはずである。当然、将軍争いを演じた紀州との関係や自由奔放に振る舞った宗春についても語り聞かせていよう。斉朝は幼くして帝王学を身に着けた人物と言える。

こうして早くから学問に励むと同時に、武芸の習得にも怠りはなかった。それは御家流の兵法、柳生新陰流の印可（免許）を受けたことからも分かる。尾張藩では柳生家当主と藩主が交互に受け継ぐならわしとなっていたが、その道統が四代吉通で途絶えてしまっていた。このあたりにも藩政混乱の一端がうかがえる。

もっとも九代宗睦のとき、将来を嘱望された治行（養子）が受け継いでいる。しかし、斉朝が藩主に就任する八年前、三十四歳で亡くなっていた。ちなみに新陰流の道統は十二世徳川治行—十三世柳生厳之（同家九代）—十四世柳生厳久（同十代）—十五世徳川斉朝となっている。

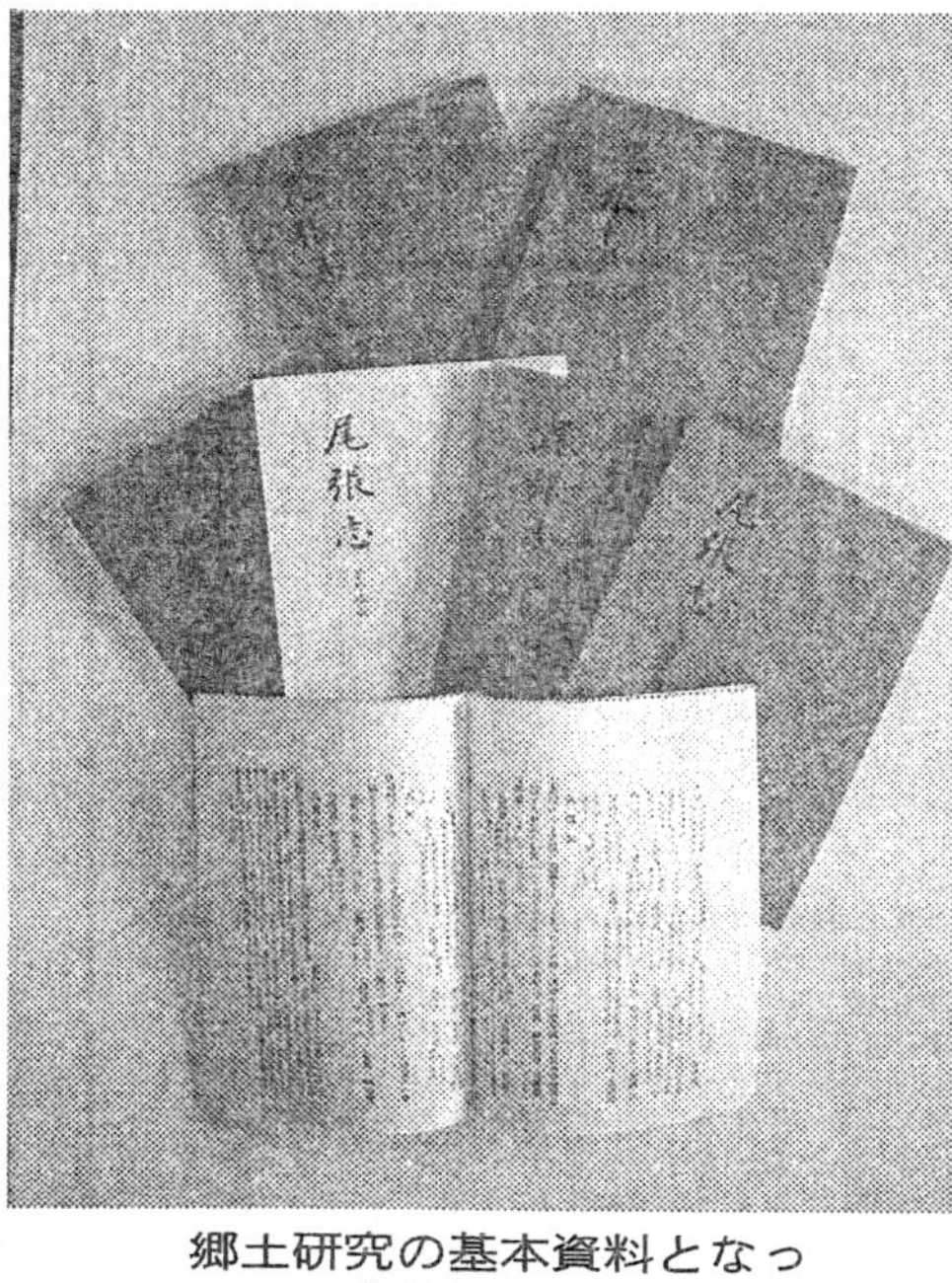

郷土研究の基本資料となっている「尾張志」（復刻本）

斉朝は正室に将軍家斉の娘、淑姫を迎えていた。側室もいたはずだが、子供には恵まれていない。文政五年（一八二二）自ら請い、家斉の十九男直七郎（後の斉温＝なりはる）を養子にしている。このときまだ三十歳で、子供をあきらめる年齢でもあるまい。

そして、五年後の文政十年八月に早くも隠退し、藩主の座を斉温に譲っている。この年の春先、疝気（せんき）を患ってはいたが、降りるほどのものではない。一体、その背後に何があったのだろうか。

ここではいま少し引退後の藩主について見ておこう。実は斉朝の就任をきっかけに十一代斉温、十二代斉荘（なりたか）、十三代慶臧（よしつぐ）と天下り藩主が四代続くことになる。この間、約半世紀近くにも及び、そして斉朝はずっと生き続けるのであった。

（第3部・宗春の逆襲）

将軍毒殺

実録・名古屋騒動

◆261◆

斉朝降臨 ⑧

"江戸版タモリ"戯れ歌で尾張揶揄

文政十年（一八二七）斉朝は三十五歳で隠居、養子としていた斉温（なりはる）に譲った。彼は将軍家斉の十九男で、このとき九歳になったばかり。斉温の名は前年に元服して家斉から「斉」の一字をもらったものだ。

斉温は天保十年（一八三九）市ケ谷の藩邸で早世した。まだ二十一歳だった。この人は数百羽の鳩に名前を付けてかわいがり、"犬公方"ならぬ"鳩殿様"とでも言えそうな人だった。見かねた侍読の石川魯庵から諫められ、しぶしぶ解き放ったというエピソードもある。

斉温には子がなかった。幕府は当然のように斉荘（なりたか）を送り込んできた。彼は家斉の十一男で、田安家へ養子していた。いまや尾張徳川家は将軍家の分家扱いにも等しい存在だった。

斉荘はすでに三十歳になる成人で、しかも同家の家老朝倉播磨守を伴うほど。これには「長い物には巻かれろ」とおとなしくなっていた藩士らも黙ってはいない。激高して一悶着を起こすまでになったが、結局、認めざるを得なかった。

その斉荘も就任後わずか六年で病死した。亡くなる直前に田安家の鋕丸十歳を養子にしており、将軍家慶の一字をもらって慶臧（よしつぐ）と名乗った。彼もまた四年後に疱瘡で亡くなっている。

尾張藩はこうして紀州の血を引く者に乗っ取られてしまった。吉宗のねらい、宗春の心配が現実のものとなった。十一代斉温と十二代慶臧は生前、一度も名古屋へ来たことがなく、そのお国入りは冷たくなってからだった。

このころ江戸のちまたでは尾張を揶揄する戯れ歌がはやった。その一つに「尾張人いざ事問わん御国には生きた殿様ありやなしやと」がある。御三家筆頭もすっかり地に落ちた感じである。

12代藩主になった斉荘（「名古屋市史」人物編より）

藩主は何もやる気になる必要はない。下手にその気になって失敗したのが宗春だったのかもしれない。藩政は年寄らに任せ、「よきに計らえ」とでも言っていた方がうまくいく。

そんな一人が長州藩の毛利敬親（たかちか）だったか。家臣に任せて「そうせい」を口癖とし、「そうせい公」と尊敬されたほど。高杉晋作らにも「そうせい」と答え、同藩は明治維新を生み出す原動力になった。

しかし、それも藩主に求心力があってこそのものだ。それには血統も大事な要素となる。天下りの藩主をめぐって江戸詰めは幕府寄りとなり、国元では反発する気風を生み出していた。これに成瀬・竹腰両巨頭のいがみ合いもからんでくる。尾張の家中は足並みのそろわないまま、幕末へと向かおうとしていた。

この間、先代の斉朝はいまだ健在である。御新殿を築いて「大御所」「大殿」と呼ばれ、隠居後もなお隠然たる力を持ち続けていた。後継の藩主が名古屋を軽んじていたのに対し、死ぬまで名古屋に留まった苦労人でもある。

（第3部・宗春の逆襲）

舟橋　武志
題字　冨永　奇洞

将軍毒殺

実録・名古屋騒動

◆262◆

怨霊宗春 ①

金網をかぶせられた宗春の墓

舟橋　武志

題字　冨永　奇洞

斉朝が藩主になって気にし出したのは七代宗春のことだった。彼は事あるごとに吉宗と対立した。結果は蟄居謹慎という処分で決着したが、斉朝は吉宗の血を引く天下り藩主である。

藩内の空気に冷ややかなものがあった。厳しい倹約令で臨めば臨むほど、庶民までもがかつての黄金伝説を思い出す。覚悟をしてきたこととはいえ、ここでの政治は想像した以上の難しさだった。

その宗春が隠退させられた直接的な原因は吉宗を呪殺しようとしたことにあった。当時、尾張では幕府公認のもと、年寄らの手で政治が進められ出した。江戸にいた宗春の隙をついた、一種のクーデターとも言える。

これに合わせるかのように、宗春は市ケ谷の藩邸内に祈祷所を造った。蟄居後、すぐに棄却されてその場所や実態は不明だが、『尾藩世記』にはわずかだが「(元文三年)十月頃、市買(市ケ谷)邸中、薄仮屋琉球表畳の祈祷所出来。毎日、自ラ祈祷修行セラル」と記されている。

宗春はここに閉じ籠もり、しきりに祈祷する日々となった。このとき何を祈っていたかは分からない。しかし、これがやがて御庭番などを通じて吉宗に「公方様を呪殺しようとしている」と伝えられた。

吉宗は宗春よりも早く亡くなった。その直前、宗春の墓には金網をかぶせるように言い残す。宗春の死後、怨霊となって子孫らに襲いかかってくるのを恐れたからである。

その宗春が死んですでに半世紀ほどになる。しかし、藩士や庶民の間ではいまも宗春とその時代へのあこがれがあった。ちまたでは当時の繁栄ぶりを描いた『夢の跡』が書き写され、読まれ続けている。この背後には吉宗の血を引く斉朝への反発もあったことだろう。

藩主の仕事の一つは宗教的な行事への参加だ。とりわけ歴代藩主の法要は重要な任務で、建中寺へ足を運ぶこともしばしばだった。寺の裏手には藩主や正室、側室、子供らの立派な墓が建ち並んでいる。

天下り藩主斉朝を迎えた名古屋城

そんな中に金網をかけられた宗春の墓もあった。小さく異様なだけに、よけいに目立つ。斉朝にはその墓石が無言のうちに何かを語りかけ、さらにはのろわれているようにも感じられたのではないか。

宗春の後を受けた宗勝や宗睦もこの墓を見ている。これには胸を痛めしていた。しかし、幕府は宗春の怨霊を恐れて金網をはずさせる気配を見せようとしなかった。

天明六年(一七八六)は宗春の二十三回忌に当たっていた。時の藩主宗睦はその霊を慰めようと、幕府へ正式に香典を要請している。このとき、さすがの幕府もそれを受け入れ、香典銀五十枚を贈ってきていた。が、金網をはずすことまでは許さない。

幕府は遠くにあって無関心でいられる。しかし、尾張藩主となった斉朝には宗春を意識しないではいられない。宗春の影におびえ、苦悩することになる。

(第3部・宗春の逆襲)

将軍毒殺

実録・名古屋騒動

◆263◆

怨霊宗春 ②

「狂言」和泉流におびえる斉朝

尾張藩は能が盛んだった。名古屋城では二之丸御殿の南御庭にその舞台と楽屋二棟が設けられていた。歴代藩主たちは能の観賞を楽しみとしていたが、斉朝はやがてこれを恐れるようになってゆく。

第一部で取り上げた小刀屋藤左衛門をご記憶だろうか。宗春の謹慎解除を幕府に〝直訴〟し、篠島に流されて死んだ悲運の人である。斉朝の前で舞う和泉流の狂言師はこの藤左衛門の血を引いており、それを見ていると宗春がだぶってくるのだった。

この和泉流は尾張藩お抱えの流派である。藩祖義直が山脇元宜（もとよし）を百石八人扶持で召し抱えたのに始まる。以来、藩の庇護により連綿と続き、このとき演じているのは七代山脇和泉元業（もとかず）だった。

この人は罪人とされた小刀屋藤左衛門の孫に当たる。彼にとっては祖父の汚名をそそぐ晴れの舞台のはずである。が、これを見る斉朝にはその背後に宗春がいるように思え、時には宗春その人がささやきかけてくるようにも感じられるのだった。

和泉流五代目山脇和泉元喬（もとたか）は妹を小刀屋藤左衛門の妻に送り出していた。元喬は幼名を弁弥と名乗り、隠居して弁蔵を号した。藤左衛門の妻は情妙寺（東区筒井町四）に葬られたが、同寺の過去帳に「寛政十二年（一八〇〇）申閏四月十七日、清涼院池水尼、（藤左衛門）妻山脇弁蔵妹」とある。

六代目山脇和泉元貞は幼名を吉三郎と称したが、実は藤左衛門夫妻の間にできた子供である。ここで和泉流は甥に受け継がれたことになる。元貞は本居宣長の門人でもあり、和泉流の台本を書き改めたりもしている。

平和公園にある「和泉流伝統之碑」

そして七代目山脇和泉元業は幼名を幾松と言い、これまた藤左衛門の孫に当たる。狂言などの伝統芸能は幼いときから稽古を必要とする。藤左衛門の妻は実家に後継者がいないので、孫を元貞の娘とめあわせたのだった。

山脇家の菩提寺は教順寺（東区泉二）である。天保七年（一八三六）に深田正韶（まさつぐ）によって記された「狂言大夫山脇和泉家流伝統之碑」が境内にあったが、いまは平和公園の同寺墓地へ移されている。和泉流は明治に入って藩の後ろ盾を失うと、碁盤割りの商人らの手によって支えられ、現在も名古屋狂言共同社に受け継がれている。

こうした背景を知れば、斉朝が宗春を連想するのも無理はない。舞台で演ずる元業は宗春が亡霊となって現れたようにも見えた。『尾藩世記』という本は「時の殿様（癪性先様）至而（いたって）おきらひ、此人（元業）の狂言始まると奥へ入らせられし由云伝」とある。

楽しむべき狂言もそれどころではない。斉朝は天下りで藩主となっただけに、よけい名古屋にとけ込もうと努めた。後続の三人とは違ってまことに殊勝な心掛けではあったが、名古屋の地は決して居心地のよいところではなかったようである。

（第3部・宗春の逆襲）

舟橋　武志

題字　冨永　奇洞

将軍毒殺

実録・名古屋騒動

◆264◆

怨霊宗春 ③

過酷な環境で適応障害の斉朝

斉朝も名古屋へ来た当初、能を好んで観賞していた。入国した文化八年（一八一一）九月にはこれを祝って三日間も開催したほど。このときは家中の者をはじめ、主立った寺社、医師、町人に至るまでを招き入れている。

これには和泉流の山脇和泉も出演していた。その演目によると、和泉の披露したのは得意の「花子（はなご）」のほか、「二人袴」「せんじ物」とある。このころはまだその後ろ姿に宗春の幻影を見るようなことはなかったにちがいない。

斉朝がおかしくなり出すのは文政に改まったころからと思われる。同元年（一八一八）三月からは参勤交代で江戸にあった。この年の十一月二十六日、成瀬隼人正を江戸城に差し向け、罪人宗春の「赦免」を嘆願させたが、それへの回答は「先の年忌のとき、すでに香典を送っている」という冷たいものだった。

『尾藩世記』を見ると「同年十二月二日、御頭瘡気ニ付、御台様ヨリ御尋、梅渓殿奉文を以、御内々御香炉一箱、御肴一折被進之」とある。「御台様」が斉朝の正室淑姫（将軍家斉の娘）のことか、あるいは将軍の奥方のことか、また「梅渓殿」がだれを指しているのかもこれだけからは分からない。しかし、わざわざ見舞いがあるところを見ると、軽い病ではなかったようである。

このとき斉朝は得体の知れないできものに悩まされていたらしい。新陰流の印可を受けるような人でも、これにはかなりまいっていたものと思われる。そして、それは宗春のたたりによると考えるようになってきていたのではないか。

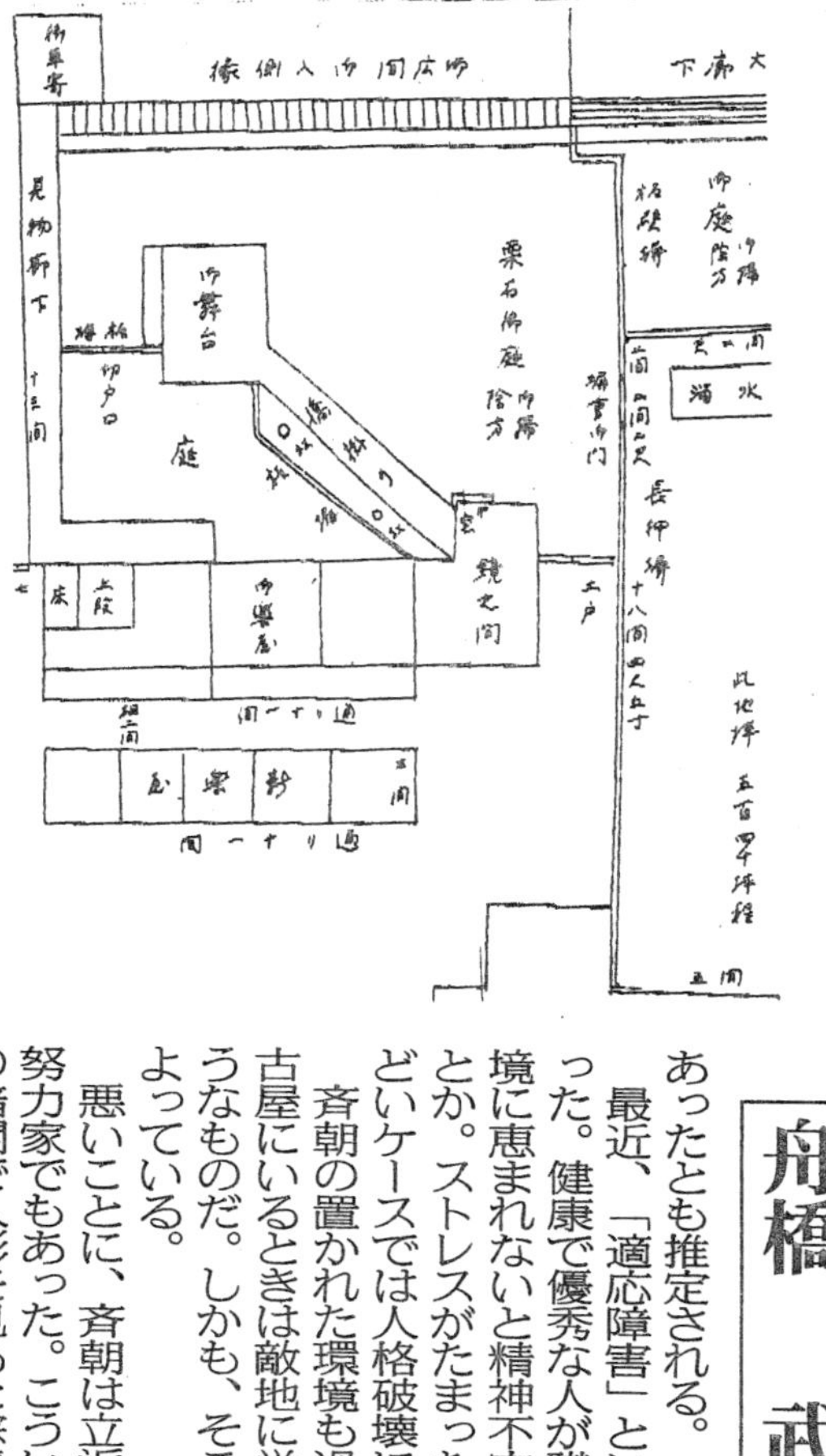

名古屋城の二之丸御殿にあった能舞台の図（「金城温古録」より）

隼人正の登城はこの少し前に当たっていた。このときすでに病気に悩まされていたとも考えられる。これを裏付けるような史料は見当たらないが、宗春の赦免を願い出た背景にはこのような事情があったとも推定される。

最近、「適応障害」という言葉を聞くようになった。健康で優秀な人が職場などに入っても、環境に恵まれないと精神不安やうつ病に陥りやすいとか。ストレスがたまった程度ならまだしも、ひどいケースでは人格破壊にもつながりかねない。

斉朝の置かれた環境も過酷だった。とりわけ名古屋にいるときは敵地に単身、乗り込んできたようなものだ。しかも、そこには宗春の亡霊がさまよっている。

悪いことに、斉朝は立派な藩主であろうとする努力家でもあった。こういう人こそ危ない。殿中の暗闇で人影を見ると宗春と勘違いし、寝ても夢の中で宗春におののくほどになっていたのではないか。

幕府はそんな斉朝の気持ちなどを理解しようともしない。宗春が死んで五十四年にもなるのにまだその怨霊を恐れ、墓の金網をはずすことを許さない。いまでは考え難いが、当時の人々がいかに怨霊を恐れていたかが分かるようでもある。

（第3部・宗春の逆襲）

舟橋　武志

題字　冨永　奇洞

将軍毒殺

実録・名古屋騒動

◆265◆

題字　冨永奇洞

舟橋武志

怨霊宗春 ④

おびえる斉朝 鎮魂に心くだく

名古屋城では「御城」と言えば二之丸御殿を指す。これは本丸御殿が将軍専用の宿舎とされ、普段は無人に等しい状態に置かれていたことによる。二之丸御殿は跡形もなくなってしまったが、二之丸の大半が壮麗な建物で埋め尽くされていた。

御殿は大きく三つに分けられた。南側が藩政などを行う庁舎としての表御殿、北側が藩主の生活する奥御殿、そしてこれらの東側が大奥である。大奥の北側、奥御殿の東側には築山や池などを配した二之丸庭園が広がっていた。

奥御殿の中心になっていたのが中御座之間と呼ばれる殿舎。藩主はここで過ごすことが多い。斉朝のころはこの建物の前にも能舞台が設けられていたが、注目したいのは中御座之間の裏手にあった御祠堂という建物である。

現在の場所で言うと二之丸庭園の西側、金の茶釜のある二の丸茶亭の後方に当たる。藩主の脱出口とされた埋門（うずみもん）跡のやや南東と言った方が分かりやすい人もあろうか。

この御祠堂は中御座之間の北東に位置し、九代宗睦によって建てられた。上段下段の二間から成る一種の霊廟で、上段正面の厨子（ずし）に五人の藩主とその夫人らが、向かって左手側にそれ以外の藩主らが祭られていた。

『金城温古録』によると天保十四年（一八四三）当時のものとして、向かって正面の右から宗勝、継友、義直、宗春、宗睦の順に並べられていたとある。幕府から見れば宗春は罪人だが、尾張では何かと話題を提供した名君である。斉朝はこの年すでに隠退していたが、宗春には複雑な思いがあったにちがいない。

祭壇の中央に藩祖「敬公（義直）」と夫人があるのは当然だ。が、その左側に「章善院君逞公（宗春）」を持ってきている。宗勝や宗睦が外側であるのを見ると、宗春の優遇ぶりが分かろうというものだ。

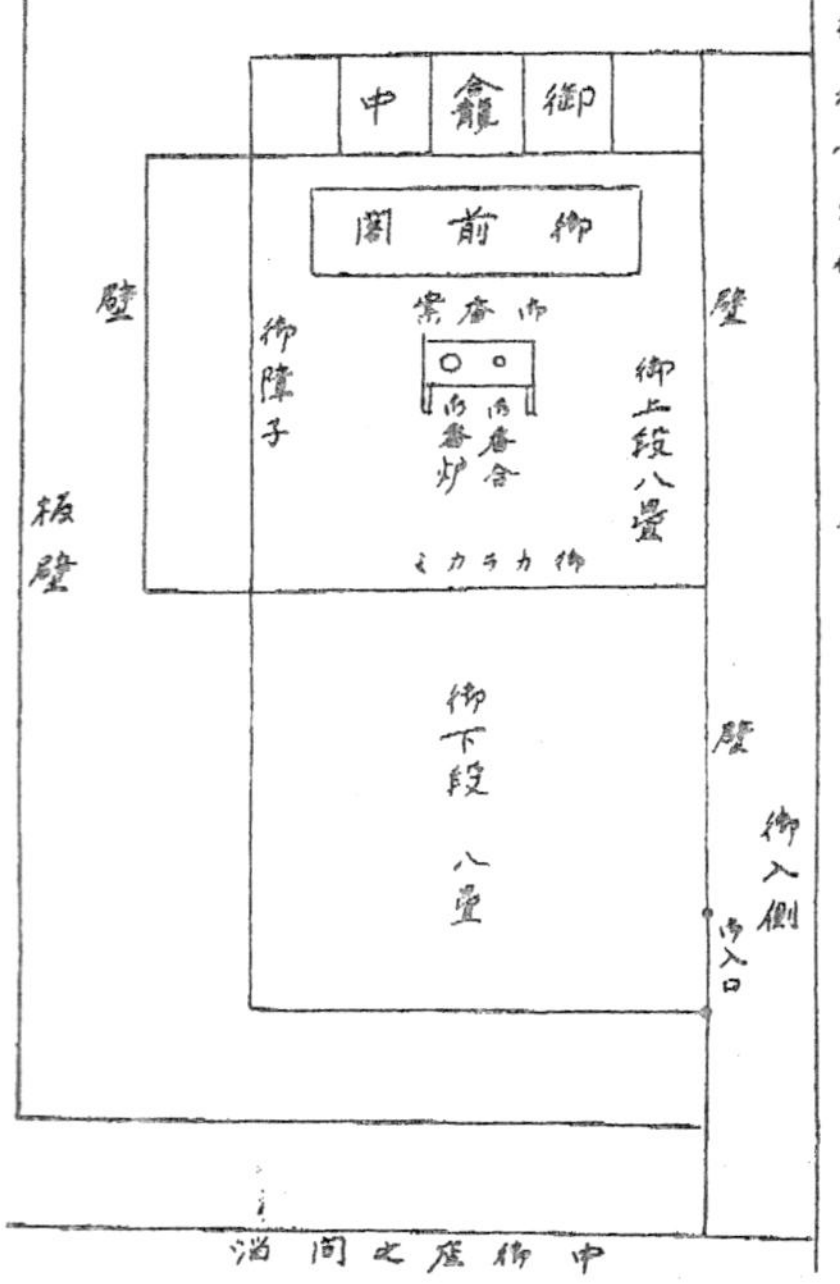

中央に宗春を祭る御祠堂（「金城温古録」）

同書はこうした御祠堂の内部を図示した後、次の一文を書き加えている。当然、これ以前からそうなっていたはずである。

「此図は天保十四癸卯の写なり。御祭主斉朝公、この時、御当主斉荘（なりたか）公の御代といへども、御祖父君御在世の内は御祭主となり給ふまじき礼に拠せらるゝ也」

世はすでに十二代斉荘に代わっている。本来は藩主が祭主を務めるべきだが、隠居後も斉朝が執り行っていた。宗春のたたりを恐れていたからだろう。

御祠堂は宗睦が造ったものの、「当時極て御勝手不如意故」（同書）、儀式などは簡素にすませていた。しかし、斉朝にはそうもいかなかったはずである。その怨霊を意識し出した文政の初めごろからはここへ参り、鎮魂に努めるのが日課となっていたのではなかろうか。

そして、城内で弔うだけにはとどまらなくなる。斉朝は目に見えぬ宗春の影におびえ、さらにその手立てを模索し始めているのだった。

（第3部・宗春の逆襲）

将軍毒殺

実録・名古屋騒動

◆266◆

怨霊宗春 ⑤

亡霊に悩まされ山王権現社を勧請

文政四年（一八二一）斉朝はかつて宗春が蟄居していた御下屋敷の地に、比叡山から山王権現社を勧請することにした。幕末の『名古屋城下図』を見ると、広大な御下屋敷の一角、北東側に「山王」とある。現在地で言えば東区の代官町に当たり、そこにはNTT代官町ビルと永平寺名古屋別院が建てられている。

この神社は謎に満ちている。山王（日吉神社）を勧請した形にはなっているものの、その実、密かに宗春が祭られていたというのだ。一説に家康と藩祖義直も合祀されていたとも伝えられている。

この年、斉朝は二十九歳の若さだったが、目に見えぬ宗春の亡霊に悩まされていた。その霊を慰めようと、この神社を創建した。そうした経緯があるためか、同社について記したものはほとんどないのが実情だ。

ただ、高力猿猴庵（えんこうあん）の『尾張名陽図会』には「山王権現御社」と題して同社の全景が掲載されている。中央部に拝殿が描かれ、その前には破風形の合掌造りを置く山王特有の鳥居、そして、奥には二棟から成る切妻造り平入りの社殿がある。これらの周りに末社もいくつか祭られており、なかなか立派な神社である。

猿猴庵は同書で絵の周りにぎっしり文章を書き込む手法を取っている。しかし、この絵に限っては「山王権現御社」とあるだけで、一言の解説も付け加えていない。あえて取り上げはしたものの、書くに書けない事情があったものと思われる。

この白々とした紙面が神社の特異性を無言のうちに語りかけてくるようでもある。他の神社では使っていないのに、わざわざ「御社（おんやしろ）」と「御」を付けているのも注目される。猿猴庵はこの神社のいわれを知り、祭られている宗春に親しみを覚え、書かずにはおれなかったのだろうか。

尾張の基本的な史料とされている『尾張志』や『尾張名所図会』などもこの神社については何も触れていない。編著者らは当然知っていたはずだが、紹介するのをはばかられたのであろう。それだけに猿猴庵の書き残した絵は同社の様子を知るうえで貴重な史料となっている。

いま神社の面影は残されていないが、昭和の初めごろまではあったらしい。宗春の命日には藩主自らが参拝するならわしとなっており、明治に入っても徳川家から代参があったと伝えられている。ましてやこれを勧請した当の斉朝は宗春の怨霊を鎮めるのに懸命だったにちがいない。

文政四年のこの年、宗春は罪を許され、他の藩主と同様に祭られるようになった。これには幕府に対して斉朝と尾張藩から強い働きかけがあったものと推測される。しかし、宗春のたたりはこれでも治まらなかったようで、斉朝はその慰霊のためにもう一つの手も打っていた。

（第3部・宗春の逆襲）

舟橋　武志
題字　冨永　奇洞

「尾張名陽図会」に描かれた山王権現社

将軍春殺

実録・名古屋騒動

◆267◆

怨霊宗春 ⑥

重い病で慰霊にのめり込む斉朝

山王権現社が多くの謎に包まれていたのも無理はない。これには一般の人が自由に出入りできない、御下屋敷の内側にあったせいもある。その点、参拝者を集める他の寺社とは大いに異なっていた。

『名古屋城下図』を見ると「山王」の西に隣接して「御祈念所　慶雲軒」の文字がある。これも山王権現社と時を同じくして文政四年（一八二一）に創建されている。こちらも宗春の霊を祭っており、山王権現社の神宮寺に相当するものだった。

これについて桑山好之の『金鱗九十九之塵（こんりんつくものちり）』は「慶雲軒　禅宗曹洞」として次のように書いている。やや長いが引用してみよう。

「当精舎ハ、御下屋敷御構内にして、文政年中御小納戸御支配にて、一宇御創建あり。則御本社は章公（宗春）の御霊を祀りて、孚式権現と奉称しと云々。且開基の導師ハ其頃万松寺の住侶、珍牛和尚ハ道徳博識の誉れ聞え有しにより、御帰依不浅（あさからず）。故に退隠の命下りて、此地に住職せられき。二世も又同じく亀岳山より黙室和尚を請せられ、住持たらしむ。其後、黙室遷化して今ハ無住のよし」

宗春は明和元年（一七六四）十月八日、六十九歳で亡くなり、章善院殿厚誉孚式源逞公と諡（おくりな）された。それ故、孚式（ふしき）権現とも呼ばれた、とある。謎に包まれた神社ではあったが、知る人は知っていたのであろう。

ちなみに「孚」は「まこと」、「式」は「のっとる」「決まりとして従う」の意味がある。宗春の諡は「善を章（あきら）かにして誉れ厚く、まことにのっとった逞（たくま）しい人」ということになろうか。決して幕府の恐れるような、悪い人とはされていない。

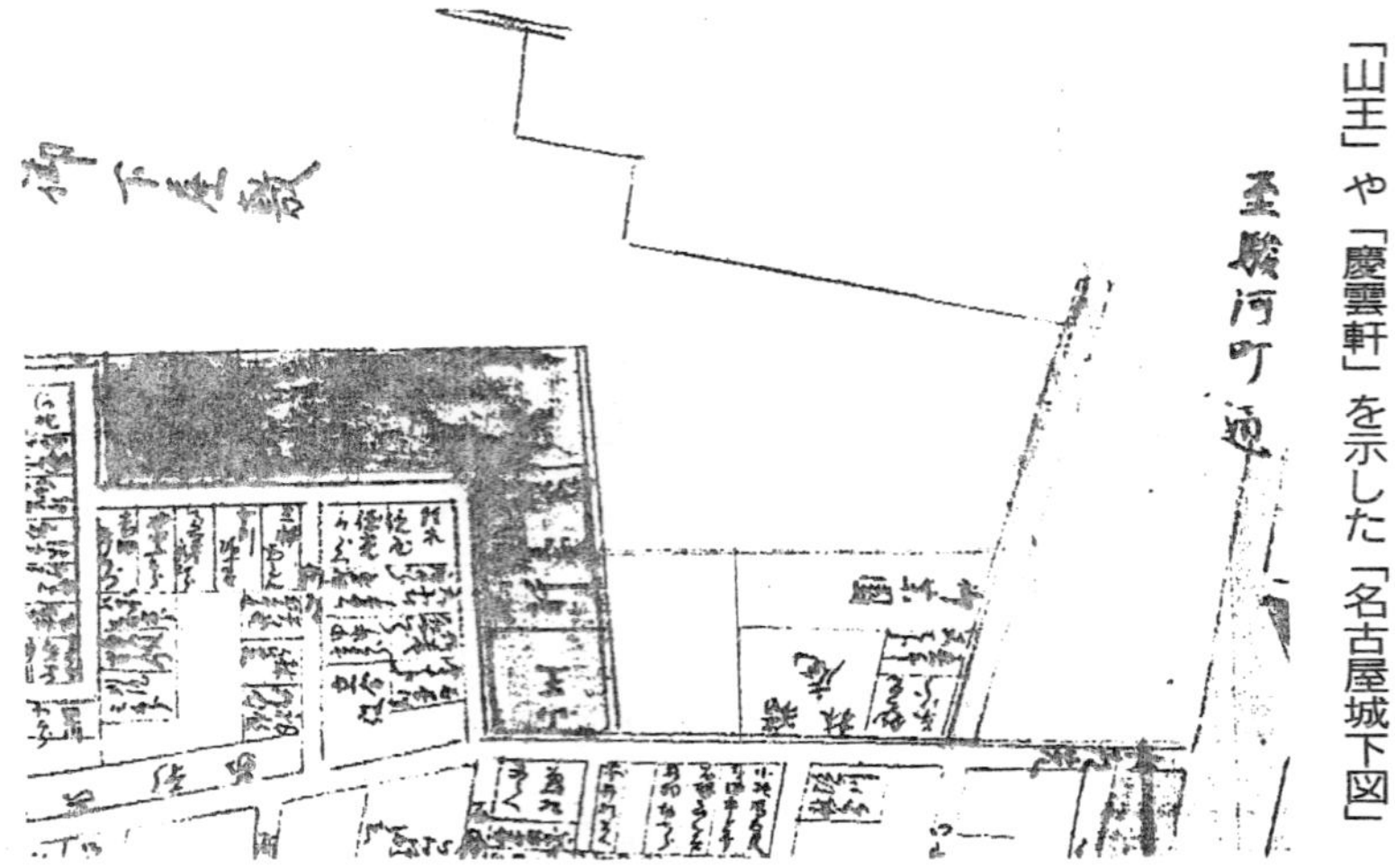

「山王」や「慶雲軒」を示した「名古屋城下図」

舟橋　武志

題字　冨永　奇洞

珍牛は万松寺の二十七世で、同寺を退いてこの開山となった。斉朝は文政元年に成瀬隼人正を幕府に遣わして宗春の「赦免」を嘆願し、「御台所」から病気見舞いもいただいていた。が、この珍牛を調べていて、病気の深刻さが次第に明らかになってきた。

すでにこれ以前から医者もさじを投げるほどの状態にあったのだ。斉朝はこんなことから次第に信心深くなってゆく。帰依する珍牛や領内にある名刹の僧に病気の平癒を祈願させている。しかし、一向によくなる気配は見えてこなかった。

これがもとで宗春のたたりを意識せざるを得なくなったのだろう。宗春の「赦免」願いもそこにあった。そして、これらの他にもまだ様々な手も打っていくのである。

病気は一説に腹にできたはれ物とも伝えられている。山王権現社に宗春を祭ったのも、名僧として知られた珍牛に慶雲軒を開かせたのも、成仏できずにいる宗春を慰霊するための序章にすぎなかった。

（第3部・宗春の逆襲）

将軍毒殺

実録・名古屋騒動

◆268◆

舟橋　武志
題字　冨永　奇洞

怨霊宗春 ⑦

慰霊の遺構いまも市内外各所に

宗春を慰霊する祈念所「慶雲軒」は後に護国院清久寺と改められた。万松寺住職だった珍牛を開山とし、永平寺六十世童龍を勧請の開山とされた。山号は仁王山、本尊は馬頭観世音菩薩座像（慶雲軒当時は地蔵菩薩立像だった）。

このとき、珍牛はすでに高齢であった。その翌年、すなわち文政五年（一八二二）四月九日に没している。ついでながら、童龍の没年は明治四年十一月三日である。

こうした特別の寺だけに、菩提寺と同格とされていた。明治になって永平寺の別院に昇格させようとの動きも出たが、同宗制に明文化された別院制度がなく、奉安殿の名でその出張所とされた。現在の永平寺名古屋別院の前身である。

『名古屋城下図』を見ると、境内は山王権現社の倍近くもある。同社はこれに組み込まれ、大正版『名古屋市史』には「山王社」として「現今に至る迄、毎年十月下旬の祭礼には、徳川家より祭資料を給はり、藩主宗春（章善院）所持の太刀等を貸与せられて、之を殿内に安んずるを例とす」と記されている。

同書にはまた「宝物」として「藩主斉朝像 一躯 尾張名家旧跡集に当院に在りと見えたれど、今無し」ともある。斉朝のこの寺に対する思いは特別のものがあったにちがいない。寺名の「護国」は斉朝存命中に付けられた可能性が高いが、それには「国（藩）を護る」願いも込められていた。

高力猿猴庵は山王権現を描いていたが、こちらについては何も触れていない。同社のように秘密のヴェールに包まれていなかったからだろうか。

しかし、細野要斎がその著『感興漫筆』で書いているのを見つけ出したので、回を改めてそれを紹介してみたい。

護国院の遺構で造られた関ケ原の東首塚

以前、関ケ原の古戦場を散策していたとき、合戦の将兵らを弔った東首塚が意外に立派だったのに感心したものである。殺伐とした西首塚とは雲泥の差だった。そこにあった供養堂などは昭和十五年に護国院から買い受けたとのことで、思いがけないところで宗春ゆかりの遺物に出会ったものである。

また、根本憲生著『われら、新川人』によると、斉朝は旧新川町（現、清須市）にある長谷院（ちょうこくいん、浄土宗）に深く帰依し、その縁で天保五年（一八三四）、仁王門や多宝塔、明王堂などを寄進しているとのことだ。これは改築などを機に、払い下げられたのであろうか。

近くに月読社という小祀もある。これも斉朝によって寄進されたものだとか。それらの経緯は不明のようだが、病気平癒の祈願と関係があるかもしれない。

同寺の山門もそれらと同じもののようにも見える。同書には御下屋敷とあるだけだが、慶雲軒（護国院）の遺構ではなかったのか。装いを変えた永平寺名古屋別院にはいまも奉安殿が残されている。

（第3部・宗春の逆襲）

将軍春秋

実録・名古屋騒動

◆269◆

怨霊宗春 ⑧

さまよう霊魂…百回忌まで

舟橋 武志

題字 冨永 奇洞

時代が下って文久三年（一八六三）は宗春の百回忌に当たっていた。これに合わせ『感興漫筆』の著者、細野要斎は護国院と山王権現社に参拝している。当時の寺社の様子がしのばれるので、意訳して紹介しておこう。

「十月八日、晴暖。正午ごろ小寺玉晁と児一得とで御下屋敷内の章善院君の御廟に詣でる。今年の今月の今日がお亡くなりになって百年目に当たる。昨日と今日、建中寺では法要が営まれている。

この御下屋敷にある御廟（山王権現社）はそばにある僧寺護国院の掌握するところだ。そこでは七日前より御祭事や御祈祷などが行われており、この日ばかりは諸人にも参詣が許されている。

門前にある藩士らの家々の前には献灯が掲げられている。その提灯には「守国宮」の三文字。御廟の門には大きな注連紙が垂れていた。

その門を入ると両側に紋所のある提灯が並ぶ。提灯台とともに新調されたもののようだ。それらが三十個ほどあった。

鳥居の内より瑞垣（みずがき）門まで真新しい薦（こも）が敷かれていた。瑞垣門を入って御廟前までも敷かれている。その上がり段の前まで諸人の参詣が許される。

階段前の左右には旗が立てられている。近ごろ、境内の所々が変わったようだ。御廟の前殿には僧二人が詰めていた。

御廟の北に小祠が並んでいる。東には愛染明王を祭る小堂があった。その東に薬師堂もある。左右に十二神の像があり、絵馬なども美しいものだった。これらは昔からあったものらしい。

薬師堂の本尊は小幅の画像のようだ。しかし、詳しくは拝しがたい。前に護摩檀があり、この堂でも僧と役人が守っていた。

鳥居の左右には石像が置かれている。高さはそれぞれ二尺六、七寸ほどで、左（北方）は盲人が琵琶を背負った像、右（南方）は烏帽子に素袴で右手に扇を持つ像だ。昔からこの庭にあったらしく、像の所々が欠けていた。

山王権現社跡付近には現在は永平寺名古屋別院が立つ

門を入ったところに池がある。その池の中に小山があり、弁天が祭られていた。その前には不動尊の石像もある。

境内には紅葉が多く植えられており、訪れた人の顔を照り輝かせている。童子らの中にはその枝を折り、持ち去る者もままいた。禁止しようとする者はいないのか。

参拝を終えて護国院の中門前まで来た。ここには彩色された大黒像を祭る祠があった。中門の両側には牓札（ぼうふだ）が掛けられている。一つは御祈祷を行うときのもの、もう一つは不浄を払うためのものである。

南門より出て、北へ行く。情妙寺前を過ぎたところで左折し、近ごろ人気のある玉広稲荷の祠まで来た（以下略）」

要斎は宗春に関心を持っていた。同書の中で嘉永二年（一八四九）に聞いた話として「先年、章善院様の墓石が割れてしまった」「霊魂がいまだ留まっておられるのだろうか」（意訳）とも書いている。斉朝ならずとも、そう考える人は多かったのだろう。

（第3部・宗春の逆襲）

将軍毒殺

実録・名古屋騒動

◆270◆

怨霊宗春 ⑨

側室花子の威光伝える無量寿院

永平寺名古屋別院の裏手（北側）に無量寿院という浄土宗の尼寺がある。斉朝に始まる天下り藩主が四代約半世紀続いた後、十四代藩主となった高須（岐阜県海津市）出身の慶勝（よしかつ）が宗春の菩提を弔うために開いた寺だ。安政三年（一八五六）の創建で、就任して七年後のことだった。

ここも御下屋敷に含まれており、宗春の側室「お薫の方」花子の住んでいたところだ。宗春には正室がなく、蟄居後、側室の花子がそばに仕えた。彼女は安永九年（一七八〇）に六十七歳で亡くなったが、後の藩主も彼女には一目置いている。

「尼公（花子）容儀すぐれて婦徳をおさめ、小星の光おはす。公（宗春）御国務の時より位遁（かく）れ給ふ後まで、左右に侍して采幣（配）の助けまします。戴公（宗勝）殊に其労を賞しさせ給ひ、品秩およそ夫人の礼に准じさせ給ふ。今の殿（宗睦）に至りても厚遇亦（また）同じ」

これは『阿薫和歌集』にある跋文（あとがき）である。同書には宗春の住まいとの位置関係について「章善院殿（宗春）昔すませ給ひし御屋つくり、わがすむやどりとは中垣ひとつばかり隔（へだたり）なりければ、みその（御園）ゝ木々も爰（ここ）かしこより常にいとよく見え侍りぬ」とも記されている。目の前にある永平寺名古屋別院とその隣のＮＴＴ代官町ビルの地が宗春の暮らしたところだった。

その地には斉朝が寺社を創建している。慶勝は花子の住んだ地に無量寿院を建てた。それだけではない。

花子の住んだ跡に立つ無量寿院

花子は京都の出身で、父の名を猪飼宗貞と言った。慶勝はわざわざ住職に花子の子孫と見られる猪飼姓の人を当てている。寺は尾張徳川家の菩提寺である建中寺の末寺とされ、万延元年（一八六〇）現在の寺号に改められた。

この寺は当初、精林庵と呼ばれていた。幕末当時の『名古屋城下図』もこの名称で紹介している。精林庵は文化十三年（一八一六）に大久保村（現、東京都新宿区）に創建され、十四代藩主になった慶勝はこれを移す形で創建したのだった。

当時の尾張の人たちは慶勝の藩主就任を心待ちにしていた。すでに高須も水戸の血に変わってはいたが、やっと分家から迎えることのできた殿様である。慶勝はそうした期待に応えるかのように、精林庵を名古屋に移して宗春を手厚く弔ったのだった。

文化十三年の創建というと、まさに斉朝の治世である。すると精林庵は斉朝が建てていたことになる。この年は参勤交代の年に当たっており、三月から約一年間は江戸にあった。

斉朝はもうこのころから病気に悩まされていたのではなかったのか。その後にこれまで書いてきたような様々な鎮魂策を打ち出すことになる。

（第3部・宗春の逆襲）

舟橋　武志
題字　冨永　奇洞

将軍毒殺

実録・名古屋騒動

◆271◆

怨霊宗春 ⑩

珍牛が進言した名祈祷師招へい

斉朝が文化十三年（一八一六）に病気にかかっていたことは翌年に僧豪潮を招へいしていることからも裏付けられる。名僧の誉れ高い万松寺の珍牛（祈願所「慶雲軒」開山）にしても、その祈祷で病を治すことはできなかった。彼は九州や四国の諸大名らが帰依する豪潮を呼ぶように進言していた。

豪潮は万松寺に来て、その日のうちに登城した。そして、斉朝の病気を加持祈祷すると、評判そのままたちまち治ってしまった。これには周りの者も驚くばかりで、斉朝は手放せなくなってしまう。

「文化十四年の春、古稀の老躯（ろうく）に鞭（むち）うち、遠く名古屋府に来たり。太守（斉朝）の病を祈る。法験（しるし）神の如く、君の大病頓（とん）に忘る。御感啻（ただ）ならず」（明治四十年に書かれた「長栄寺護国堂再建募縁記」）

長栄寺はそこに住まわせようと文政六年（一八二三）、名古屋城の鬼門に当たる柳原（北区）に建てられた祈願所だ。この寺には斉朝の木像が安置されていたが、先の大戦で惜しくも焼失している。その像は大正版『名古屋市史』に写真があり、この連載の二五九回で紹介しておいた。

これについて細野要斎が『諸家雑談』に書き留めていた。木像とはいえ、馬鹿にはできない。寸部たがわぬ造りだったというのだ。

「柳原長栄寺に安政三年（一八五六）、順公（斉朝）御等身の御木像を安置す。京師の仏工に命じて、これを彫刻せしむ。御容貌をうつせしは国老致仕（隠退）高木氏（名秀真）及嘗て公の近侍たりし士両三人、これを指揮して彫らしむと云」

病に取り憑かれた斉朝はひ弱な人をイメージしがちだが、その木像からも分かる通り、実際は堂々たる人であったようだ。それは柳生流の印可を受けていたことからも推察できる。強健な身体にもかかわらず不治の病に取り憑かれたから、よけい宗春の怨霊と結び付けて考えられたのかもしれない。

豪潮寺の名でも親しまれている柳原の長栄寺

斉朝は快方に向かったとは言うものの、その後もやはり悩まされていたらしい。文政十年（一八二七）三十五歳で早々と隠居、名古屋城の御深井丸に御殿を築いて大御所となった。後から来た三人の藩主も次々と得体の知れない病にかかり、不遇のうちに死んでゆく。

こんなことも手伝っていよいよ宗春を意識するようになった。そして、嘉永三年（一八五〇）五十八歳でこの世を去っている。木像の造られたのは七回忌に当たっていたからであろう。

この時代、全国的に名の知れた珍牛と豪潮が名古屋へ来ている。これも病に悩み、宗春の怨霊を恐れた斉朝のおかげだ。とりわけ豪潮はこの地に様々な足跡を残すことになる。

天保六年（一八三五）八十七歳で没する。斉朝は最後までこの地にとどめており、いかに頼りにしていたかが分かる。では、豪潮とはどんな人であったのか、項を改めて見てみたい。

（第3部・宗春の逆襲）

舟橋　武志

題字　冨永　奇洞

将軍毒殺

実録・名古屋騒動

◆272◆

豪潮と斉朝 ①

九州で絶大な信頼受ける名僧

万松寺は天文九年（一五四〇）古渡城主だった織田信秀によって創建された寺である。場所はかつての名古屋村、現在、桜天神社（中区錦二）のある一帯。寺名はその法号・万松寺殿桃巌道見による。

慶長十五年（一六一〇）の名古屋開府のとき、加藤清正はこの万松寺を普請場とした。清正は天守の土台造りを担当したが、そのための石引きはあまりにも有名である。

家康は町づくりに当たり、万松寺を御器所へ移そうとした。城下に織田方の残党などが集まるのを恐れたからだ。時の住職八世明谷文察は「たとえ境内は狭くなってもよいから」と願い出、大須への移転を許されたのだった。

同寺に付属した桜天神社がそのまま残されたのは、くじで移転不可の卦（け）が出た結果である。名古屋の築城に当たっても風水やおみくじが活用されていた。ついでながら万松寺の創建については信秀の死後だったとする説もある。

そして、いまの住職は二十七世の珍牛（ちんぎゅう、ちんごとも）である。この人は名僧として知られ、斉朝の帰依を一身に集めた。寺は大須切っての広い境内を誇り、寺領として藩祖義直から三百石、二代光友から二百石加増され、いまに至るまで五百石を有している。

珍牛は文化十四年（一八一七）八月に万松寺の住職となり、三年後の文政三年に退き、宗春を慰霊する祈願所「慶雲軒」（後の護国院）の開山となっている。このころ斉朝は最も宗春の亡霊に悩まされていたときであり、その怨霊を封じる大役を仰せ付かったわけである。

彼は寛保三年（一七四三）に肥後熊本で生まれ、長じて江戸や長門、信濃、摂津、美濃などで仏法を広めた。文化七年（一八一〇）からは江戸や奥州を遊行している。同十四年に万松寺に足を留めたのも、斉朝からの強い要請があってのことだろう。

万松寺の広い境内を描く尾張名所図会

この珍牛にしても斉朝の病気は治せなかった。彼は九州で絶大な信頼を得ている豪潮に目を付け、その祈祷を受けるより策はないと考え始めた。豪潮も肥後の生まれで、同郷のよしみである。

「尾公（斉朝）病気に罹り、医薬聊（いささ）か効験なし。之に依て州の諸刹に命し之を祈らしむ。更に亦（また）法験なく、今は既に詮術に尽き、邦内大に之を憂ふ。

時に珍牛、太守に白（もうし）て曰く。東肥（ひごのくに）の豪潮阿闍梨（あじゃり）は禅心月の如く清く、戒行珠（たま）の如く朗（ほがらか）なり。彼の師を請し祈らしめ玉ひなば、太守の御患即ち癒へん、と」（「寛海大師行業略記」）

豪潮は寛海大師とも呼ばれ、肥後の細川家のもとにいた。九州や四国の大名らから深く帰依され、彼が加持祈祷すれば大病もすぐに治ると評判だった。除霊を急ぐ斉朝は豪潮を尾張へ招こうと、家老の成瀬隼人正を細川家へ送り出すのだった。

（第3部・宗春の逆襲）

舟橋　武志
題字　冨永　奇洞

将軍毒殺

実録・名古屋騒動

◆273◆

豪潮と斉朝 ②

幼時から異才 比叡山修行で頭角

うわさの豪潮とは一体どのような人物だったのか。斉朝は珍牛の話に喜び、最後の拠り所にしている。

豪潮（初名・快潮）は寛延二年（一七四九）六月十八日、肥後国玉名郡山下村（現、熊本県玉名市）で生まれた。家は浄土真宗安養寺の塔頭である専光寺。同寺中興の二世貫道の第二子で、兄は昇道と言い後に三世となっている。

七歳になった宝暦五年（一七五五）九月三日のこと。父貫道は二人を呼び「若いとき、天台の僧になろうとしたが、様々な理由でできずに残念である。願わくはこの寺を昇道が継ぎ、そなたは私の宿願を果たすべく天台の僧となってくれまいか」と打ち明けた。

豪潮はその場で快諾、父に連れられて同郡の寿福寺に赴き、住職の豪旭に会った。

「旭師一見歎じて云く、此児異相あり。之れ凡童ならず。末必ず高徳とならんと。遂に旭師に依て剃度式を受く。師に仕事すること親の如く、経を授くるに口に応じて暗誦す。故に時人、皆神童と呼ぶ」（「寛海大師行業略記」）

豪旭のもとで頭角を現し、十六歳の春に比叡山へ。そこで修行すること十数年に及び、三密加持の秘法を授かる。安永五年（一七七六）豪旭が亡くなると、請われて寿福寺の住職となった。

その翌日、豪潮は寺の蔵を開いて米八十俵を貧しい人々に与え、あるときは寺にあった酒器などを集めて臼で砕いてしまった。これを見た信徒らは驚いてとめようとしたが、「明日の食を蓄えるには及ばず」「これすなわち、葷酒（くんしゅ）山門に入るを許さず、である」と言って平然としていた。夏には蚊帳を用いず、蚊の群れに血を施すのもいとわなかった。

食事も一菜一食、三衣一鉢とし、己を厳しく律した。その一方では名利を求めず、修行に明け暮れしている。求めに応じて貴賤男女の別なく、親しく接して仏の道も説いた。

やがて豪潮の名は広く知られるようになった。早世が続く京都は聖護院宮の依頼で加持祈祷すると、その翌年には太子が誕生した（後の仁孝天皇）。父親に当たる光格天皇から寛海大師の尊号を贈られたが、大師は宗祖伝教大師に恐れ多いとし「寛海」の二文字だけを受けている。

「師か名声天下に轟（とど）ろき、就中、中四国、九州の天（原文のまま）恰（あたか）も新仏出現の如し。未た歳を閲（けみ）せす。偶々（たまたま）肥後の領主細川家の請する所となり、辞する能（あた）はす直に帰る」（同）

寛政十二年（一八〇〇）五月、豪潮は久しぶりに故郷に帰った。これを機に細川家は九州より外へ出ることを固く禁じた。都での評判があまりにも高く、各地の大名が迎えようとしていたからだ。斉朝が隼人正を派遣したのはそのようなときであった。

（第3部・宗春の逆襲）

仙厓（美濃出身）の描いた豪潮像（「豪潮律師遺墨集」より）

舟橋　武志

題字　冨永　奇洞

将軍毒殺

実録・名古屋騒動

◆274◆

豪潮と斉朝 ③

招へいで細川家との一戦も覚悟

文化十三年（一八一六）斉朝は豪潮を招くため、成瀬隼人正を肥後熊本へ送り出した。このころ、最悪の状態だったと考えられる。万松寺の住職珍牛をはじめ、国内各地の名刹に命じて加持祈祷をさせたが、その効果は一向に現れていなかった。

使いにナンバー2の隼人正を選んだのも、細川家の事情をよく承知していたからである。しかし、相手は国の護持僧であるとして聞く耳を持たなかった。隼人正は礼を尽くして交渉を重ね、最後はすがるような気持ちで懇請したのだが、ついにその意を翻すことはできなかった。

斉朝は交渉の決裂を知り、一戦に及んでもとまで考えた。これを知った熊本の藩士たちも、御三家筆頭の横暴と激高した。一人の僧を巡り一触即発の危機を迎えた。

これはやがて斉朝の実家である一橋家の知るところとなった。同家は容易ならざる事態に驚き、関白の近衛家に調停を願い出た。その結果、細川家は三年間に限って尾張に留まることを認めたのである。

「師は九州諸侯の帰依僧なりければ(細川家は容易に肯諾（ききいれ）せず。往答数回、将（まさ）に干戈（かんか）を以て師を動かさむとす。一橋公之を聞て大に驚き、直に近衛公に協(はか)る。両公之を裁し、遂に三年滞留の誓約を附し、漸く玆（ここ）に請局（しょうきょく）を結ぶ」（「長栄寺護国堂再建募縁記」）

豪潮を迎えるため珍牛は高弟の黙室を送り出した。黙室は珍牛の開いた祈願所「慶雲軒」の二世となる人だ。文化十四年、斉朝待望の豪潮はこうして名古屋へ迎えられたのである。

豪潮は来名すると即日、名古屋城に向かった（写真は焼失以前の名古屋城雄姿）

ときに豪潮六十九歳、珍牛七十五歳。対する斉朝はいまだ二十五歳でしかない。宗春の怨霊を鎮めるため、大きな期待が寄せられた。

豪潮は万松寺に着くとその日のうちに登城、斉朝に面会して病気平癒の祈祷を修した。効果はたちまち現れ、日ごとに快方へ向かう。これには隼人正はじめ藩士や庶民までもが喜び、豪潮はまるで生きた仏のようにあがめられてゆく。

この祈祷をどこで行ったかは気になるところである。しかし、記録には「名古屋城」とあるだけで、その場所までは示されていない。ひょっとすると、以前に紹介した二之丸御殿に設けられた御祠堂ではなかったか。

「大守の御歓（おんよろこび）斜ならず。州人も亦（また）皆愁眉を開く。師万松寺に留錫すること約三年、其間専ら護国利民の大法を厳修し、時々霊験を顕はす」（「寛海大師行業略記」）

来名四年後、斉朝は宗春を祭る山王権現社と祈願所「慶雲軒」を建てている。これは豪潮の指示によるものだったのかもしれない。そして、珍牛は万松寺の住職を辞し、慶雲軒の開山となるのだった。

（第3部・宗春の逆襲）

舟橋 武志

題字 冨永奇洞

将軍毒殺

実録・名古屋騒動

◆275◆

豪潮と斉朝 ④

帰国約束を仮病使いほごに

神様、仏様、豪潮様——豪潮の人気は上にも下にも絶大だった。しかし、約束の三年はまたたくまに過ぎた。国元に返さなくてはならない。

文政二年（一八一九）三月、斉朝は参勤交代の務めを終え、名古屋に向かった。このときはめずらしく中山道を使い、小牧御殿で一泊した後に入城している。当然、豪潮も同道していたものと思われる。

その年の夏も過ぎたころ、豪潮は帰国を願い出た。しかし、斉朝はいまも頼り切っており、これを許そうとはしない。延長を願って肥後の細川家と交渉するのだが、向こうも任期を終えて帰国するのを待ちわびている。

留めたい一心の斉朝は豪潮が病気であるとして延長を迫った。これにはさすがの細川家も折れざるを得ない。豪潮も斉朝を思いやって、尾張に住む決心をするのだった。

これまでは珍牛のいる万松寺をねぐらとしてきた。斉朝は延長の話がまとまると、知多半島の〝岩窟寺〟岩屋寺へ移住させることにした。これなら地理的に見ても帰ることは難しく、しかも、数人の付き人まで置く念の入れようである。

岩屋寺は半島の先端南知多町の山海にあり、いまは尾張高野山宗の総本山となっている。知多四国巡りの四十三番札所。半島屈指の古刹であり、『尾張志』は次のように書いている。

「岩屋村にありて野田（春日井市）密蔵院の末寺也。大慈山千眼光寺とも号し、又巌窟寺とも書り。境内に大岩聳え、その前に堂宇ある故、かく号く。霊亀元年（七一五）の創建、元正天皇の勅願にて僧行基菩薩の開基也。弘法大師観音の霊跡と称せられしは奥院の岩窟なり」

しかし、豪潮の入寺したときはかなり荒廃していたらしい。尾張藩の支援によって復興し、豪潮は中興の第一世となっている。境内にこけむした五百羅漢の石仏が並ぶが、これは豪潮の指揮で造られたものである。

豪潮が中興した南知多の岩屋寺

このときすでに七十を越えていた。斉朝が名古屋にいるときは遠路もいとわず出向き、参勤交代に際しては同道することになる。斉朝は文政三年三月に江戸に向けて出発し、翌年の三月に名古屋へ帰ってきた。そのときの記述が「寛海大師行業略記」にある。

「大守の命に依り江戸に赴き、市ケ谷の邸に入り、尾張中納言斉朝卿の病を祈り、大に法験あり。是の故に関東の諸侯大に帰依し、道俗男女争て加持仏名を受け、法益に与（あずか）るもの、算数に遑（いとま）あらず。時に文政四年、師年七十三」

帰国してからも岩屋寺にあった。しかし、名古屋とはあまりにもかけ離れている。すでに細川家も帰国はあきらめてしまったようだ。斉朝は豪潮を城下近くに呼ぶことを考え始めていた。

（第3部・宗春の逆襲）

舟橋　武志

題字　冨永　奇洞

将軍毒殺

実録・名古屋騒動

◆276◆

豪潮と斉朝 ⑤

長栄寺を建て老師をおひざ元に

舟橋 武志

題字 冨永 奇洞

江戸時代、新しく寺を創ることは厳しく制限されていた。斉朝のきもいりといえども例外ではない。豪潮を呼び寄せる受け皿づくりに迫られていた。

折しも諸輪（もろわ、愛知郡東郷町）に廃寺同然の寺があった。これを移す形で長栄寺を興し、豪潮を知多の岩屋寺から迎えることにした。同寺は加賀白山を開いた僧泰澄の創建した古刹で、長い年月を経て荒れ果てたままになっていた。

寺は名古屋城の鬼門（北東）に当たる柳原に建てられた。かつて桓武天皇が王城の守りとして、伝教大師（最澄）に比叡山を開かせた故事にならったもの。文政六年（一八二三）四月、堂宇はことごとく出来上がり、諸輪村から長栄寺を移して祈願所とされたのである。

斉朝は八百五十石の黒印を与えようとしたが、豪潮はこれを固辞して受けようとはしなかった。代わりに永世定金（さだめきん）を毎年与えることにした。

現在の寺は明治維新の激変や濃尾地震、さらには先の戦災で見る影もないが、当時は相当な伽藍を誇っていたものと思われる。

本尊は豪潮の持念仏とされていた准胝観音（じゅんでいかんのん）。この観音は一般にあまりなじみはないが、千手観音や馬頭観音などとともに、六観音の一つに数えられているもの。斉朝は名古屋城にあった赤栴檀（せんだん）の香木を授け、京都で有名な仏師赤尾右京に彫らせるのだった。

豪潮をめぐるエピソードはいくつか伝えられている。その一つが狐に取り憑かれた人を、加持祈祷で追い出したという話。これぐらいのことは朝飯前だったのだろう。

豪潮が中興の開山となった
柳原町（北区）の長栄寺

ある日、その人が訪ねてきて、助けてほしいと頼み込んだ。祈祷すると狐が人の顔になって現れてきた。そして「余は狐にあらず、明神なり。汝らの力の及ばぬところなり」と言った。

豪潮が一心不乱に観音経や般若心経をあげると、相手も同じように唱和してきた。豪潮は突如やめ「大学の中に子曰くの字、いく字あるや」と問うた。狐人はこれに答えられず、苦しみ始めた。

すかさず「汝は明神にあらず、悪狐なり」と一喝した。正体を見破られて狐は逃げ出した。その人の体から汚い虫がはい出してきて、もとの元気さを取り戻したとのことだ。

豪潮が住職になった翌年は珍牛の三回忌に当たっていた。万松寺に出向くと、大勢の人が門前に出て迎えた。僧の一人が突如目の前に寝転んで問答を挑むハプニングもあったが、少しも動じることなく切り抜け、その名を高める一幕もあったりした。

寺は「豪潮寺」とか「御祈願所」「鬼門除けの寺」の名でも親しまれた。このころ、紀州家の信望を得た名僧に徳本という人がいた。これにちなんで豪潮は「紀州に徳本あり、尾州に豪潮あり」と称せられるまでになってゆく。

（第3部・宗春の逆襲）

将軍毒殺

実録・名古屋騒動

◆277◆

豪潮と斉朝 ⑥

名僧入滅　宗春の亡霊さまよう

「近々、来訪する僧あり。境内をきれいに掃除して待つべし」

晩年を迎えた豪潮はある日、門弟らに向かってこう言った。ここへ訪ねて来る僧こそ、自分の後継者になってくれる人だというのである。彼らは狐につままれたような表情でこれを聞くのだった。

そして数日後、一人の僧がやってきた。粗末な衣を身にまとっており、どうやら行脚僧のようである。門弟はいぶかりながらも、豪潮に取り次いだ。

これを聞いた豪潮は喜んで迎え、部屋の中へ招き入れた。この人こそ長栄寺第二世となる実戒である。彼もまた顕密両教の奥義を極めており、明治になって天台座主や大阪府知事のたっての勧めで、聖徳太子ゆかりの大阪・四天王寺に栄転することになる。

豪潮は門弟らを集めてさとした。「わが死後は伝教大師の教えに従い、わが遺志に違うことのないように。汝らは実戒を師とせよ」。父の願いによって幼少時から天台僧となり、その道を貫いてきた人の言葉だった。

寺を実戒に譲ると一キロほど東の大杉村（北区大杉三）に「時雨（しぐれ）庵」を結んで移り住んだ。ここで死期をさとると沐浴し、正座して静かに諸仏の来迎を待った。集まった門弟らは涙を流しながら、口々に弥陀の名号を唱えている。豪潮は筆を執り、辞世をしたためた。

いざさらば無一物とは申せども
　置き土産には南無阿弥陀仏
南無阿弥陀仏なむあみだぶつと生まれ来て
　南無阿弥陀仏と共に往生

時に天保六年（一八三五）七月三日、八十七歳。多くの人々が悲嘆に暮れたが、斉朝にとってはその比でなかった。宗春の怨霊を封じてくれた名僧がこの世から去ってしまったのである。

豪潮終焉の地に創建された一願山不動院（東区）

舟橋　武志
題字　冨永　奇洞

「師遂に円寂す。太守の愁傷啻（ただ）ならず。乃ち使（つかい）を遣し、厚く香儀（こうでん）を備ふ」（「長栄寺護国堂再建募縁記」）

このとき、斉朝四十三歳。宗春のたたりを恐れ、早々と隠退している。時代は跡を継いだ十一代斉温（なりはる）も死に、十二代斉荘（なりたか）の世になっている。肝心の宗春は罪人を許されたものの、その墓には依然として金網をかぶせられたままであった。

豪潮の百五十回忌に当たる昭和五十五年、終焉（しゅうえん）の地に一願山不動院が建てられた。そして、そこには豪潮の遺骨と座像も納められることになった。いまでは名僧と言われた豪潮も忘れ去られ、ましてや斉朝との因縁を知る人となるとなおさらのことである。

斉朝はその後も名古屋城内に築いた新御殿に留まり、「大殿」「大御所」として生き続ける。後から来た藩主は次々と早死にし、目に見えない宗春の亡霊に悩まされた。さらに国内では天下り藩主に反対する不穏な空気が渦巻き始めてくるのだった。

（第3部・宗春の逆襲）

将軍毒殺

実録・名古屋騒動

◆278◆

苦労人殿様 ①

斉朝の跡は十一代将軍家斉の十九男斉温（なりはる）が継いだ。この人は在任十二年になるが一度も来名せず、二十一歳の若さで亡くなっている。この間、隠居した斉朝は名古屋におり、「大殿」「大御所」と呼ばれていた。

天下り藩主で人心は離れてゆく。相次ぐ倹約令がこれに一層拍車をかける結果となった。文化・文政期は尾張でも祭りや芸能まで華美になるが、以前にも増して厳しい倹約令が出されている。

それは文政十一年（一八二八）にも出ていた。法令が出されるたびに庶民は冷笑するしかなく、町にはおおっぴらに落首も見られるようになってきた。そんな中の一つに法令をもじり「松虫鈴虫の輩（やから）籠内にて砂糖水を好み、奢（おごり）の沙汰に候。向後は野山の通、露計（ばかり）にて精出啼（なき）申すべき事」と皮肉ったものもある。

天下り藩主の下 輝く宗春治世

暗い世の中であればあるほど、宗春の時代が一層輝いて見える。天保三年（一八三二）八月、押切村（西区）の庄屋一東理助はそうした倹約政治を批判し、奉行所に長文の書状を提出している。

「昔は御城下も一向質素、静にて全く一通之田舎ニ候所、章善院様(宗春)御代、繁華ニ御取立被遊（あそばされ）、夫（それ）より忽（たちまち）押開ケ、偏（ひとへ）ニ章善院様御陰を以、金銭も一同に他所より集り、大商人出来（しゅったい）、随而（したがって）富有之者も多く相成、諸商大ニ繁昌致し、夫迄ハ何一ツ京之町人より、名古屋江（へ）買仕入候所、爾来（じらい）京仕入甚衰微致し、名古屋にて事足り候様に相成候由、偏ニ繁華ニ御取立の御陰を以、三都に引続大都会と相成候由、老人ども申伝へ候」

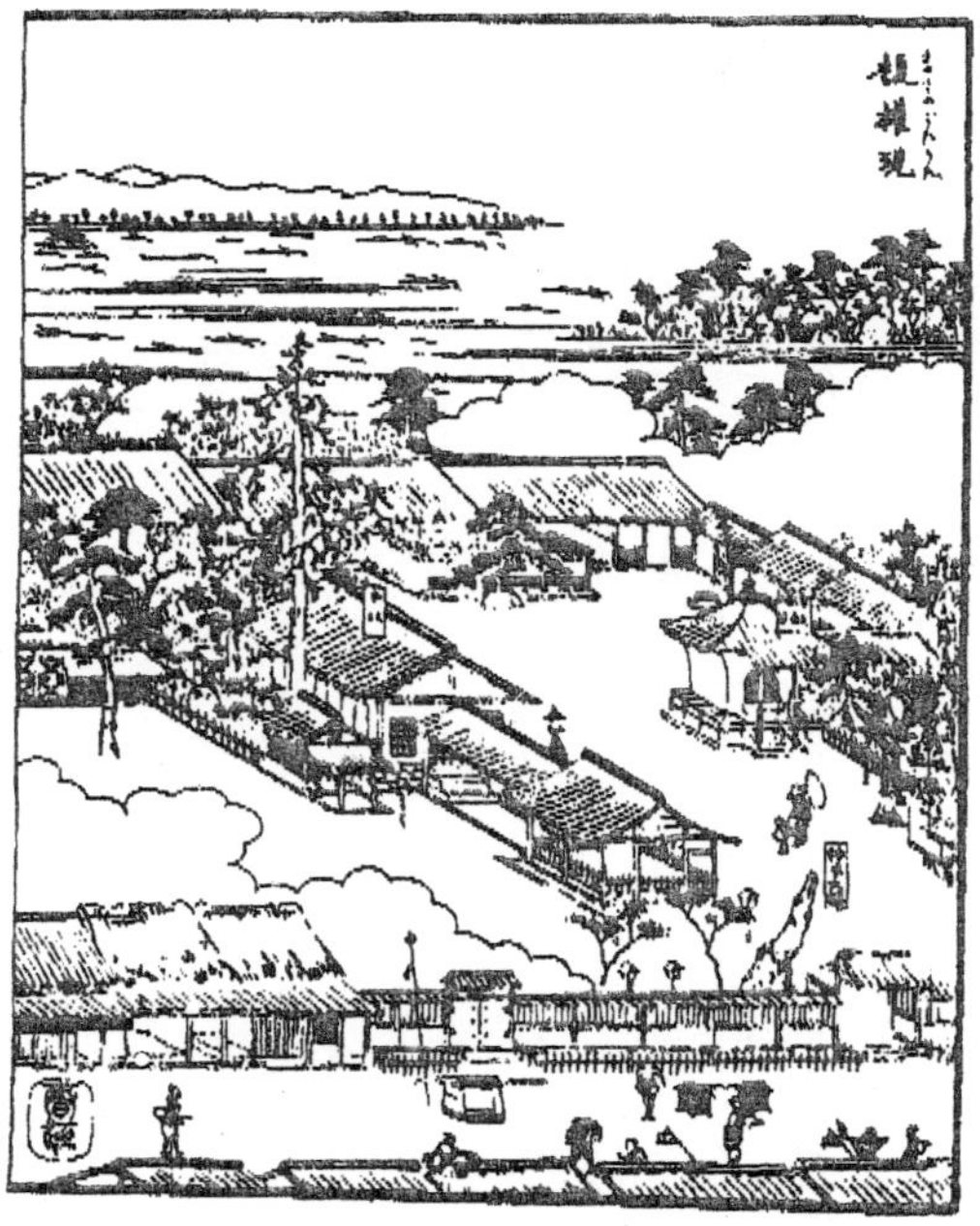

一東理助宅の向かいにあった榎権現（「尾張名所図会」より）

（『青窓謾筆』）

理助は庄屋の身分でありながら、政商のようでもあったらしい。美濃路沿いに〝榎（えのき）権現〟と呼ばれた白山神社があるが、その向かい側に住んでいた。理助は多くの新田を持ち、奥庭には藩主も立ち寄る「御成の間」があるほどだった。

この時代も宗春にあこがれる人が多くいた。倹約政治を推し進めても、状況は一向に改善されない。為政者の中にさえその脳裏に宗春がよみがえってきたはずで、商業資本を活用しようとした田沼意次（おきつぐ）や〝江戸仕掛け〟と称して城下の繁栄をもくろんだ水戸六代徳川治行（はるやす）などはその好例と言えよう。

理助の訴えは宗春の解放を幕府に直訴した小刀屋藤左衛門にも匹敵する行為だ。そして、天下り藩主に抗議する商人は他にもまだ出てくる。この時代はお上（かみ）に弱い名古屋人気質を助長するものでもあったが、そうした中にありながらも、一東理助のような気骨ある人々はいたのである。

舟橋　武志
題字　冨永　奇洞

（第3部・宗春の逆襲）

将軍暗殺

実録・名古屋騒動

◆279◆

苦労人殿様 ②

押し付け極まる斉荘降臨

舟橋 武志

題字 冨永 奇洞

天保十年（一八三九）三月、十一代斉温（なりはる）の跡を十一代将軍家斉の十一男斉荘（なりたか）が継いだ。若死にした斉温には子供も養子もなく、幕府から送られてきた押し付け藩主だ。斉荘は斉温の兄に当たる。

彼は文化七年（一八一〇）の生まれで、このとき三十歳になっていた。早くから田安家の斉匡（なりまさ）に養われていたが、同家から転じて尾張へ送られてきたのである。斉温は藩主就任前に養子となっていたのに、今回はまったくの押し付けだった。

これには尾張の者たちが怒った。幕府は尾張をまるで属国か属領のように見ている。これより尾張藩は一橋家から田安家の出身者に変わってゆく。

宗春は蟄居謹慎を知らされたとき、「（後継は）まさか田安殿（同家初代宗武）ではあるまいな」と聞き返した。宗武は幼少時から聡明で知られ、兄の家重を差し置いて将軍に推そうとする動きもあったほどだ。宗春の予想がいまごろになって現実のものとなってきたわけである。

十代斉朝は一橋家の出身で、十一代将軍家斉も同家の出だった。十一代斉温は家斉の子で、十二代斉荘は田安家の人となり、次に来る十三代慶臧（よしつぐ）は田安斉匡の子供であった。加えて斉温、斉荘の正室はともに斉匡の娘である。幕府は尾張を田安家の血で塗り替えてしまおうとの魂胆だ。

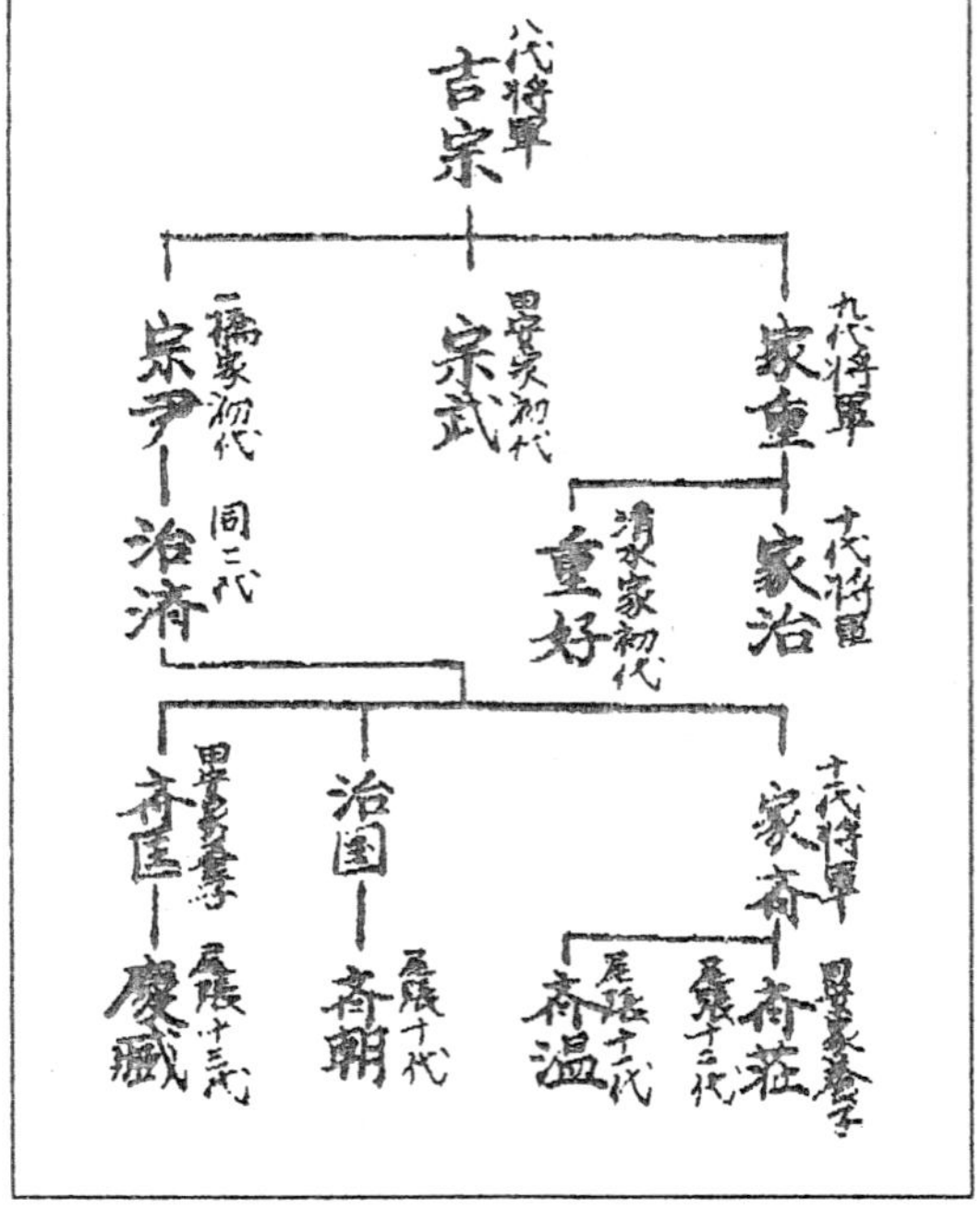

〝天下り〟藩主の系図（片山久代筆）

斉荘は就任六年後に三十六歳で亡くなるが、この間に二度名古屋へ来ている。大正版『名古屋市史』はその木像を載せていて貴重だ（本欄第二六一回で紹介）。それを見ると、斉朝のがっちりした体躯とは違い、お公家さんを思わせるような優形（やさがた）の人である。

この木像は豪潮ゆかりの長栄寺に納められていたものらしい。同寺の「柳原護国堂仏像記」には次のような記述がある。像は高さ一尺（約三十㌢）で、厨子に納められていた。

「元江戸市ケ谷御館に奉安の処、明治二年四月十日、城内御屋敷内家神祇局に於て、寺院方立会の上、慶勝公（十四代藩主）の思召（おぼしめし）に依り当寺へ御寄納、永世御守護被仰付（仰せ付けらる）」

斉荘の任命は大御所として名古屋にいる斉朝にも相談されなかったらしい。まさに頭ごなしの押し付け藩主であった。

このとき、尾張の支藩高須にはいまその名の出た慶勝（よしかつ）、幼名秀之助十六歳がいた。幼いころより賢く、この次こそ身内からとの期待が高まっていた。尾張は天下り藩主をいただいてすでに三十九年を経ていたが、そうした藩内の空気をまったく無視しての斉荘就任劇であった。

（第3部・宗春の逆襲）

将軍毒殺

◆280◆

実録・名古屋騒動

苦労人殿様③

幕府の無理難題ひたすら忍従

相次ぐ天下り藩主は尾張の人々に「長い物には巻かれよ」の意識を植え付け、過酷な倹約政治からは「出すのは舌や屁でも嫌」という風潮まで生んだ。質素な暮らしに徹し、お上には楯突かない。義直以来の藩主が「尾張は幕府と対等」と思っていたのは、はるか遠い昔のことになっていた。

斉荘が就任する前年、幕府は難題を押し付けてきた。それをはね返す気力はなく、不満を抱きながらも飲まざるを得ない。向こうは尾張をまるで属領のように見ている。

天保九年（一八三八）三月、江戸城の西之丸から出火、わずかに書院番所のみを残して全焼した。幕府は直ちに再建を決めるが、当時は財政難も甚だしかった。これは下々でも同様だった。

幕府は旗本や全国の大名に献金を命じた。尾張藩は金の代わりとして材木を出すことになった。木曽にはヒノキやサワラなどの良材が豊富にあった。

材木は木曽の山々から切り出し、江戸まで海上輸送しなければならない。その作業は大変なものだ。七月に幕府から尾張藩へ触れ状が回され、樵（きこり）たちによって切り出しが始まった。

ところが、免除されたと思われていた献金も求められてくる。その額、九万二千九百二十五両。尾張藩の藩庫も窮乏を極めており、藩士に対して百石につき二両の拠出を命じられた。その金は翌年の代替わりで返されているが、幕府への不満が高まったのは言うまでもない。

さらに逆なでするような事態が起きていた。幕府は勘定吟味役の川路三左衛門以下三十余人を木曽に送り込み、作業の指揮や監視などに当たらせた。木曽は尾張藩が代々守り育ててきた森林で、このような事態はかつてなかったことである。

宝の山だった木曽の山々
（「木曽路名所図会」より）

木曽山は藩祖義直が紀州浅野幸長の娘春姫と結婚したのを祝い、家康から「化粧料」としてもらったものだ。後になって幕府は返すように何度も迫るが、その都度はね返してきたし、最後は一歩譲っても「木曽川の使用はまかりならぬ」としてあきらめさせた経緯もある。

森林管理の厳しさとして、よく「木一本に首一つ」の言葉が出される。これは乱伐や荒廃を防ぎ、下流での治水をも考えた政策であった。尾張藩は代々宝の山として大切にし、現地の村民らに米を送るなどの配慮も見せている。

尾張藩が木曽を重要視していた理由はもう一つある。万が一、名古屋城が落城した場合、木曽へ逃れることになっていた。そのためもあって島津藩が琉球などにしたような圧政は行っていない。

今回の役人派遣は他人の座敷に土足でずかずか上がり込むようなものだった。この異常な行動に対しても、抗議のそぶりさえ見せられない。士民の間で不満が高まる中、新たな藩主斉荘を迎えたのだった。

（第3部・宗春の逆襲）

舟橋　武志

題字　冨永　奇洞

将軍専紀

実録・名古屋騒動

◆281◆

苦労人殿様 ④

寝耳に水の新藩主押しつけ

天保十年（一八三九）三月、十一代藩主斉温を失い、藩内は重苦しい空気に包まれていた。その初七日が明けるのを待ち構えていたかのように、幕府は上使として松平和泉守と水野越前守とを市ケ谷の尾張藩邸に遣わした。後任の藩主は田安家の当主斉荘にしたことを伝えるためである。

これはまさに寝耳に水、青天の霹靂（へきれき）だった。尾張の士民は今度こそ高須から秀之助（後の慶勝）を迎えられるものと思っていた。それを逆なでするような、一方的な通告であった。

しかも、今回はその職務を補佐するため、付き人として田安家の家老朝倉播磨守と側用人格の奥津甚左衛門、梶田五郎兵衛をも合わせて送り込むというのだ。この人事は名古屋にいる「大殿」斉朝にも、事前に相談もなく実行に移された。幕府にとって斉朝はすでに過去の人だった。

斉朝は一橋家の出身であり、伯父は将軍家斉である。江戸へ戻って楽隠居もあり得たが、律儀にも名古屋に留まっている。

藩士らからも不平や不満が噴出しだした。中には幕府の独断を批判する剛の者も現れてきた。

「恐れながら書付を以て伺い奉り候」

その勇気ある一人が三百五十石取り馬廻組の大橋善之丞だった。就任の決まった直後の同年四月、上書をしたためて尾張藩に差し出した。その内容を簡単に示せば、おおむね次のようである。

一、突然の相続命令は将軍家斉公のなすところにあらず、恐らくは老中の私心から出たるものなり。

一、幕府の老中らは尾張藩を与し易しとみなし、これを断行せしめたにあらざるか。

大変な事態を迎えた名古屋城

一、無謀なる押し付け家督は尾張藩の簒奪に当たり、ひいては諸国に騒擾の因となりかねぬ。

一、財政困難の時節、田安家より家老をはじめ付け人多く来たらば、その難さらに加うべし。

善之丞は水戸家の例をも出し、この人事に大反対している。これより少し前、水戸では八代藩主斉修（なりのぶ）が亡くなると、幕府は家斉の二十男で清水家に養子していた恒之丞（つねのすけ）を送り込もうとした。しかし、改革派を中心とした勢力はこれをはね返し、後に「烈公」と諡（おくりな）される斉昭（斉修の弟）を擁立している。

竹腰山城守正富は書状を受け取り、その心情に複雑なものがあった。藩士らの反発する気持ちは痛いほど分かる。しかし、城を預かる身としては軽率な行動に出られない。

山城守は自筆の書状を発し、それに賛意を示しつつも、なだめることに努めている。すなわち、その要旨は「上書の請願も尾張家を愛する精神より出たもので、まずそれを賞したい。しかしながら、斉荘の推奨は家斉公の相続せしめたもので、異見ありとするも反対することなかるべし」というものであった。いまやこれくらいで治まるような事態ではなくなりつつあった。

（第3部・宗春の逆襲）

舟橋　武志

題字　冨永　奇洞

将軍毒殺

実録・名古屋騒動

◆282◆

苦労人殿様 ⑤

事なかれ主義…尾張藩の不幸

舟橋　武志

題字　冨永　奇洞

このころ、江戸家老として成瀬隼人正正住がいた。江戸詰めはおのずと親幕派となるが、同家はとりわけ幕府寄りだった。前年の江戸城西之丸の普請のとき、幕吏を木曽山中へ入らせたのも、隼人正の図るところとの説もある。

正住は先代斉温の継室(近衛家の女)を迎えるに当たり、江戸から京都へ使いに出たことがあった。その帰り、名古屋の「大殿」斉朝に面会することもなく、居城の犬山に入ってしまった。これを知った斉朝が怒りをあらわにしたことは言うまでもない。

正住の父隼人正正寿（まさなが）は斉温の養育に携わり、将軍家斉から褒美として鞍や鐙(あぶみ)を贈られている。成瀬家は早くから幕府寄りであった。その正寿は諸侯よりも上に出て、しばしば傍若無人の振る舞いもあり、水戸の「烈公」斉昭に諭される場面も見られた。

尾張藩には付家老として犬山で三万五千石を預かる成瀬家と、美濃の今尾(岐阜県海津市)で三万石を領する竹腰家とがある。両家は藩主一代ごとに交代で藩政を担っており、いつしか派閥化して反目し合うようになっていた。この時期、竹腰家は地元にあって反対勢力に同情的であった。

下級武士を中心とする不満分子は幕府寄りの隼人正に反発している。逆に、一歩距離を置いていた斉朝が急に身近に感じられてくる。世間では斉朝の意を汲んで山城守が江戸に下向すれば、隼人正や年寄の鈴木丹後守は切腹を命じられる、との風評すら立ち始めていた。

「今般御家相続之義に而（て）尾州表騒動仕（つかまつり）候風説、其御地に而専(もっぱら)に御座候由、いづれ山城守殿罷（まか）り下らせ候上、前様（斉朝）思召（おぼしめし）も御座候へば、成瀬・鈴木は切腹ものとの御評之由、左も御座あるべく候」（『天保雑記』）

成瀬氏の居城犬山城

六月に入って長囲炉裏番の山崎久助ら四十余人は高須の秀之助（後の慶勝）を推すべく連名で山城守に書状を提出した。しかし、その山城守は暴走を戒めるばかりで、動こうとする気配を一向に見せない。その煮え切らない態度に失望し、今度は逆に成瀬家へ接近してゆくことになる。

尾張藩の不幸はこの重要なときにリーダーシップを発揮できる人材がいなかったことだ。重臣らの間にも事なかれ主義がはびこっていた。水戸の改革派が斉昭を推したような動きには至らなかったのである。

江戸の巷では「水戸に殿あり、紀州に家来あり、尾張に大根あり」と皮肉られていた。宗春のころ「天下町人に似たり、尾州公方に似たり、水戸武士に似たり、紀州乞食に似たり」と落首された。時代はそれほど激変していた。

藩内には不満がくすぶり、やがて反幕組織「金鉄党」へと発展していく。そして、さらには幕末から維新への政変にまで影響を及ぼすことになる。斉荘の藩主就任は大きな波乱を含むものであった。

（第3部・宗春の逆襲）

将軍毒殺

実録・名古屋騒動

◆283◆

苦労人殿様 ⑥

尾張の不満封じ宗春復権

斉荘の就任した年、宗春の処遇に変化が起きている。天保十年（一八三九）十一月五日に従二位権大納言が贈られたのだ。これはいささか唐突でもある。

この位階は生前にもらう藩主もあったほど。藩は宗春の復権を幕府に求めてきたが、なかなか認められないでいた。ここへ来てようやく位階でも他の藩主と同様に扱われることになったのである。

この贈与は尾張藩から願い出て実現したのか、あるいは幕府からの働き掛けによるものだったのか、その辺の詳しい経緯は分からない。しかし、幕府が朝廷に奏上し、そしてこの年、宗春に贈られたのは事実である。背後には斉荘の強引な押しつけと尾張藩士らの反発があったのは疑いあるまい。

宗春の復権は死後、七十五年ぶりのことだった。藩士らの喜びは大きく、このとき「贈亜相二品」の墓石が新調された。「亜相」は「大納言」、「二品」は「従二位」の意味である。

新しくできた墓は大きく立派なものだった。細野要斎は『諸家雑談』という本の中で嘉永二年（一八四九）に聞いた話として「先年、章善院様（宗春）の御石碑われたり」「同君の御石碑は特に重くして、人夫多くかゝりて動せ共、甚だ動しがたきと云」「霊魂、今に留まりてましますや」などと書いている。これが事実とすれば、いま平和公園にある墓石にひび割れはなく、三番目に造られた墓ということになる。

「大納言」を贈られた宗春の墓（平和公園・建中寺墓地で）

最初の墓は罪人であり、大きなものではなかった。だからこそ金網で覆うこともできたのだろう。その花立ての部分がアメリカへつくばいとして持っていかれたことは第二部で書いた通りである。

これまで金網は位階を受けた天保十年にはずされたと言われてきた。ところが、これまた第二部で見たように、金網をかけた墓は建中寺の墓地が廃される昭和二十七年まであった。一方で新しい墓を造りながら、古い墓もそのまま残されていたわけだ。

幕府側にしてみれば、このとき宗春のたたりが現実のものとなっていた。早々と隠退した斉朝はいまも宗春の亡霊に悩まされ続けており、その跡を継いだ斉温は二十一歳の若さで亡くなっている。宗春の復権は尾張藩を懐柔すると同時に、その慰霊でもあったと思われるが、怨霊を封ずる金網だけははずすにもはずせなかったのだろう。

細野要斎も書いていた通り、宗春の霊魂はまださまよっていた。斉荘も就任わずか六年で亡くなり、その後継者となった田安家出身の慶臧（よしつぐ）も在封五年十四歳で死ぬ。尾張藩は吉宗の玄孫（やしゃご、孫の孫）四人を藩主として迎えたわけだが、いずれも亡霊となって復讐（ふくしゅう）する宗春に恐れおののくことになるのだった。

（第3部・宗春の逆襲）

舟橋 武志
題字 冨永奇洞

将軍毒殺

実録・名古屋騒動

◆284◆

苦労人殿様 ⑦

田安家批判の富豪は篠島流刑

斉荘天下りへの不満は心ある庶民の間にも充満していた。『青窓紀聞』という本は「残念、残念。今度大変、尾張の国の六十万石、田安に奪われ、誠に日本の恥」と悔しがる。

また、同書の「なしづくし」では「尾張様ニハ寿命なし」「四ツ谷様（高須家）ニハ運がなし」「田安様ニハそんがなし」「成瀬様ニハ忠義なし」などと書き、たまりにたまった鬱憤（うっぷん）を筆で晴らしている。

このころ、成瀬隼人正は江戸にいて、幕府にべったりであった。藩内ではいっそのこと、成瀬家を幕府に返上しようとの意見まで噴出するほど。藩主のたらい回しを皮肉る次のような狂歌も登場している。

田安くハ百万石ハとれぬのに大ごしょゆへに今度なり荘（たか）

冷や飯が胸につかへて尾張米あいもないのに又もおかわり

年代は不明だが、田安家を批判するこんな事件も起きた。名古屋城の大手門の扉にシラミの絵を描き、その脇に「つぶすかたやすか」の文字を添えた張り紙が出されたというのだ。名古屋城に「大手門」は「東大手」と「本町大手」とがあったが、張られたのは城下碁盤割りへ通じる本町大手門だったにちがいない。

ここでは足軽が昼夜四人ずつ、不寝番で目を光らせていた。そのわずかな隙をついての犯行であり、やむにやまれぬ思いがあったのだろう。当日の門番らは大目玉を食らったはずだが、処分の中味までは伝わっていない。

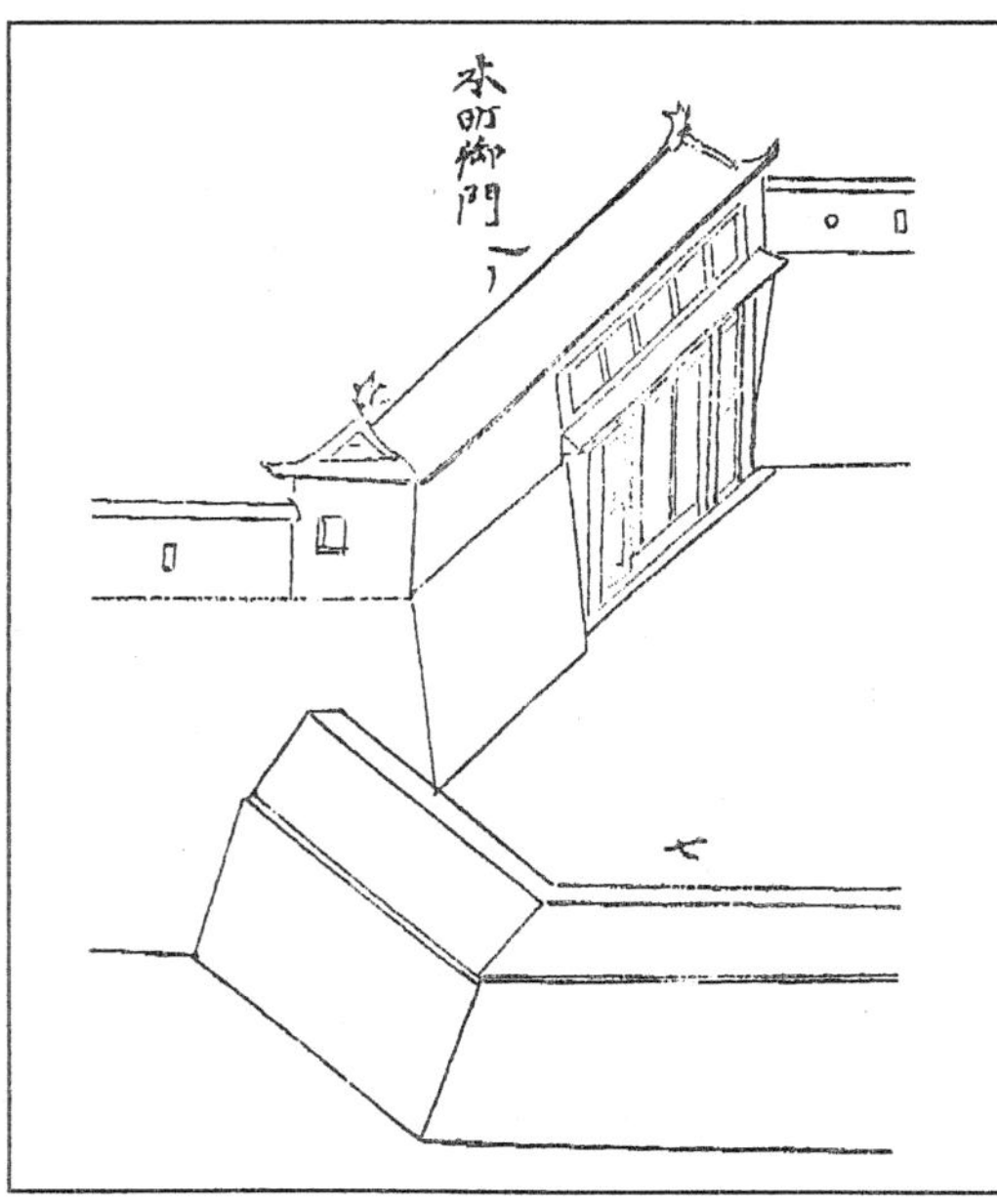

田安批判の張り紙が出された本町大手門（「金城温古録」より）

早速、犯人探しが始まった。犯人は本町大手すぐそばの京町（中区丸の内三）に住む鍵屋善左衛門と分かった。善左衛門は米屋を営む富豪で、茶道にも通じていた。これがもとで名のある家々へも出入りし、城下でその名を知らぬ者もないほど。

本来なら打ち首にもなるべきところだったが、情状酌量されて島流しとなった。

尾張藩の流刑地は知多半島の先端にある篠島だった。善左衛門の島での暮らしぶりは、罪人のそれとは思えぬほどのもの。『篠島史蹟』は「此人、島に在りても豪奢を極め、（丸山）応挙三幅対の千羽鶴の軸を掛け、島民に茶を振舞ひたり。其茶菓子の料、年々三十余両に達す」とある。

島での暮らしは八丈島などで伝えられているような過酷なものではなかった。流人でも自由に島内を散策でき、中には水練に励んで脱走した者もいる。海の幸にも恵まれており、フグで死者も出たりしたくらいだ。

そう言えば、篠島へは宗春の赦免を直訴した小刀屋藤左衛門も流された。この人は島で亡くなったが、善左衛門は後に許されて名古屋へ帰ってきている。その背後には自分たちの気持ちを代弁してくれたとの思いもあり、これがそうした緩やかな処分につながったのであろう。

（第3部・宗春の逆襲）

舟橋 武志
題字 冨永 奇洞

将軍毒殺

実録・名古屋騒動

◆285◆

苦労人殿様 ⑧

宿願かない高須から新藩主

尾張の反発をくった斉荘は弘化二年（一八四五）七月、江戸市ケ谷の藩邸で亡くなった。在封六年余、享年三十六。この年三月に養子とされていた田安斉匡（なりまさ）の七男鑑丸（かずまる）十歳が継ぎ、十二代将軍家慶（いえよし）の一字をもらって慶臧（よしつぐ）と名乗った。

慶臧もまた四年後に若死にしてしまい、名古屋の土を一度も踏んでいない。しかも、子供や養子もなく、家督がまた問題となった。藩内には今度こそ高須の秀之助を迎えたいとの思いが強い。

幕府は引き続いて天下りさせたい意向でいる。しかし、それを強行すれば、斉荘の二の舞いになりかねない。江戸家老の成瀬隼人正正住をして「大殿」斉朝に意見を求めてきた。

斉朝も候補とされた田安家の慶頼に賛成だった。名古屋に留まってはいるものの、天下りの先鞭をつけた人だけのことはある。しかし、これを実行に移せば、斉荘のとき以上の反発も予想される。

四代約半世紀にわたって押しつけてきた幕府もついに折れ、高須から秀之助の就任が認められることになった。これによって宿願はようやくかない、尾張の人々は胸をなで下ろすのだった。しかし、その高須も祖父義和（よしより）が水戸六代藩主治保（はるもり）の二男で、すでに水戸の血に代わってはいた。

秀之助は嘉永二年（一八四九）六月に跡目を継ぎ、慶恕（よしくみ）さらには慶勝となる。高須には後に〝高須四兄弟〟と呼ばれる慶勝、義比（よしちか、後に高須・尾張藩主）、容保（かたもり、同会津藩主）、定敬（さだあき、同桑名藩主）がいた。幕末から維新への動乱期を迎え、この兄弟は数奇な運命をたどることになる。

高須四兄弟、左から定敬、容保、義比、慶勝（「尾張敬公」より）

慶応四年（一八六八、明治元年）一月、鳥羽伏見の戦いが勃発した。その直後、京都にいた隠居中の慶勝は急きょ名古屋へ戻り、佐幕派と見られる渡辺新左衛門以下十四人の首をはね、朝廷側に立つことを鮮明にした。これが「青松葉事件」と呼ばれているものだ。

幕府と朝廷が争った土壇場で、伝家の宝刀が抜かれた。藩祖義直以来、尾張は朝廷の家臣であるとの藩訓が秘伝されている。四代にわたる天下り藩主を迎え、その口伝は絶えて久しかったが、新藩主となった慶勝はこれをだれかから聞かされたか、あるいはまた、城内に秘蔵されていた近松茂矩（しげのり）の『円覚院様（四代吉通）御伝十五ケ条』をその目で読んだのかもしれない。四人の兄弟は同じような教育を受けながらも、勤王と佐幕とに分かれて戦うことになるのだった。

この時期にも天下り人事が続いていたら、日本は内乱になっていたかもしれない。御三家筆頭の尾張が朝廷側につくことになり、態度を決めかねていた小藩は雪崩を打つように勤王派になった。押しつけ藩主を迎えながらも、藩訓は地下水脈のように流れ続けていたのである。

（第3部・宗春の逆襲）

舟橋 武志　題字 冨永奇洞

将軍毒殺

実録・名古屋騒動

◆286◆

苦労人殿様 ⑨

名君になり損ねた天下り斉朝

高須出身の慶勝が十四代藩主に就任した嘉永二年（一八四九）、「大殿」と呼ばれて名古屋城にいる斉朝は五十七歳になっていた。三十五歳のときに隠居して「大御所」となり、これまでに三人の藩主を見送ってきた。

慶勝が就く前、幕府から意見を求められて田安慶頼の後継に賛意を表した。しかし、地元にいて藩内の空気を知っているだけに、内心、慶勝の相続に納得していたのではなかったか。尾張版〝大政奉還〟を確認した、その翌年に亡くなっている。

歴代藩主の中でも斉朝の影は薄い。治世にこれといった業績も認められず、後継の三代を含めても藩政は停滞したままだった。しかし、この人が宗春の怨霊に取り憑かれなかったら、宗睦の政策を引き継いで名君と呼ばれる実績を残していたにちがいない。

斉朝は天下りの先駆けとなり、周りの冷たい目にさらされた。幼いころから帝王学を学んでおり、文武に優れた努力家でもあった。根が真面目な人だっただけに、よそ者としか見られないのも辛かったであろう。

前藩主宗睦のとき、藩政改革の原動力となった一人に国奉行の人見弥右衛門がいた。八百石取りのその子息将監が斉朝の小姓に出ることになった。人々はこれを非難して「父親は忠臣だったが何たることぞ」などと悪口を浴びせ、これがために将監は髪を切り落として寄合に転じたほどだ。

名古屋人になろうとした十代藩主斉朝

加えて吉宗の血を引く斉朝には宗春の亡霊が襲いかかってくる。腹にできた得体の知れないできものに悩まされ、慰霊するための寺社を建立するなど、政治どころではなくなってしまった。当時、全国的に名の知れた珍牛と豪潮が名古屋にいたことは大いに注目すべき事実である。

後継の藩主が相次いで亡くなったのも、宗春の怨霊を一層意識させたにちがいない。本来なら引退後は江戸へ帰ってもよさそうなものだが、地元の人に成り切ろうとしたところがまたこの人らしい。名古屋にいて悩み続けた苦労人であった。

嘉永三年五月、斉朝は名古屋城深井丸の御新殿で病の床に就いていた。各藩主の経歴を記した『御系譜』には「同年（嘉永三年）五月十二日、御所労不軽（軽からず）御様体之処、次第ニ御疲労御増被遊（遊ばさる）」とある。

翌十三日午前五時ごろ、わずかな人に看取られながら静かに息を引き取った。同月二十一日未明、その棺（ひつぎ）が御新殿の裏門を出て建中寺に入り、午前五時ごろから葬儀が営まれた。享年五十八。法号を天慈院と言い、順公と諡（おくりな）された。

斉朝は歴代藩主の中でも、もっと知られてよい人物だ。その死によって一つの時代が終わった。尾張藩は幕末の激動期を高須出身の慶勝の手にゆだねることになるのだった。（完）

次回からは番外編を連載します。（第3部・宗春の逆襲）

舟橋 武志

題字 冨永奇洞

将軍毒殺

実録・名古屋騒動

◆287◆

番外編 ①

名僧・豪潮は書画でも大家

舟橋 武志

題字 冨永奇洞

宗春の怨霊を鎮めた僧豪潮は書画にも秀でていた。特に書はこの時代を代表するものとして高く評価する人もいる。それらを集大成した『豪潮律師遺墨集』が没後百五十年を記念して昭和五十七年、ゆかりの岩屋寺住職だった石田豪澄さんによって出版されている。

第三部「豪潮と斉朝」を書くに当たっては同書も参考にさせていただいた。それによると、豪潮の書が残るのは尾張へ来た七十歳ごろからだとか。多くの人々に親しまれ崇（あが）められてきただけに、その作品も大切に保存されてきたのだろう。

作風は自由奔放、素朴にして豪快。石田さんはその名を知られた白隠禅師や仙厓、良寛などのものとも異なり、「人格よりほとばしる持律厳正、識見遠大、慈悲深慮という筆勢の気韻（きいん）を感受する」と書いておられる。

書の特徴の一つに薄く書かれた作品も多くあることだ。これは光格天皇から賜った中国製の良質な「唐墨」を愛用していたことから得た技法だとか。たっぷりと墨を付けて黒々と書かれた力量感あふれる文字とは異なり、薄い墨色で記されたものにはそれとはまた違った趣が感じられてくる。

豪潮は名古屋へ来る以前に京都でその名を高め、同天皇から「寛海大師」の尊称を贈られた。天皇から小さな准胝観音（じゅんでいかんのん）ももらい、これを自らの持念仏としてきた。後に住職となった長栄寺（北区柳原）の本尊はこれを模して造られたもので、材料は名古屋城内に秘蔵されていた赤栴檀（せんだん）の香木だった。

斉朝は宗春の亡霊に悩まされ、それを鎮める豪潮に心酔していた。彼を招く際、庇護する熊本の細川家と「一戦を交えても」と強行に迫ったほど。三年間という限定で呼び寄せたが、結局は約束を反故にしてしまっている。

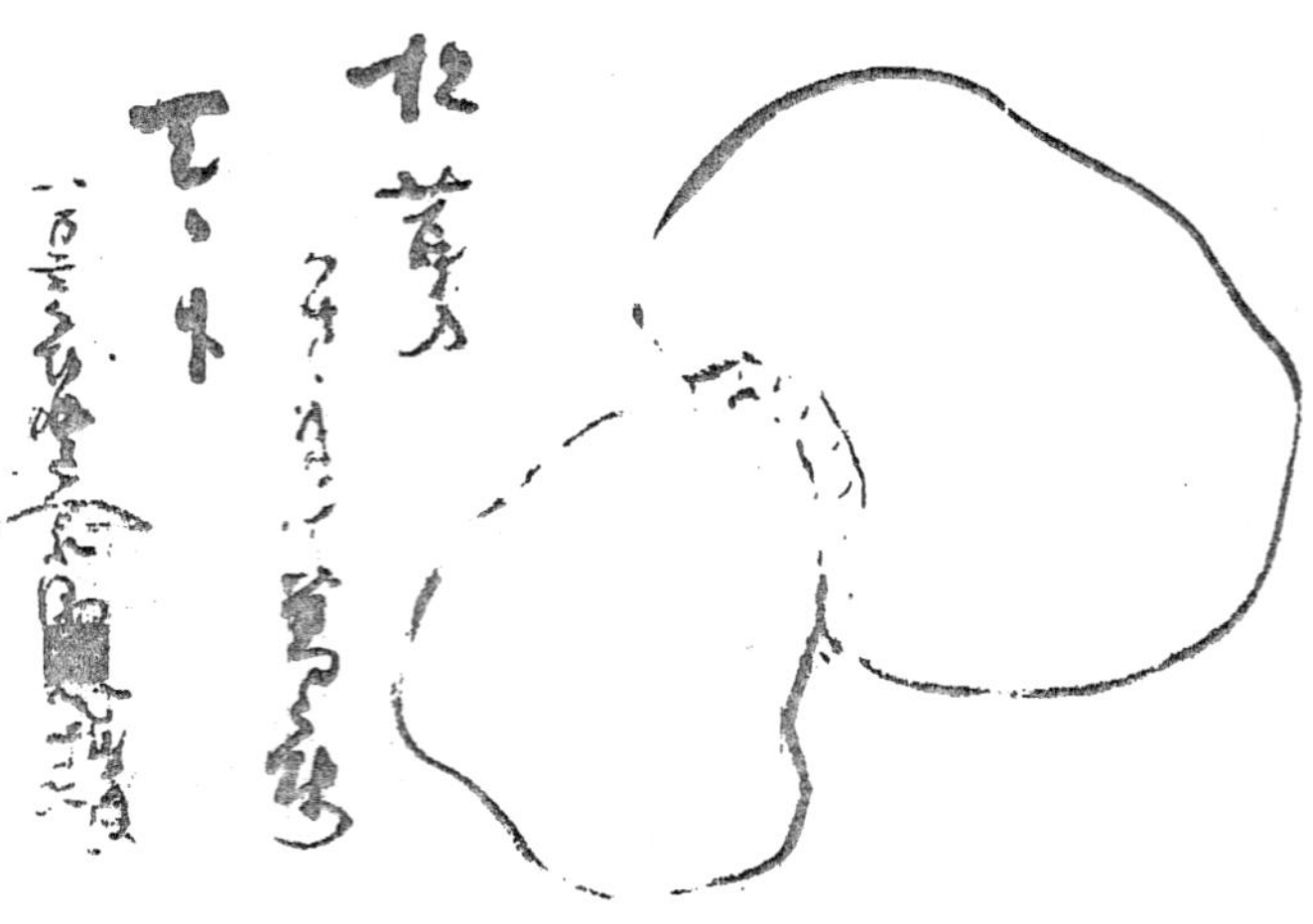

豪湖が好んで書いた「松茸」の書（「豪湖律師遺墨集」より）

彼の絵は書ほども多くないが、それなりに残されている。代表的なものは奥美濃（郡上市、旧白鳥町）の白山中宮長滝寺に伝わる釈迦三尊と十六羅漢を描いた十九軸だろう。これらはいずれも郡上市指定の文化財となっている。

来名して八年目の文政八年（一八二五）夏、豪潮は白山信仰の拠点として栄える長滝寺へ招かれた。同寺で大講堂の落慶法要が営まれることになり、開眼導師の大役を仰せ付かったのである。いまに伝わる絵はこれが縁で自ら筆を執り、二年後に同寺へ贈ったものだった。

加持祈祷で無類の法力を発揮し、斉朝を筆頭に庶民にまで親しまれた。その豪潮には書画を得意とした一面もあったのである。

ちなみに、別掲の作品は七十六歳のときに書いたもので、「松茸のかさきて暮らせ天の下」「八万二千煩悩主人豪潮画題時年七十六」とある。「二千」は「四千」を表し、「八万四千」は数の多さを意味する仏教用語。豪潮はこうした表現をよく使っている。（第3部・宗春の逆襲）

将軍毒殺

実録・名古屋騒動

◆288◆

番外編 ②

一番の功労者は初代義直

歴代16藩主勤務評定

舟橋 武志
題字 冨永奇洞

一年余の連載を終わってみれば、尾張藩の通史に似たものにもなっていた。江戸時代、尾張は初代義直以来、十六人の藩主を迎えたわけだが、その簡単な紹介と勤務評定をしておこう。

地元では信長・秀吉・家康は広く親しまれているが、近代名古屋を生み出したのは彼ら三英傑ではなく、江戸時代のこうした歴代藩主たちだった。

お読みいただいた方は何人くらいの名前をご存じだろうか。ぜひ覚えておいてほしいところだが、中には明君もいれば暗君もいる。筆者なりに合わせて三段階（○△×）で評価もしてみたい。

ついでながら、家康は三河の出身ではあるが、名古屋を造った大恩人である。阿波徳島などは藩祖家政の上に「家祖」として父親の蜂須賀小六を持ってきて崇（あが）め奉っている。尾張でも家康をこれぐらいの待遇でもてなしてもよいのではなかろうか。

▼初代義直　七歳で藩主となり、家康の薫陶を受けて育つ。三河武士の気風を持ち込み、あらゆる面で尾張藩の基礎を築いた。歴代藩主の中でも一番の功労者と言えよう。在位四十三年、享年五十一、評価○。

▼二代光友　特筆されるのは分家三家を創立したことと、寺社の創建・改修に務めたこと。正室は三代将軍家光の娘千代姫。内では勝ち気な千代姫に頭が上がらなかったが、その代わり将軍家の援助は期待できた。早めに隠退したものの、在位は義直同様、四十三年になる。享年七十六、評価○。

▼三代綱誠（つななり）光友も子供が多かったが、この人には及ばない。男子二十一人・女子十七人、計三十八人の子だくさん。宗春もその一人で、子供の多さが血統をつなぐことに。家督を継ぐのは四十三歳と遅かった。在位六年、享年四十八、評価△。

▼四代吉通　御畳奉行の朝日文左衛門に悪し様に書かれて暗君の評がはびこるが、結構優れた業績を残している。それは六代将軍家宣の信頼も厚く、次期将軍に推されたことからも分かる（結局は実現せず）。在位十四年、享年二十五、評価△。

▼五代五郎太　父吉通の急死により、わずか三歳で藩主に。それから二カ月も経たないうちに死亡した。気の毒ではあるが、実績はまったくなし。評価×。

▼六代継友　この人は一般に言われている以上に高く評価したい。倹約に努めながら、新田開発にも実績を上げる。城下に大丸や越後屋（後の三越）が進出してきたのもこのころ。宗春が商業資本重視の政策を打ち出せたのも、その功による。在位十七年、享年三十九、評価△。

▼七代宗春　政策で堂々と吉宗に対抗、一時は成功するかに見えた。尾張藩の存在感をアピールしたが、藩主としての評価となると甘い点は付けられない。生まれるのが百年ほど早く、この人が幕末に出ていたら面白くなっていたか。在位九年、享年六十九、評価△。

（この項つづく）

（第3部・宗春の逆襲）

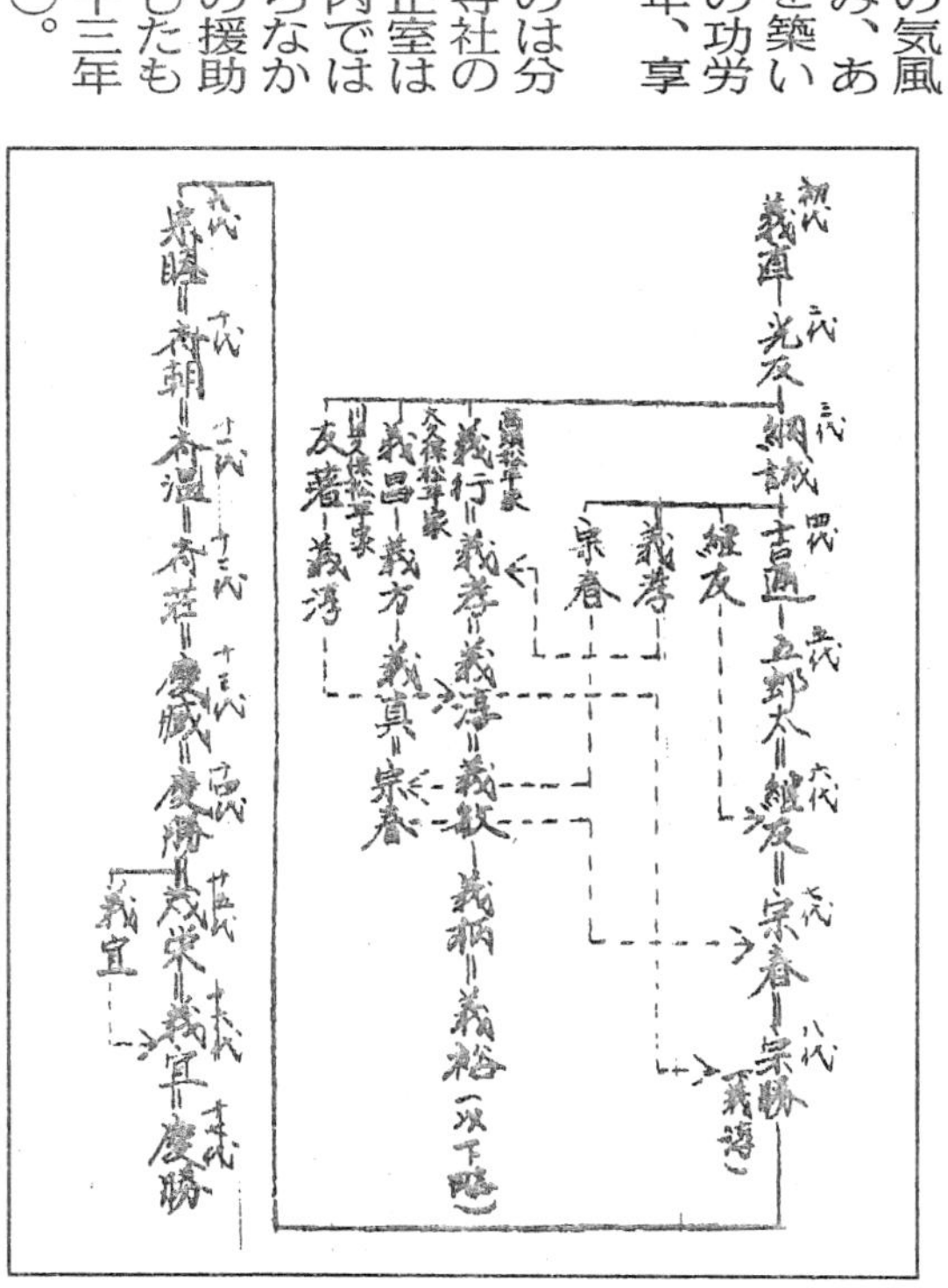

尾張徳川の家系図（－は実子、＝は養子）片山久代筆

将軍毒殺

実録・名古屋騒動

◆289◆

番外編 ③

幕末かじ取り存在感 14代慶勝

舟橋 武志

題字 冨永奇洞

▼八代宗勝　分家高須から来た最初の人。幕府の厳しい監視のもと、反宗春の政治を実践。子の宗睦(むねちか)が後に「尾張藩中興の祖」と呼ばれるようになったが、その基礎はこの人が築いたとも言える。在位二十二年、享年五十七、評価△。

▼九代宗睦　人材を広く登用し、藩政改革を推進する。尾張版徳川吉宗とも言えるか。しかし、この人にしても同じ人間であり『当世名古屋元結』では間抜けた一面ものぞかせている。子が次々と死亡し、断絶に導いたのは減点。在位三十八年、享年六十七、評価○。

▼十代斉朝（なりとも）吉宗の血を引く一橋家の出で、天下り藩主の第一号。文武両道に優れた逸材だったが、宗春の亡霊に悩まされ続けた悲運の藩主。それがために早々と隠退して大御所となる。死ぬまで名古屋に住んだ、名古屋思いの苦労人。在位二十七年、享年五十八、評価△。

▼十一代斉温（なりはる）十一代将軍家斉の十九男。斉朝の養子となり、九歳でその跡を継ぐ。常に江戸にあり、一度も来名していない。在位十二年、享年二十一、評価×。

▼十二代斉荘（なりたか）家斉の十一男で田安斉匡（なりまさ）のもとへ養子し、同家から尾張へ転出した。この押しつけ藩主に、藩内の不満くすぶる。二度来名しているが、短期政権で見るべきものなし。在位六年、享年三十六、評価×。

▼十三代慶臧（よしつぐ）斉匡の七男で十歳のとき斉荘の養子に。その直後に跡を継いだが、早くも四年後に亡くなっている。幕府はこの跡にも田安家から送り込もうとしたが、斉荘の二の舞いを恐れて断念する。在位四年、享年十四、評価×。

▼十四代慶勝（よしかつ）分家高須から迎えた待望の藩主。右往左往しながらも苦難の幕末を乗り切る。「青松葉事件」で佐幕派を排除、勤王を打ち出す。この間、一度は退いたが、明治八年に再び家督を継ぐ。引退後も後継藩主の後見役を務めた。在位九年、享年六十、評価○。

▼十五代茂栄（もちはる）慶勝の弟で高須藩主から転じる。このとき三十八歳。慶勝の子義宜（よしのり）を養子にし、後に自らは一橋家十万石を継ぐ。在位五年、享年五十四、評価△。

▼十六代義宜　茂栄の転出に伴い、六歳のときに家督を相続。明治を迎え版籍奉還、天皇行幸などの重責を担う。後に名古屋藩知事。在位、維新まで五年、享年十八、評価△。

以上十六人のうち、その墓が残るのは義直、光友、宗春、宗睦の四人だけ。各地の藩主の墓地が観光にも貢献していることを思うと、いささか寂しくも感じられてくる。行政には望めないだろうが、民間ででも十六基を平和公園に復元整備できないものか。そうすれば歴代藩主がもっと身近に思えてくるだろうに―。

江戸時代260余年の間に16人の殿様を迎えた名古屋城

将軍毒殺

実録・名古屋騒動

◆290◆

番外編 ④

名古屋の歴史を語る平和公園

先日、茨城県から若いカップルが宗春関係の本を探しに来店して下さった。聞けば宗春ゆかりの史跡を回り、その帰りがけに寄ったとか。宗春は名古屋がもっと誇ってよい〝有名人〟である。

彼らは前日、平和公園（千種、名東両区）にある墓へも参拝してきたそうだ。探し出すのに手間取ったようで、「薄暗くなってきて、さすがに気味が悪かった」と感想をもらしていた。しかし、墓前に立てて満足そうな様子だった。

平和公園は都心にあった寺院の墓地を移して造られた、全国でもまれに見るスケールの大きな墓苑である。ここには多くの歴史上の人物が眠っており、筆者自身、この連載で何度足を運んだか分からない。ここ一カ所で名古屋の歴史を、お墓を通して知ることができてしまうのだ。

尾張徳川家を代表して宗春の墓があり、成瀬や竹腰ら重臣のものもある。宗春の寵愛した星野織部や、斉朝がその背後に宗春の亡霊を見ておびえた狂言師山脇元業（もとかず）、あるいは秘伝の藩訓を書き残した近松茂矩（しげのり）など、連載に登場してきたほとんどの人物の墓が集まっていると言っても、決して過言ではないほどだ。もちろん、戦国武将や文化人、有力商人、その他ありとあらゆる人たちがいまは恩讐を越えて静かな眠りに就いている。

一カ所に集められた平和公園はその規模と内容で名古屋の観光名所にもなり得る。もっと積極的に売り出す（と言っては語弊があるかもしれないが）姿勢があってもよいのではないか。

公園側ではこうした墓を紹介する簡単なパンフレットを作っているが、わずか十数基前後とあまりにも少ない。これに対し千基以上を紹介した服部徳次郎氏の労作『名古屋の文化・平和公園の仏たち』（絶版）がある。しかし、これは専門的すぎて面白みに欠け、また視点の違いからか星野織部など、もれている人物も少なくない。

歴史上の人物も眠る、名古屋の隠れた名所の平和公園

平和公園を観光名所化するためにも、もう少し詳しく分かりやすく、興味を引くようなパンフはできないものか。園内を案内する標示板もあるにはあるが、ほんのわずかでしかない。できるものなら求めに応じて現地を案内するボランティア・グループなども育成してほしいほどだ。

こう書いてくると公園や寺院側などから「荒らされる」とか「ごみを捨てられる」などといった反論が寄せられるかもしれない。しかし、ここまで来るような人にそのような不届きな人は少ないだろうし、あったとしてもいずれ良識がブレーキをかけてくれるはずである。わざわざ訪ねて来てくれたら、故人その人が喜んでくれるとも思うのだが。

平和公園からは古い歴史がしのべるだけではなく、戦後名古屋の街づくりまでも見えてくる。墓石を目の前にしての「温故知新」ほど、手応えの感じられるものもあるまい。この公園を花見時とお盆だけのにぎわいで終わらせておくのはもったいないような気がする。

舟橋 武志

題字 冨永 奇洞

将軍毒殺

実録・名古屋騒動

◆291◆

番外編 ⑤

押切の庄屋一島理助と治水

西区の白山神社前に住んだ押切の庄屋一島理助は謎に満ちた人物だ。倹約政治に反対して天保三年（一八三二）八月、奉行所へ上書を差し出している。自宅には藩主を招く「御座の間」まであり、政商としても暗躍していたようだが、そのような人がどうして藩政を批判しなければならなかったかも不明である。

一島という苗字はめずらしく、また、庄屋の身でなぜ堂々と名乗れたのか。「第二部・当世名古屋元結」で一島新五兵衛とその子小藤太が出てきた。殿中で喧嘩沙汰を起こしたのがもとで、わが子を切腹させることになった一家だ。

めずらしい同じ一島姓であり、関係があるのではないかとにらんだ。藩士の系譜を記した『士林泝洄（そかい）』や『藩士名寄』、あるいは嘉永五年（一八五二）時点の藩士名簿『尾張藩士録』などにも当たってみたが、一島姓の武士は一人も掲載されていなかった。もっとも、それら史料に全員が収録されているわけではない。

しかし、当の一島理助が思わぬところから出てきた。名古屋市鶴舞中央図書館に『御冥加普請の記』という本がある。これは理助が出したもので、実雄（さねかつ、か）という実名まで記されていた。

天明三年（一七八三）の秋というから九代藩主宗睦のときだ。降り続く雨で庄内川の堤防が大野木村（西区大野木）で決壊しそうになった。数百人が必死に働いて危機を乗り越えたが、晴天になった裏には宗睦が「国内の災厄、寡人（自分）不徳の罪なり」として熱田の大明神に祈願させていたことが分かった。

これを知って十二月四日から数千人が理助らに率いられ、「自普請」と称して堤防の強化に取りかかった。「自普請の事なれバ町の者ハけやりをうたひ、在のものハ長持歌をうたひ、川を浚（さら）へ、土砂を運び、数百の幟、風にひるかへり。其声遠村迄も響き渡り、目ざましき有さまなり」（同書）。いまで言うならボランティアによる復旧工事といったところか。

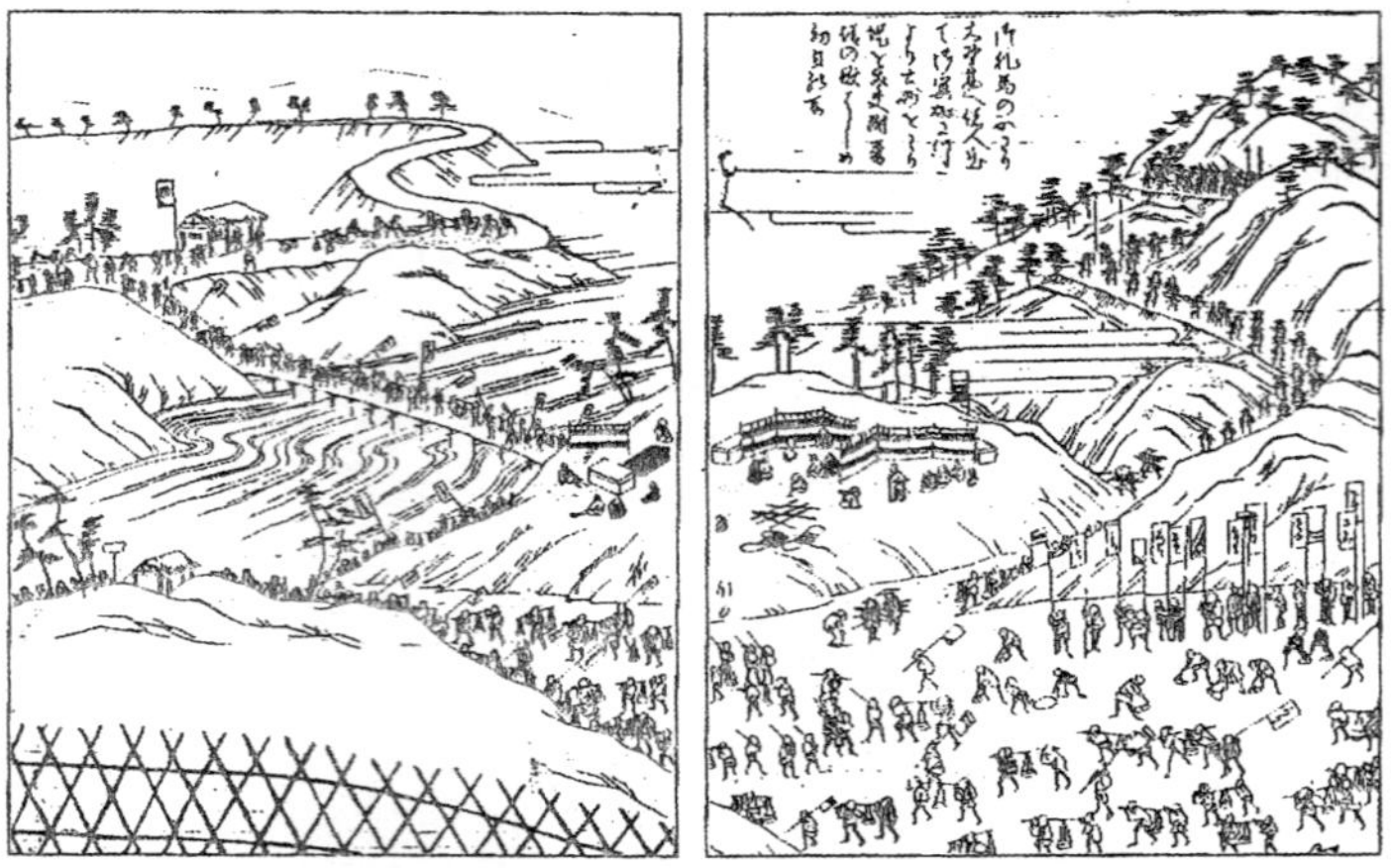

堤防補強工事に励む人々（名古屋市鶴舞中央図書館「御冥加普請の記」より）

謎の人物理助がここでその一面をのぞかせていた。こうして藩に協力する一方、耐乏生活への批判も忘れていない。理助の義侠心もさることながら、それを実行でき、罪を問われない立場にあったことも注目される。

大野木一帯はたびたび洪水に見舞われてきた。理助らによる下からの盛り上がりが大きな刺激となったにちがいない。藩は水野千右衛門を指揮者に洗堰と新川の開削に取り組み、天保七年に分流工事を完成させている。

新川みのじ会ではいまこの本の翻刻を進めている。根本憲生世話人は「理助をこの本で初めて知った。われわれは先の東海豪雨で大きな被害を受けており、先人らが水害にどう立ち向かったかも学びたい。冥加普請は神仏や行政に頼るだけではなく、自らが活動する見本みたいなものだ」と話している。理助の謎にも迫ってもらいたいものだ。

舟橋　武志
題字　冨永　奇洞

将軍毒殺

実録・名古屋騒動

◆292◆

番外編 ⑥

神として祭るべきだった宗春

神社の祭神にはいろいろある。多くの場合、参拝してもそれをいちいち確かめたりはしない。が、どういう人が祭られているかを知ったうえで参った方がよりご利益も多いような気がする。

祭神としてよくあるのは神話に登場してくる天照大神や素戔嗚尊（すさのおのみこと）など、いわゆる天つ神（天神）や国つ神（地神）といわれる神々だ。

これに対して現実の人である天皇や皇后・親王などを祭る皇室系、秀吉や家康など勲功のあった人を祭神とする英雄系のものもある。逆に勝者が敗者となった人を慰霊する神社も少なくない。これらの他にも自然や動物などを神とする民間信仰もあり、日本はまさに八百万の神のおいでになる国である。

ここで注目したいのは斉朝が宗春の怨霊を恐れて創建したような神社だ。敗者はその死後、怨霊となり、勝者に復讐すると考えられていた。代表的な人物が太宰府に流された菅原道真であり、また朝廷に反乱して敗れた藤原純友や壇ノ浦で入水した安徳天皇などである。

吉宗は宗春より早く亡くなり、宗春の墓に金網をかぶせるように命じた。幕府はその〝遺言〟通りに実行したが、本来は宗春を神として祭るべきであった。このとばっちりを受けたのが吉宗の血を引き、最初の天下り藩主となった斉朝である。

斉朝は宗春の怨霊にさいなまれた。名古屋城内の御祠堂で宗春を丁重に祭り、御下屋敷内に慰霊する山王権現社と御祈念所「慶雲軒」を建て、さらには珍牛や豪潮を招いて除霊に必死だった。それらの寺社も近代に入っていつしか廃絶し、いま宗春を祭るものはどこにもない。

尾張藩主を神とする神社に尾陽神社（昭和区御

初代藩主義直と14代慶勝を祭る尾陽神社

器所二）がある。これが創建されたのは名古屋開府三百年を記念した明治四十三年のことで、初代義直と十四代慶勝が祭られている。ここに宗春を合祀すれば商売繁盛や諸芸上達などのご利益まで期待されるのではないか。

いまでは想像し難いかもしれないが、当時の人々はわれわれが想像する以上に怨霊を恐れていた。それは「第二部・当世名古屋元結」でも見てきた通りである。合戦で勝った者も手放しに喜ぶのではなく、死者の霊を弔う経文を納めたり、あるいはまた、塚や寺院を建てるなどしたのもこのためだ。

こうしたことがなくなったのは近代的思想の流入した明治になってからである。ガス灯がともって暗さも薄れ、多くのもののけと共に暮らすおどろおどろしさも消えた。新撰組の近藤勇などは祭られてしかるべき人物だが、時勢が変わって神になりそこねた第一号だったのかもしれない。

怨霊に支配された当時を思うと、斉朝もその犠牲者の一人と言える。天下りで批判的な藩論に加え、宗春の亡霊までが襲いかかってきた。過酷な〝職場〟を早々と離れ、その慰霊に努めざるを得なかったのも、何だか分かるような気がする。

舟橋　武志

題字　冨永　奇洞

将軍春秋

実録・名古屋騒動

◆293◆

番外編 ⑦

宗春がまいた文化や芸能の種

舟橋　武志

題字　冨永　奇洞

ひところ名古屋を評して「文化不毛の地」と言われたことがある。勤勉で質素な暮らしに、遊びは最大の敵であった。遊び心のないところに文化は育たない。

しかし、江戸後期を見ると文化の高さは相当なものだ。驚くほど多くの文人や学者が著作物を残しており、出版も三都（京都・大坂・江戸）に次いで盛んだった。さすがは御三家筆頭の国であり、これはもっと誇ってもよいことである。

『鸚鵡籠中記（おうむろうちゅうき）』を書いた朝日文左衛門の名はよく知られているが、まだ一般には無名の人たちがごろごろ転がっている。

連載にもしばしば登場してきた高力猿猴庵こと高力種信をはじめ、細野要斎、奥村得義、内藤東甫、桑山好之など、いちいち挙げ出したら切りがないほどだ。

これに合わせるかのように書物の編纂も盛んだった。『尾張志』『尾張名所図会』はその代表作だが、他にも『金城温古録』や『金鱗九十九之塵（こんりんつくものちり）』『尾張徇行記』など膨大な作品群がある。それらの多くは三期にわたって編纂された『名古屋叢書』に納められてはいるものの、まだほかにもあるところに尾張文化の奥行きが感じられてくる。

これらの大きな特徴は一つのテーマを深く掘り下げるのではなく、あらゆる面にわたって関心を持つ雑学的な要素の強いことだ。好奇心旺盛で筆まめ、百科全書派とでも言えるか。宗春の小姓を務め「第二部」にも出てきた河村復太郎（秀根）が後に『日本書紀』の研究に打ち込んだのは名古屋人にしては珍しいケースとも言える。

こうした旺盛な学問の土壌を作り出したのも、元はといえば宗春にあった。名古屋を田舎から都会に変え、文化や芸能の種をまいた。藩主としては十年にも満たない期間だったが、名古屋人を奮い立たせ、勇気づけた功績は大きい。

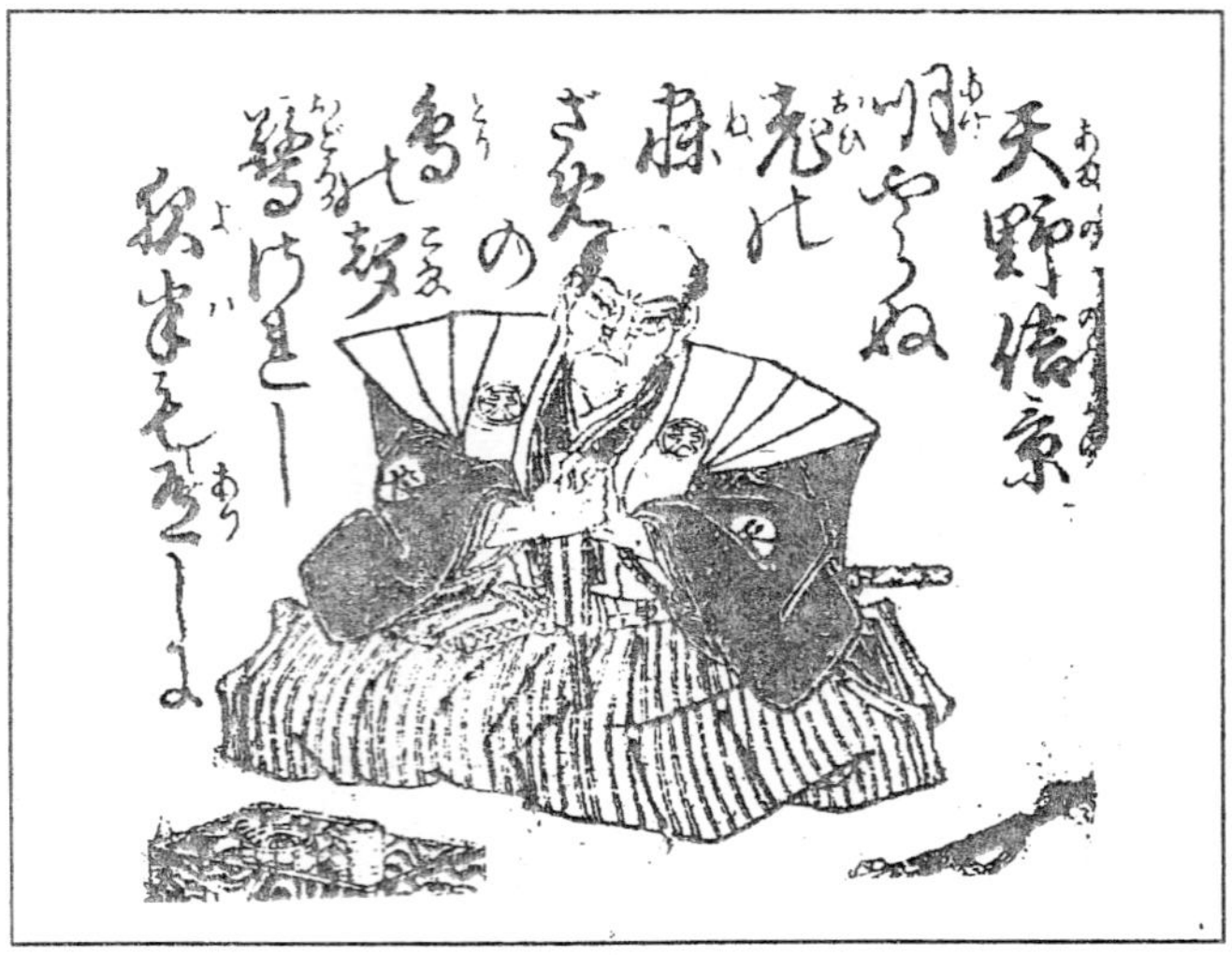

雑学の大家、天野信景

雑学的な要素の源流を求めると、天野信景にまでさかのぼる。彼は三代藩主綱誠の下で『尾張風土記』の編纂に携わった中級藩士だが、その一方では学問を好む博覧強記の随筆家でもあった。著書『塩尻』は千巻あったとも伝えられ、あらゆる分野に渡って書き留められた奇書である。

尾張では江戸前期に出たこの信景が人間山脈としてそびえ立っており、後代の文人らも「信景曰く」などと引用して自説を権威付けたりもした。その著作物は彼らに好んで読まれたが、そうした机上の学問を批判する人も出てくる。『蓬州旧勝録』を編んだ蛙面坊（あめんぼう）茶町こと鈴木作助は実証主義的な姿勢を重視し、『尾張国地名考』の著者津田正生は信景の書を批判して『尾張神名帳集説本之訂考』まで書くほどだ。

江戸後期の尾張は多くの文人や学者を輩出し、文化の花が開いた黄金時代だった。名古屋学の原点もここにある。近代に入って生産と労働に走り過ぎてきたきらいはあるが、こうした文化的遺産を見直すことが文化都市へ脱皮する道の一つにもなるのではないか。

将軍毒殺

実録・名古屋騒動

番外編 ⑧

尾張と紀州のサヤ当てシ烈

舟橋　武志
題字　冨永　奇洞

「第二部」の最後「舞台を歩く」で事件関係者らの住んでいた町を読者らと散歩した。そのとき、触れられなかったことも多い。この機会に少し拾い、エピソードなども交えて紹介しておきたい。

『名古屋城下図』に「御馳走所」という、よだれの出そうな施設名が記されている。これは尾張藩の迎賓館とも言え、幕府の使者を接待するところだ。現在の中区丸の内二丁目三番、杉ノ町通に面する北側にあった。

幕府の使者は藩主の去就時や病気見舞い、あるいは参勤交代のお礼など、頻繁に名古屋の地を訪れた。ここはそうしたときに彼ら上使をもてなすところで、かつては万松寺の境内地だったと伝えられている。寛永年間（一六二四―一六四四）に町総代を務めた花井氏の控地を買収し、慶安元年（一六四八）にはさらに隣接地も合わせたという。

これがどのような建物であったか知りたいところだ。しかし、残念ながら筆者はこれを描いたものをいまだ見たことがない。

『尾張名所図会』などにも取り上げられておらず、紹介するのは恐れ多いとしておらず、故意に避けられたのかもしれない。

日ごろの管理に当たっていたのはすぐ隣で「唐木屋」を営む町総代の花井氏だった。同家の売薬「奇妙丸」は尾張の名物として知られていた。遠祖は春日井郡伊瀬木村の郷士とされ、織田家に仕える武士だったという。

尾張と紀州が将軍職を争い、最後は紀州に軍配が挙がった。享保三年（一七一八）吉宗の生母浄円院は江戸へ下る際、美濃路経由で熱田から東海道へ入ることになった。

この間、墨俣と熱田で宿泊する予定になっており、尾張藩は二カ月も前からその準備に取り組んでいた。

これに携わる藩士らの胸には複雑な思いがあったことだろう。しかし、間違っても粗相などがあってはならず、藩は墨俣宿から鳴海宿まで警護に当たる役人を決め、緊張の中でその日を迎えたのだった。すでに沿道は整備し終え、宿場や町家の傷んだ屋根も葺き替え、日ごろから火を慎むなど、打つ手は打ってきた。

四月二十一日、一行は枇杷島橋を渡って城下に入ると、突然「弁当に預かるべし」と言い出した。そのようなこともあろうかと御馳走奉行の小笠原半平は準備をしていたのであろうか。慌てて作らせていると「その儀には及ばず」とそのまま熱田へ向かってしまった。紀州側の仕組んだ〝いやがらせ〟だった。

美濃路は本町を通っている。名古屋はその宿場ではあるが、城下ゆえに本陣や旅篭も置かれていない。しかし、西国の大名・小名の行列は美濃路を利用することが多く、そのたびごとに難儀を強いられる一面もあった。

宗春が藩主になってからしばらくして、伊勢神宮へ参拝することになった。紀州へお返しできるのはこのときとばかり、道中から「これを致せ」「あれを致せ」と指示し、紀州側の接待役人を困らせた。その極め付けは伊勢の朝熊山で「ここから二見へ真っ直ぐな道を開け」と言い出したことだった。

これにはさすがの役人も音を上げたようだ。しかし、命令とあれば聞き入れない訳にもいかず、地元民を総動員してそれらしい道を切り開かせた。おかげで二見とを結ぶ坂道ができ、宗春は村民らから非難されるどころか、感謝されたというのだから面白い。

このとき、宗春の頭の中には吉宗生母一行の〝いやがらせ〟があったのかもしれない。当時、江戸に下って間もない多感な二十三歳の青年であり、将軍争いに敗れた様子を見てきただけに、早くも吉宗憎しの感情を抱いていたはずである。御馳走所での〝弁当発注事件〟は藩主になる十五年前のことであった。

「弁当」とあるが、今のものとは違い、豪華な「御馳走」だったに違いない。それが無駄な出費になってしまったとか。しかし、ご相伴にあずかった面々は内心、喜んだに違いあるまい。

将軍毒殺

実録・名古屋騒動

◆295◆

番外編 ⑨

孝子佐吾平伝説のウラ事情

舟橋　武志
題字　冨永　奇洞

本町は美濃路と重なっていた。この繁華な町を夜中、提灯を灯して通過する大名行列があった。参勤交代で江戸へ下る明石藩の殿様一行だ。その有り様はまるで葬列のようにも見えた。

これに訳などないはずがない。なんでもないと思ってしたことが、取り返しのつかない事件になってしまった。そのてん末とは―。

天保十一年（一八四〇）、明石藩主松平斉宣は起宿（おこしじゅく、一宮市）から萩原宿（同）へと向かっていた。吉藤村（同市明地）へ差し掛かったところ、急に一人の馬子が飛び出してきた。暴れ出した馬を取り押さえようとしてのことだった。

馬子は行列を乱したかどで、即座に切り捨てられた。彼は萩原宿で働く評判の孝行者で、ただちに鵜多須（うたす、愛西市）の代官所へ急報された。同所から注進を受けた尾張藩は一行の滞在する清須宿へ役人を急行させ、「御三家筆頭の藩内で領民を切り捨てるとは何事ぞ」と厳重に抗議した。

当初、強気だった明石側も、その罪を認めざるを得ない。今後、領内を通行するときは喪服に着替えて夜間、特に城下は本町を避けて堀川を船で上下するように求められた。後にはこれも緩められ、昼間の通行も許されるまでになるが、それでも提灯に灯をつける決まりとされた。

尾張藩がこれほど強行な姿勢で臨んだのには訳があった。事件の起きた年は十二代藩主斉荘が田安家から天下りしてきた翌年に当たっている。斉荘は十一代将軍家斉の十一男で（田安家へ養子）、明石藩主の斉宣はこれまた家斉の二十五男だった。二人は異母兄弟である。

吉宗に献上される象も本町を通って江戸へ向かった（「小治田之真清水」より）

尾張の士民らは斉荘の就任に強い不満を示したが、結局、お上の命として受け入れざるを得なかった。これはそんなもやもやしたムードの中で起きた事件だった。尾張がこのような強行措置に出たのは、腹の虫の収まらない藩士らがこのときとばかり、将軍家とその周辺の人にうっ憤を晴らしたとも言える。

手討ちにされた馬子は吉藤村に住み、その名を佐吾平と言った。孝行者として伝説にまでなり、あるいは盲目の母を助けて家計を支えていたとか、あるいは妻子に加えて老母まであったとか、さまざまに語り継がれてきた。後年、現場の美濃路そばに「孝子佐吾平遭難遺跡」と彫られた石碑と小さな祠（ほこら）が建てられている。

当時、これぐらいのことは「斬り捨て御免」の言葉通り、問題にされなかっただろう。ところが、尾張藩の抱え込んでいた特別の事情が事を大きくし、ひいては佐吾平の名を後世にまで残す結果となった。佐吾平も無駄死にはならず、あの世でまずはほっとしているのではないか。

将軍毒殺

実録・名古屋騒動

◆296◆

番外編 ⑩

「佐吾平手打ち事件」尾張の怒り

戦国史料『武功夜話』を蔵する江南市前野の吉田龍雲家に、前回紹介した「佐吾平手打ち事件」の記録が残されている。これは同家の関係者が江戸で聞き、その様子を本家に書き送ってきたもの。事件の起きた年号は明記されておらず、また急報先を鵜多須代官所ではなく成瀬氏の犬山城に、一行の宿泊先を萩原宿とするなど、地元に伝わる話との食い違いも見られる。しかし、なかなか興味深いものではある。

これを前野にお住まいの江南郷土史研究会会員、高田健二さんが同会の会報（二二七号）に書いておられる。その中から熱田の本陣で談判が行われたとする部分をかいつまんで紹介しよう。成瀬隼人正以下、尾張藩の主だった者が総出だったとある。

犬山からの注進を受けて熱田に向かったのは、隼人正はじめ竹腰山城守、志水甲斐守、渡辺半蔵、山村甚兵衛、千賀志摩守、その他重臣や家来多数。諸将は陣羽織に兜の緒をきりりと締め、槍百筋に鉄砲百挺を率いる物々しさだ。葵の紋の付いた幕を背に隼人正が床几（しょうぎ）に座り、いまや遅しと一行の来るのを待ち構えた。

そうとは知らぬ明石側は熱田に参り、「下にぃ」「下にぃ」と威も高々に進んでくる。隼人正が日の丸の扇を上げて「それっ」と声を掛けた。すると竹腰と渡辺が進み出て、昨日の一件を問いただした。

藩主の斉宣は意にも介していない。あのとき斬らねば尾張の権威に明石が怖じ気付いたとして、後々まで恥辱を受けるとすら思っている。両者はそれぞれのプライドをかけて対立した。

尾張側が「人を斬る悪大名の通行はまかりならぬ」と最後通告すれば、明石側は笑い返して「尾張を通らずとも北陸道や中山道がある」と平然と答えた。そこへ木曽を預かる山村が進み出て「それはまかりならぬ」と拒絶し、「ならば船を浮かべて海路を行くまで」と言えば、千賀がこれまた「船大将はみどもでござる」と言い返す。

「さあ明石殿、どうなさる。天を通りなさるか、地を行きなさるか」

これを聞いて明石の兵五之助が殿に代わり、額を地にすり付けて「御地を通行できずば参勤も相ならず。さすれば御家は断絶、明石は滅亡。この通り手を合わせてお願い申す。慈悲じゃ、情けじゃ。お助け下され」と目に涙を浮かべて嘆願した。

隼人正は一行をひとまず清須の宿へ戻らせた。そして、評議したうえ兵五之助を呼び出し、「そなたの心底ふびんに思い、殿に願ってこの地を通過させて遣わす。ただし、昼間は相ならぬ。腰の大小はコモに包み、馬の背に付けよ。夜間の通行は不自由なれば提灯を許し、下に下にのかけ声はまかりならぬ」と命じた。こうして一件落着したのだった。

この話にはかなりの脚色がうかがえる。しかし、事件が江戸にも伝わっていたことを裏付けている。手紙を書き送ってきた吉田忠兵衛は幕末から明治にかけての人だった。

熱田の赤本陣とその前を行く大名行列（「小治田之真清水」より）

舟橋 武志

題字 冨永奇洞

将軍毒殺

実録・名古屋騒動

◆297◆

番外編 ⑪

天保の大飢饉　尾張でも惨状

舟橋　武志

題字　冨永　奇洞

天保七年（一八三六）というから、鳩に名前を付けて飼った〝鳩殿様〟十一代斉温のときである。この年は天候不順で全国的規模の飢饉に見舞われ、それは翌年になっても治まらなかった。名古屋でも餓死者や行き倒れが続出し、庶民の困窮ぶりは深刻だった。

「七丙申年、又大なる飢饉にして、下々、重々の飢饉に及べり。既に粮すべき物なくて、糠粃（こうひ、ぬかとしいな）を食せんと欲す。且糠粃を食する者は必ず後に腫病を得と云へり。翌八丁酉の春に至り、道路に露命を失ふ飢人、いくらといふ其数を不知」（『金鱗九十九之塵』）

明治十八年に出版された小田切春江編『凶荒図録』は広小路で行われた粥の炊き出しの様子を描き、尾張藩によって施行小屋が開設されたことを記している。こうした窮民への施しは桜天神（中区錦二）でも行われ、余裕のある家々が競って米や銭を差し出したという。同書は佐屋路脇の五女子村（中川区五女子町）で旅人が倒れ、連れの者も食べ物に事欠いて土まで食べた惨状も紹介している。

こうした救援活動は無論このときばかりではない。しばしば引用してきた高力猿猴庵の日記『金明録』にも安永二年（一七七三）「八月朔日（ついたち）より広小路、前津両所ニ而（て）米施行す」、同五年「広小路にて施行、七日之間行る」とし、また文化十四年（一八一七）には「広小路にて三日の間、乞食或は貧しき者に施行有之」ともある。おそらく『凶荒図録』の描くような炊き出し風景も見られたことだろう。

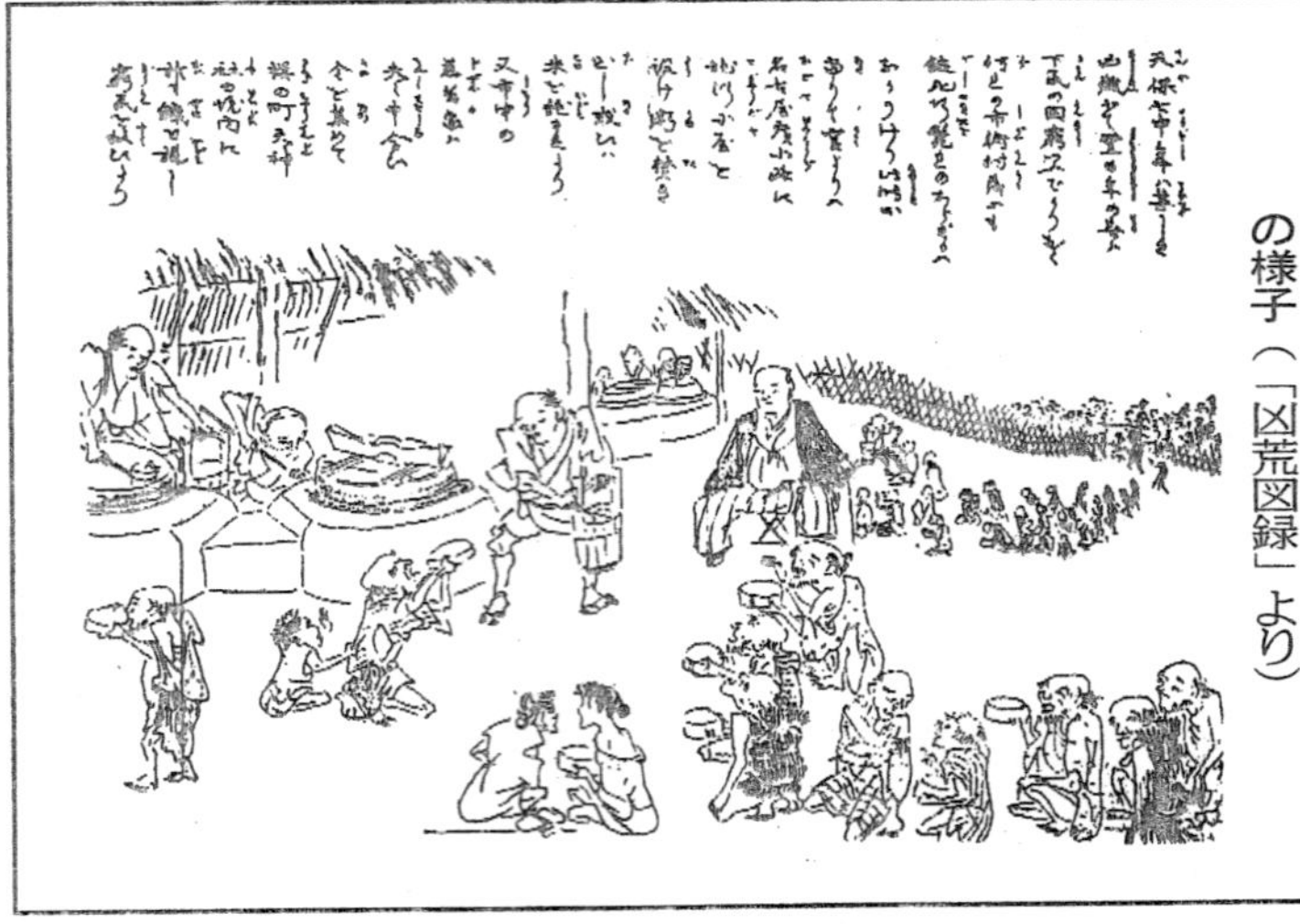

広小路で行われた炊き出しの様子（「凶荒図録」より）

大塩平八郎が大坂で乱を起こすきっかけになったのも、天保七年の大飢饉が元となっていた。町奉行所に救済を訴えたが聞き入れられず、自分の蔵書を全部売り払って、その金を貧しい人たちに分け与えた。これが奉行所から売名行為と見なされ、翌年、ついに意を決して挙兵することになる。反乱は一日で鎮圧されたが、彼は以前、宗家に当たる名古屋の大塩家（東区白壁）へ来たことあったと伝えられている。

飢饉は一説に五十年ごとに来るとも言われ、『凶荒図録』の出版はそれへの警鐘を鳴らすためでもあった。各時代や各地方の実状を記しているが、それによると牛馬を食いつぶして犬や猫を食べたり、幼児が飢えて乳の出ない母親の乳首を食いちぎり、金は役立たず百両を持った旅人が行き倒れになるなど、その有り様は悲惨そのものだ。絵は明治期の画壇をリードした名古屋出身の木村金秋（きんしゅう）が担当している。

こうした飢饉の度合いも明治に入ると、交通機関の発達なども手伝って、次第に緩和されてきた。いまでは物質的に恵まれすぎており、この言葉すら忘れ去られてしまったほどだ。有史以来、これほど物にあふれた時代はないが、二度と来ないという保証があるわけではないような気もする。

将軍毒殺

実録・名古屋騒動

◆298◆

番外編 ⑫

宗春の出発点、梁川の町を歩く

宗春は三十四歳のとき梁川（福島県）三万石の藩主になった。二十男だった彼自身、「一生部屋住みか、よくても養子くらい」と思っていたのだろうから、これはよほどうれしかったにちがいない。五カ月先に生まれた通温（みちまさ）が紀州への強硬論で幽閉されていなければ、藩主の座は間違いなく向こうへ回っていたはずである。

梁川を預かる大久保松平家は義昌―義方―義真と続き、宗春が尾張の藩主に〝栄転〟したところで絶家となった。前の三代は一度も現地を踏んでおらず、宗春自身は行きたがっていたようだが、就任約一年三カ月後に尾張へ転ずることになり、結局は実現していない。その著書『温知政要』も梁川向けに書いていた「治政大要」を急きょ尾張向けに書き改めたものであった。

こうしてみると、梁川は宗春の原点とも言えるところだ。宗春に興味を持ち始めて以来、三度現地を訪ねている。一回は新幹線を乗り継いで行ったが、あとの二回は夜間の直行バスだった。バスの方が安上がりだし、仙台駅前に朝の七時半に着くので、一日を有効に使える。

梁川藩は梁川町と隣接する保原町の三十カ村から成っていた。梁川町の称名寺は松平家の菩提寺で、小堂に祭られた本尊・毘沙門天は初代義昌の持念仏だった。保原町の厳島神社には「つつこ引き祭り」という苞（つと）を奪い合う奇祭もあるそうだが、これは宗春が就任した年から始められたもので、大飢饉に際して境内の蔵にあった種籾を分け与えたことによるとか。このほか、歩くたびにいろいろな史跡や逸話に出合えたものだ。

称名寺が管理する古町観音堂の木造聖観音菩薩座像

確かに現地には来ていなくても、陣屋を通じて政治は行われている。就任早々、宗春は投獄されていた農民を釈放させており、これなども人命を重んじた「慈忍」思想のはしりとも言える。尾張藩へ転出後も家老や番頭、用人らが何人も江戸の尾張藩邸へ表敬訪問したりもしている。宗春も彼らに会えるのを楽しみにしていたのではなかったか。

梁川は伊達氏ゆかりの地だが、いまも「領民思いの殿様だった」と語る人もいた。宗春の転出後は幕府の直轄地とされている。それだけに〝最後の殿様〟としての思いも強かったのか。

宗春は初めて梁川と聞かされたとき「遠い地だな」と思ったかもしれない。幕府成立の当初、ここを領したのは外様だった伊達仙台藩を監視する意味もあったようだ。宗春転出後も養子縁組などで継承することも可能だったろうが、すでにその役目は必要なくなっていたし、何よりも時の将軍が尾張と争った紀州出身の吉宗であった。この断絶で尾張の分家は高須を残すのみとなっている。

梁川は今年一月、保原など周辺五町と合併して伊達市になった。一帯では長い冬の眠りから目覚めると、桜や椿も菜の花も一斉に咲き始める。桃は町の名物の一つにもなっており、開花時はまさに桃源郷となる。宗春にひかれてこの春、梁川の地を訪ねてみてはいかが。

舟橋 武志

題字 冨永奇洞

将軍番外 実録・名古屋騒動

◆299◆

番外編⑬

歴史好きをとりこにする名古屋

歴史好きの人が名古屋へ転勤してくると、当地の魅力にとりつかれてしまうらしい。有名な桶狭間や小牧・長久手の古戦場、信長や秀吉・利家など武将の誕生地や居城跡、あるいは由緒ある寺社や名古屋城・徳川美術館など、見るべきものがいっぱいある。それが時間のある単身赴任者だったら、自由に出かけられて特にたまらないようだ。

地元では元からあって気にしていなくても、外部からの新鮮な目には宝物のように映る。名古屋人はＰＲべたで自己主張したがらないが、この地に刻み込まれた歴史は名古屋の〝名物〟となり得るものだ。地元を見つめ直し、売り出す工夫がもっとあってもよい。

郷土史と言うと、ごく限られた地域のものと考えられがちだ。こけの生えたような〝学問〟のように思っている人も多いかもしれない。しかし、これを深く耕してゆけば地域を超え、全国に通用するものともなるはずである。

ＮＨＫの大河ドラマで山内一豊が話題になっている。高知でもその若いころを調べようとすれば、名古屋まで来なければならない。熊本の加藤清正や徳島の蜂須賀家政などについても同様で、彼らに関心ある人たちにはゆかりの史跡や遺物は観光にも役立つはずである。三英傑はいわば人材派遣会社の社長のようなもので、日本の基礎は名古屋人が造ったと言ってもよいほどだ。

筆者は郷土史を中心とした古書店をやっている。小さな店で大きなことを言えたものではないが、地元の人を対象にするのは当然としても、もっと全国に視野を広げなければと思っている。ローカルに徹することがナショナルにも通ずるからだ。

都会の中で宿場として再生した有松

こうしたことは何も名古屋に限らない。岐阜なら土岐氏や斉藤氏、木曽三川や飛騨高山がある。静岡なら駿府の歴史や富士山が売り物になるし、三重なら伊勢神宮という超目玉がある。インターネットの普及した現在、その地ならではのものにこだわれば、より注目される存在になり得るはずだ。

そういう意味でもそこにしかない、地元の歴史はかけがえのない財産である。時代の先端を行く近代的な街づくりは絶えず更新を必要とするが、古い建物や町並みを守ってゆけば、やがてはライバルも減って目立ってくる。先ほど「ローカルがナショナルになる」と書いたが、「古いものこそが新しい」という逆説的な論法もまた成り立つ。

佐屋路の多くは大通りと重なって破壊されてしまったが、美濃路や津島上街道などは各所でまだその面影を残している。清須市ができて西枇杷島－新川－清洲の美濃路は一つの行政区となった。名古屋には有松という町並み保存のお手本もあり、ここなども街道再生の道を真剣に考えてもらいたいものだ。

名古屋は歴史を大切にしてこなかったきらいがある。尾張徳川家の墓がいとも簡単に破壊されてしまったのもそのためだ。先祖らの残してくれた遺産をもっと上手に生かす姿勢が、いまこそ必要ではないか。

舟橋　武志

題字　冨永奇洞

将軍毒殺

実録・名古屋騒動

◆300◆

番外編 ⑭

名古屋風雲録 山才へバトンタッチ

一昨日の予告にもあった通り、この連載も今回で終了することになった。週末の金曜日で、三百回と切りもよい。毎週月曜から金曜までの週五日、約一年二カ月にわたって書き続けてきたわけだが、ご愛読いただいた方々には心から感謝の意を表したい。

筆者にとっては初めての長期連載であり、お引き受けした当初、どこまでやれるか不安だった。資料の不足などでもたもたしたりすると、すぐに締め切り日が迫ってきてしまう。実際、二度ほど穴をあけそうになったこともあったが、得意技の（？）自転車操業で何とかしのげたのは幸運であった。

この連載ではわれわれがいつも歩いている名古屋を舞台に、その歴史を掘り起こしてゆきたいと考えた。そのためにもできるだけ現在の写真を入れるように努めた。「実録」風としたのも、このためである。

しかし、最後までこの「実録」の二文字が重荷になった。書いていてもしばしば「小説」風に仕立て、登場人物を自由に動かせたい思いに駆られた。その気持ちを抑えて「実録」風にこだわったわけだが、これが良かったか悪かったかは読者の判断に委ねるしかない。

原稿を書くには材料を集めるのが一番大変な作業だ。全体を10とすれば、その収集が7であるのに対し、執筆に割く時間は3くらいの割合か。書くのに行き詰まるときは決まって材料不足のときだった。紆余曲折しながらの作業ではあったが、どうにか今回で終止符を打ててほっとしている。

自分の書いた原稿が活字になるのは、何度味わってもうれしいものだ。それが広く読まれる新聞とあればなおさらのこと。苦しいながらも楽しい一年余だった。

この連載では宗春から宗勝・宗睦、そして血統が絶えて天下りしてきた斉朝の死までを書いた。その斉朝は十四代慶勝が高須から返り咲くのを見届けるかのようにして死んでいった。この後の尾張藩は勤王・佐幕が反目し合い、青松葉事件へと至る激動の時代を迎える。

明治から昭和へ、異色の快男子

守口漬の元祖でもあった山田才吉の店（「愛知商売繁昌図絵」より）

十三日からは藤澤弘さんによる「風雲児 山才―中部財界の異能―」が始まる。藤澤さんの歴史小説集『中部を翔（かけ）る』には慶勝を主人公とした作品も収められている。それをお読みいただくと、斉朝死後の尾張藩の動きも理解できるかと思う。

藤澤さんは筆者の店のお客様でもある。資料を重視する一方で、生き生きとした人物像を描かれるのに、いつもながら感心している。筆者の後を引き継ぐかのように、明治から昭和へかけての時代を、異色の実業家・山田才吉という人物を通して執筆していただけるものと大いに期待している。

それではお後もよろしいようで。長い間のご愛読、ありがとうございました。（結）

舟橋 武志

題字 冨永奇洞

●第一巻

も・く・じ

※数字は題字下の連載回数

おわりではじめて

蟄居謹慎

名古屋へ

母 宣揚院

怒る吉宗

男たちの挽歌

●第二巻

も・く・じ

※数字は題字下の連載回数

第一部●宗春無惨（つづき）

宗勝の下で

御下屋敷

小刀屋藤左衛門

第二部●当世名古屋元結

由井正雪と名古屋

御殿医への道

二人の若者

宗春死ねず

宗春と尾張の江戸時代を知る本

当店の出版した図書目録より

【徳川宗春をより深く知るための本】

●**歴史探索・徳川宗春［名古屋城編］**　舟橋武志著
「倹約で国が栄えるか」「芸なくば野人と同じよ」――名古屋人もびっくり、すごい殿様がいた。尾張七代藩主宗春を通して名古屋城の秘密に迫る。詳細な宗春年譜付き。A5判・一九〇頁・本体一四五六円。

●**歴史探索・徳川宗春［残照の宗春編］**　舟橋武志著
「宗春の実母（宣揚院）のご子孫を見つけた！」「尾幕対立の事件簿」「押し付け藩主に宗春の亡霊」など、これまで語られなかった宗春像に、新しい史料で肉迫する。毎日新聞中部版に連載、好評を博した「ザ・宗春」の単行本化。A5判・一八〇頁・本体一九〇〇円。

●**宗春の肖像―「享元絵巻」と「夢の跡」**　鬼頭勝之編
時の将軍吉宗に政策で堂々と対抗、名古屋を日本一の街にした宗春。その繁栄ぶりを絵巻や史料、古地図などによって現代に甦らせる。「夢の跡」は原文対照で全文を活字化。B5判・一四八頁・本体一九四二円。

●**宗春と芸能　付・忍びの者と山伏**　鬼頭勝之著
宗春は突然変異的に現れたのではない。出るべくして出た、時代の申し子だった。尾張での芸能を中心に各種史料から、それ以前の社会情勢をあぶり出して宗春を論ずる。B5判・一四八頁・本体二五〇〇円。

●**温知政要**　徳川宗春著・古文書に親しむ会編
「慈」と「忍」による宗春の施政方針を示した同名の書を復刻。影印（原文）に翻刻、現代語訳の三部構成で徹底的に読み込む。A5判・一六四頁・本体二五〇〇円。

●**三廓盛衰記**　作者不詳
宗春が開設を許可した三つの遊廓の実態を中心に、彼の行動や当時の社会情勢などを事細かに描く。前記同様、小社が主催する「古文書に親しむ会」のテキストとして作られたもの。影印本。B5判・一七〇頁・本体三〇〇〇円。

●**当世名古屋元結**　著者不詳
本書の種本としたもの。英明の誉れ高い九代藩主徳川宗睦のもとで起きた「尾張の由井正雪事件」の顛末。宗春亡き後、小姓だった河村秀根に降りかかった容疑とは。幕府の追手も加わり、名古屋城下は開府以来の大混乱。影印本。B5判・二四二頁・本体四二〇〇円。

●**翻刻・当世名古屋元結**　古文書に親しむ会＋舟橋武志
右記の本を翻刻、だれもが原本で読める本に。原文に合わせて行数を活字化しており、右記の本と合わせて古文書を勉強したい人にも格好の虎の巻となりそう。A5版・一七〇頁・本体二五〇〇円。

◇　◇

【名古屋の江戸時代を読み解く本】

●**尾張藩創業記**　西村時彦著
藩祖徳川義直の一代記『尾張敬公』を改題して復刻。義直の人柄、政治、思想、武事、その他多方面にわたって研究、二代光友以降の藩政のあり方にまで言及した興味深い本。A5判・二五八頁・本体四〇〇〇円。

●**尾張志**　岡田啓・中尾義稲編
尾張藩の命をうけて編纂された地誌であり、郷土史を研究してゆく上で不可欠の書。内容的にも巻数的にも『尾張名所図会』が他の名所図会より数段充実しているのも、この編纂過程で集められた豊富なデータをもとにして作られているからだ。「名古屋・熱田編」のほか郡別にまとめられており、全部で七巻の構成。B5判・セット本体二万九三〇〇円（分売可）。

●**蓬州旧勝録**　鈴木作助著
「蓬州」とは尾張のこと。名所旧跡、古歌、寺社など多方面にわたって書き記されているが、本書はその名古屋城下の部分を抜粋したもの。大正期の市史編纂時に書写されており、影印本ではあるが比較的読みやすい。特に「清洲越し」の商人について詳しい。A4判・三〇四頁・本体四八〇〇円。

●**尾張国地名考**　津田正生著
地名研究の基本史料『尾張地名考』に、活用しやすいよう索引を付けて復刻。当時の村の状況や由来などが解説されており、それに関連して寺社、旧家、名所、名産なども合わせて紹介している。A5判・六九〇頁・本体五〇〇〇円。

●**尾張国神社考**　津田正生著
『尾張地名考』の著者が神社に的を絞り、その由緒来歴を考察した稀覯本の復刻。『塩尻』の著者として名高い天野信景の説を再考したもので、原題は「尾張神名帳集説本之訂考」。B5判・一四〇頁・本体三五〇〇円。

◇　◇

【名古屋の江戸時代を目でも楽しむ本】

●**尾張名所図会**　岡田啓・野口道直著
郷土史研究の基礎史料の一つ『尾張名所図会』全十三巻に古地図帳一巻を加え、原本以上に美しく鮮明に復刻。尾張の江戸時代をビジュアルに表現した興味深い本。影印本。A4判・全十四巻セット・本体三万八〇〇〇円（分売可）。

●**のーと・尾張名所図会**　栗花光弥著
「尾張名所図会を原文を読む会」の成果である前記『尾張名所図会』を読み下した本。講師栗花氏独自の解説などを加え、巻ごとにまとめたもの（手書き、絵は省略）。A4判・各巻本体二〇〇〇円前後（分売可）。

●**小治田之真清水**　岡田啓著
『尾張名所図会』に収録できなかったものを新たに追加。江戸後期にブームとなった各地の「名所図会」の中でも、同書は内容的にも巻数的にも最も優れたものとなっているが、この拾遺版の登場で評価はいよいよ不動のものとなった。B5判・全六巻セット・本体一万三五〇〇円（分売可）。

●**尾張名陽図会**　高力種信著
著者は「猿猴庵」の名で知られた尾張藩の藩士で、また優れた文人でもあり画家でもあった。全七巻から成るものを、上下二巻で再現。本書は『尾張名所図会』に先駆けたもので、文化・文政前後の名古屋城下の様子を詳しく描いている。種信は小田切春江の師でもあった。A4判・計六〇〇頁・

セット・本体一万二〇〇〇円（分売不可）

●**尾張人物図会**　高力種信著
小寺玉晁著・江戸後期の人、玉晁の『人物図会』を改題・復刻。尾張藩内で有名な芸人・物売り・奇人などを絵と文で紹介した奇書。彼らが生き生きと暮らし、周囲も温かな眼で見た当時の様子がしのばれてくる。B5判・六四頁・本体二〇〇〇円。

◇　◇

【尾張藩の藩士と豪農のデータブック】

●**尾張藩士録**　著者不詳
嘉永五年（一八五二）時点の尾張藩士三千余名を記した貴重な史料集「家中いろは寄」（名古屋市鶴舞中央図書館蔵）の完全復刻。姓名はもちろん、一人一人の俸禄、役職、居住地、家紋、菩提寺が明記されており、郷土史を研究してゆく上でも必携の書。B5判・上製・六二二頁・本体一万四〇〇〇円。

●**尾張藩在郷名家録**　作者不詳
安政四年（一八五七）、同五年時点の在村藩内十一代官所別にその氏名と居住する村、苗字・帯刀・御目見などの待遇を記録。有力者を集大成した貴重な文書の影印本。B5判・三一〇頁・本体九〇〇〇円。

◇　◇

【尾張名古屋を一目で知る古地図】

●**名古屋城下図**　作者不詳
蓬左文庫秘蔵の幕末城下図をカラー四〇頁で再現。「見る地図」から「読む地図」へ――寺社、道路から侍屋敷の住人まで、当時の様子を克明に読み取ることができ、見る人をはるか江戸時代の名古屋へと誘ってくれる。B5判・四〇頁・本体三〇〇〇円。

●**尾張明細図**　小田切春江作
明治十二年に出版された一枚ものの地図（七〇センチ×九〇センチ）。明治初期の様子がよく分かるうえ、伊勢湾に帆船と蒸気船を描くなど、絵画的手法を取り入れたカラフルなもの。本体二〇〇〇円。

●**尾張国地図集成**　名古屋史談会作
尾張藩によって作られた地誌「張州府志」の付図一巻を、見やすいように拡大して一冊に復刻。名古屋城下をはじめ各郡内、著名神社など二十九図を収録した貴重な史料集。A4判・六〇頁・本体三〇〇〇円。

●**尾張藩幕末武家屋敷図―付・下級士族名簿**　鬼頭勝之編
嘉永六年（一八五三）に花房馬橋という人が書き残した名古屋城下の住宅地図を、見やすいようにB5に拡大して復刻。この巻末には五〇〇人近い下級武士の名前や石高・住所も記されており（これは活字化）、幕末の城下を知る上で貴重な史料と言える。B5判・二一〇頁・本体七〇〇〇円。

●**尾張国町村絵図**　名古屋市域編
徳川黎明会の全面協力により、現在の名古屋市内一九四町村の絵図を一挙収録。集落の様子や寺社、河川、田畑、用水に至るまで克明に描かれており、原図の持ち味をカラー大判でぜいたくに再現。バラ売りも可。国書刊行会刊。B3変形判・豪華本・本体一九万八〇〇〇円。

◇　◇

【尾張藩の幕末時代を知る本】

●**幕末尾張藩の深慮遠謀**　渡辺博史著
御三家筆頭の尾張藩は本当に何もしていなかったのか。尾張藩は朝幕双方の間に立ち、必死にソフトランディングに努めていた。その甲斐あって江戸までは混乱もなく進んだが、手の回らなかった東北・越前では悲劇が繰り広げられることになる。A5判・一三〇頁・本体一〇〇〇円。

●**尾張藩幕末風雲録**　渡辺博史著
幕末から維新にかける動乱期に、御三家筆頭の尾張藩はいかに動いたか。尾張は幕府と朝廷との双方に軸足を置き、「血ぬらずして事を収めよ」とばかり、水面下で大活躍していた。尾張の知られざる役割とは。A5判・二六四頁・本体二五〇〇円。

●**追録・尾張藩幕末風雲録**　渡辺博史著
内乱を避けようと水面下で必死に働く尾張藩士たちの中に、林左門という弁も立ち腕っ節も強い大柄の男がいた。これまで語られることのなかった周旋に命を賭けた男、林左門に光を当て、激動期の幕末維新史を描く。B5判・二一〇頁・本体二五〇〇円。

●**尾張藩の幕末・維新**　木原克之著
幕末から明治維新への激動期、尾張藩内はクーデター「青松葉事件」に揺れた。十四代藩主慶勝とその弟、十五代藩主茂徳。二人はこの時代をどう乗り切ろうとしたのか。歴史に詳しい放送プロデューサーが多彩な史料をもとにして読み解く尾張の幕末・維新史。B5判・一二二頁・本体一九〇〇円。

◇　◇

【来るべき明治以降の名古屋を知る本】

●**不屈の男　山田才吉―名古屋財界の怪物**
藤澤茂弘著
ケチなことは大嫌い、どうせやるならでっかいことを――アイデアと実行力で明治・大正期を駆け抜けた名古屋人らしからぬ実業家の生涯。名古屋名物となる守口漬を開発し、でっかい東陽館や南陽館・水族館を造り、聚楽園（東海市）に日本一の大仏を造った男。その足跡がいま明らかに。A5版・三二〇頁・本体二〇〇〇円。

●**尾張名所図絵**　宮戸松斎著
明治に入って尾張も大きく変わった。近代の息吹きを多数の銅版画で伝える、興味深い「近代名所図会」の傑作。県庁や市役所、銀行にガス会社、もちろん名所旧跡なども多数収録されている。A5版・一〇八頁・本体一八〇〇円。

●**讃えよう名古屋の明治**　渡辺博史著
名古屋を中心にして愛知県下の明治時代を概観した好著。名古屋は幕末から維新の混乱をいち早く抜け出し、近代化へと力強い歩みをみせてゆく。随所に著者ならではの見方や史観が表れていて興味深い書となっている。A5版・二七九部・本体二五〇〇円。

●**嵐に向かう名古屋の大正・昭和初期**
渡辺博史著
大正デモクラシー、普通選挙の開始などで明るいイメージもある大正時代だが、果たしてその実態はどうだったのか。国内・国際情勢を織り込みながら、著者自身の視点で当時の名古屋を概観した郷土の歴史。地元出身の渡辺錠太郎大将らが暗殺され、国運の分岐点となった二・二六事件までをたどる。A5判・三三八頁・本体二五〇〇円。

●舟橋武志（ふなばし・たけし）
昭和十八年、現在の岩倉市生まれ。名古屋タイムズ記者、図書月販を経て、昭和四十六年に独立。以降、ミニコミ雑誌の創刊、編集の代行業務、郷土資料の出版、ミニ書店の開業と試行錯誤を繰り返しながらも、活字の世界に身を置く。一人出版社&古書店「ブックショップマイタウン」を営む。著書に『名古屋いまむかし』など多数（いずれも自主出版）。

将軍毒殺 第三巻
実録・名古屋騒動

令和元年十二月一日（一〇〇部制作）

著　者　舟橋武志
発行者　舟橋武志
発行所　ブックショップマイタウン
〒453・0012名古屋市中村区井深町一・一
新幹線高架内「本陣街」二階
TEL〇五二・四五三・五〇二三
FAX〇五八六・七三・五五一四
URL http://www.mytown-nagoya.com/